『朱子語類』訳注

巻十　学四　読書法上
巻十一　学五　読書法下

興膳宏
木津祐子
齋藤希史　訳注

はじめに

興膳　宏

讀書法篇は、『朱子語類』卷十・十一の二卷を占める、朱熹の學問論である。『朱子語類』百四十卷全體の構成の中でいえば、卷一から六に至る理氣・鬼神・性理という朱子哲學の基本テーゼを對象とした諸卷の後に、卷七から卷十三までの「學」つまり學問への取り組み方を論じた部門が設けられ、「學」の中はさらに細分化されて、「小學」「總論爲學之方」「論知行」と續き、「讀書法」上下二篇がそれに次いで位置し、その後の「持守」「力行」へと連續してゆく。

朱熹において、學問とは何よりもまず「理を窮める」ことであり、「窮理の要」が讀書に存すると考えられている。したがって、學問する者にとって讀書がきわめて重要な意味を持つことはいうまでもないが、同時に讀書はあくまでも學問の一階梯であって、それ自體が目的化されるべきではないとも見られている。本篇の冒頭で、まずいきなり「讀書は乃ち學者の第二事」と述べられるのは、そのためである（本文上【1】注參照）。しかし、讀書を拔きにして學問はありえないということも、本篇のはしばしでくり返し說かれるところである。讀書法篇卷頭の各條では、「道理」を會得する、もしくは人自らの内に備わる「道理」を引き出し體得する學問を第一義としつつ、その手段としての讀書の役割を明らかにしている。

また朱熹が「讀書」というとき、それは今日この言葉が用いられるような廣く書物一般を對象とする行爲ではなく、もっぱら經書とりわけ「四書」を意識の中心に置いていっていることに注意を拂う必要がある。そして、「四書」を學ぶには段階を踏まねばならぬ。「學問は須く『大學』を以て先と爲し、次は『論語』、次は『孟子』、次は『中庸』」（巻十四大學一綱領）。初心者が學に入門する順序がここに示されている。まず「四書」を『大學』『論語』『孟子』『中庸』の順序で學んだあと、「五經」をひとつずつ讀み進んでゆくのがよいとされる。「四書」をこの順序で讀むべきことは二程子の見解を繼ぐが（たとえば『近思錄』の格物窮理篇に、程伊川の言葉として、「初學の德に入るの門は、『大學』に如《し》くは無し。其の他は『語』・『孟』に如くは莫し」とある）、それは初學にとっての難易深淺の度合いによるのであって、「四書」の間に優劣があるというわけではない。（『中庸』は大切な書だが、初學にとって難解であるところから、「四書」の最後に置かれるのであり、二程の考えがすでにそうだった。）『朱子語類』の篇構成も、また『大學』『論語』『孟子』『中庸』の順序で排されており、これら「四書」の後に、『易』『尚書』『詩』『孝經』『春秋』『禮』『樂』の順で、經書に關する諸篇が置かれている。

　こうして「四書」を軸とする經書を窮めて理を明らかにしたのち、始めて史書や諸子の書に進むべきであり、そのことが讀書法篇上の後半でしきりに述べられる。下篇も終わり近くになって、ようやく史書に關する讀書法が提示されているのもそのためである。詩文（文學）は、その際、残念ながら直接視野には入っていないようである。詩文について論じた論文篇上下が百四十巻の最後に置かれていることからも、朱熹の學問觀における詩文の位置がそれとなく察せられる。（ただし、もとより詩文を輕視していたというのではなく、本末の「末」に位置づけられていたと考えるべきだろう。）朱熹における「讀書」とは、そうした意味づけのあることをまず知っておく必要がある。

　讀書法篇には、あらまし以上のような前提の下に讀書を通した學問論が展開されるのだが、斷っておかねばならないのは、朱熹の學問論は決してこの篇でのみ繰り廣げられるわけではなく、先後する諸篇とおのずから有機的な關連を有していることである。ことに巻百十三から巻百二十一に至る「訓門人」の篇には、本篇と同趣旨の條が頻出する。訓門人篇は、「門人を訓《おし》う」という篇題が示唆するように、内容的には他の諸篇と重なり得る部分を多く有しており、讀書法篇の理解に當たっても、當然ながら同篇を參照すべきところが少なくない。

「讀書」ということばについてもう一つ注意すべきは、朱熹が音讀を暗默の前提として「讀書」を考えていたことである。そもそも『說文解字』に、「讀は、書を誦するなり」と定義されるように、「讀書」とは本來書物を聲に出して讀むことをいっている。朱熹の用法も、もちろんそれに沿っている。次のような條を見れば、それがよく分かる。

聖賢之言、須常將來眼頭過、口頭轉、心頭運。（上【9】）

聖賢の言は、常に取り出して目にし、口に唱え、心に運らさねばならない。

讀書小作課程、大施攻力。如會讀得二百字、只讀得一百字、却於百字中猛施工夫、理會子細、讀誦教熟。如此、不會記性人自記得、無識性人亦理會得。（上【39】）

讀書は、學習課程は小さく立て、そこに大きな努力をかけること。もしも二百字讀めるのなら、百字だけ讀むようにして、その百字については猛然と努力して、きめ細かく取り組み、口に出して十分憶えこむようにするのだ。こうすれば、記憶力の悪い人でも自然と憶えられるし、ものわかりの悪い人でもものにできる。

朱熹の腦裏にある讀書は、このように目と耳と心が一體となって成立するものだった。かつてわが國でも、初學が漢籍を學ぶのに、素讀から始めた。意味の理解は後にして、まずはひたすら原文を一句ずつ聲に出して讀み、それを耳で聞いて暗誦し、心に知識として收めるのである。こうした音讀法は、西洋世界でも同じだった。近ごろでこそ聲に出して讀む音讀の效果が見直されているが、古くは東西を問わずこうした讀書法が普遍的に行なわれていたことを、いま改めて認識すべきであろう。

もう一つ、朱熹が學問論を展開する中でことに印象深いのは、讀書のあり方を說くために用いられる比喩の多彩さである。戰爭や裁判から、料理・飲食・家事・醫藥等々に至るまで、ありとあらゆる喩えが繰り出されて、さながら朱熹の身近にいて彼の教えを聞いた弟子たち同樣に、彼の說得力の妙に感嘆することしばしばである。たとえば藥の調合に喩えたこんな條がある。

今讀書緊要、是要看聖人教人做工夫處是如何。如用藥治病、須看這病是如何發、合用何方治之。方中使何藥材、何者幾兩、何者幾分、如何炮、如何炙、如何製、如何切、如何煎、如何喫、只如此而已。（上【6】）

いま讀書で必要なのは、聖人が人に努力させようとしたのはどういうところかを見極めることである。たとえば藥で病を癒すには、この病が、どのようにして起こり、どのように處方すべきかを見ねばならない。處方には何の藥材を用い、何を幾兩、何を幾分、どのように熱し、どのように炙り、どのように調合し、どのようにきざみ、どのように煎じ、どのように飮むか、ということであり、これに盡きる。

このように讀書を調劑に喩える例は、他にも上篇【23】や下篇【40】などにも見え、朱熹お得意の比喩だったことがうかがえる。おそらくこの方面に相當の蘊蓄があったのだろう。下篇【40】の條では、「机の上の藥嚢を取り上げて」議論を始めたと具體的な動作を示しているから、藥が朱熹の日常生活において身近な存在だったことが想像できる。（『近思錄』にも、「『詩』・『書』は藥方の如く、『春秋』は藥を用いて病を治むるが如し。聖人の用は、全く此の書に在り」（格物窮理篇）のように、藥の處方に喩えた條があるが、『語類』ほど具體的ではない。）また下篇【39】では、議論の中で、朱熹が自分を指さしながら、「必ずこの身でもって」といっており、あたかも戯曲のト書きでしぐさを說明するような狀況も、記錄者によって努めて具體的に記されている。こうした弟子との談話を通して朱熹の人間像の一端が生き生きと浮かび上がるのも、また『朱子語類』の一つの魅力であろう。

『朱子語類』は、もとより朱熹の思想・哲學を知るために缺かせない書だが、もっと廣く彼のものの考え方全般を知るためにも極めて有用である。ことに私など文學・語學の硏究者にとって、讀書法篇は、朱熹が學問のあり方を、いかなる表現、いかなる口吻で語っているかという點で強い關心を喚起せずにはおかない。いま擧げた比喩の多彩さもその一つだし、文字化された彼の語り口を通しながら、あたかも饒舌な朱熹先生の傍らに侍するような思いで、ことばによる說得の妙味を味わえるのは、『語類』を讀む大きな樂しみである。

讀書法篇に關係の深い書として擧げておくべきは、宋の張洪・齊熙共編による『朱子讀書法』四卷のことである。これはもと朱熹の門人輔廣の編集した原著を、張・齊兩氏が增補の上、排比綴輯して上下二卷の書に編んだもので、のち『永樂大典』に收錄された元末のテクストをもとに四卷に再編された書が、いま四庫全書子部儒家類に收められている。因みにその原著者輔廣は、田中謙二「朱門弟子師事年攷」（『東方學報』第四十四册、一九七三年。『朱門弟子師事年攷續』は『東方學報』第四十八册、一九七五年。のち增補されて『田中謙二著作集』第三卷所收、二〇〇一年、汲古書院）によれば、朱熹の最晚年に至るまで四次にわたる師事の時期を持った門弟である。最もかかわりの深かった門人の一人といってよい。

この『朱子讀書法』は當然ながら讀書法篇との間に重なる記述が多くあり、また『朱子語類』諸本を檢討する中で、該書本文の成立に關して示唆を與える箇所も少なくない。同書では、收錄內容を「循序漸進」「熟讀精思」「虛心涵泳」「切己體察」「著緊用力」「居敬持志」の六類に分かっているが、これは朱熹の讀書法を系統立てて理解するために大きなヒントを提供しているといってよかろう。この譯注では、『朱子讀書法』はいうまでもなく、『語類』の中で關連する他の篇のことばを努めて搜求して、注記することに意を用いた。

この譯注は、王星賢點校『朱子語類』（理學叢書、中華書局刊、一九八六年第一版）を底本としたが、次の諸本によって校訂を加えた。また句讀は必ずしも底本に從っていない箇所も少なからずある。

1　明成化九年刊本（中文出版社影印本）
2　朝鮮古寫本（中文出版社影印本）
3　朝鮮古活字本（京都大學文學部所藏）
4　朝鮮刊本（一七七一年刊影印本）
5　江戶寬文八年刊本（京都大學文學部所藏）

なお、讀書法篇の一部は、これまでにも三浦國雄氏による譯解が『朱子集』（『中國文明選』3、一九七六年、朝日新聞社。講談社學術文庫本『「朱子語類」抄』はその新版、二〇〇八年）及び『朱子』（『人類の知的遺產』19、一九七九年、講談社）に收められている。また英譯としては、Daniel K. Gardner : *LEARNING TO BE A SAGE*. Selection from the *Conversations of Master Chu, Arranged Topically.* (University of California Press, 1990) に、讀書法篇の抄譯がある。一般讀者を對象とした華譯には、陳仁華『朱子讀書法』（一九九一年、遠流出版事業股份有限公司）が出ている。

最後にこの讀書法篇譯注の縁起を、いささかの個人的な感慨も交えつつ記しておきたい。

私がはじめて『朱子語類』を讀んだのは、大學院學生のころ、吉川幸次郎先生の演習においてであった。讀んだのは、一年目が巻百三十五の歴代二、二年目が巻百三十の本朝四「自熙寧至靖康用人」である。當時はまだ活字本はなく、朝鮮刊本を寫眞に撮ったものをテクストに用いた。吉川先生の演習指導は苛烈を極めることで知られたが、その上この演習には、田中謙二・島田虔次・福永光司・清水茂・尾崎雄二郎など、すでに一家を成した錚々たる學者が傍聽に來ておられたので、私たち學生にとっては全く身の竦む思いだった。一週間はすべてこの下調べに費やされるといってもよかった。

そんな辛い思い出に滿ちた『朱子語類』だったが、他方でその獨特の面白さに魅入られた。やがて、私自身が京都大學で大學院の講座を擔當することになり、一度は『朱子語類』を演習のテクストに使ってみたいと思っていた。ようやく決心がついて、一九八八年からまず論文篇を讀むことにし、さらにその後に讀書法篇を讀んで、都合六年間にわたって『語類』に取り組んだ。今度は指導する立場だったが、理解に餘る語彙や表現に再々惱まされることは舊に變わらず、そのつど院生諸君と共にテクストと格闘しながら、苦しくも充實した時間を過ごすことができた。

こうして兩篇を讀了したあと、演習の成果をそのまま捨てておくには忍びないものがあり、演習のメンバーでもあった木津祐子・齋藤希史という二人の協力者を得て、譯注の作成に取りかかり、京都大學中國文學會發行の『中國文學報』に逐次連載を始めた。共著者二人も、かつての私同樣、いつの間にか『朱子語類』の面白さにはまりこんでいたのだった。連載は、讀書法篇が『中國文學報』の第四十八册（一九九四年四月）から第五十四册（一九九七年四月）まで、論文篇が第五十五册（一九九七年十月）から第六十二册（二〇〇一年四月）に至るまでの長期にわたった。

讀書法篇の譯注は、まず木津が演習擔當者の札記を參照して新たに原案を作成し、それに私が加筆したものを、さらに齋藤を交えた三人の討議による推敲を加えて、稿を成した。演習の分擔者として札記を作成したのは、當時院生だった、大野圭介、氏岡眞士、夏嵐、黄舒眉、幸福香織、副島一郎、田口一郎、多田伊織、高塚あゆみ、濱田縣矢、福田知加志、森賀一惠、湯淺陽子、吉川雅之の諸氏であり、その勞にいま改めて謝意を表する。

このたび新たに讀書法篇の譯注を一册の書として刊行するに當たり、私たちは舊稿をもう一度見直すことにした。『中國文學報』の連載を始めた十數年前からすると、朱熹や『朱子語類』に關する研究もずっと進展したが、何よりも臺灣の中央研究院による「漢籍電子文獻」が提供している『朱子語類』テキストデータのような利器の進歩はめざましいものがある。そうした最新の研究状況を踏まえつつ、舊稿をリフレッシュして、より得心できるものに近づけたいと考えたからである。私たちはほぼ一年を費やして舊稿を逐一再檢討し、ここにようやく完成に漕ぎつけることができた。いま感慨ひとしおのものがある。

この譯注を進めるために恩惠を受けた著作は多いが、とりわけ筆錄者に關しては、田中謙二氏の「朱門弟子師事年攷」（前出）の詳細な考證に多くを負うており、本書ではほとんど全てを同書に委ねて、最小限の説明にとどめている。また、語彙の檢討については、塩見邦彦編『朱子語類「口語語彙」索引』（一九九二年、中文出版社）にも教えられるところが多かった。先に記した三浦氏や Gardner 氏の著作からも、もちろん多大の教示を得ている。これら先學の業績に對して心から感謝する。

また、校正の過程で、石立善氏から有益な助言を受けた。索引の作成には、京都大學大學院の鈴木史己・八木堅二兩氏の協力を得た。併せて謝意を表する。

二〇〇八年六月

『朱子語類』譯注　巻十〜十一　目次

凡例

○本譯注は、王星賢點校『朱子語類』（理學叢書、中華書局刊、一九八六年第一版）を底本とした。但し、底本が依據した光緒六年（一八八〇年）賀麟瑞校刻本はテキストとして最善とは呼べず、王星賢が加えた點校も十全なものとは言い難いため、譯注に際しては、他本に從って底本を改めた箇所がある。また、句讀についても、必ずしも底本には依據しない。

○本譯注の字體はすべて正字を用いた。

○本文に見える原注は、小字で表記した。

○「校勘」では、まず異同を有するテキスト名を擧げ、次に↓によって異同の箇所を示した。A↓Bは、底本でAに作る箇所を某本はBに作ることを示す。校勘の結果、底本の本文を改めた場合も、その旨を「校勘」に記した。校勘に用いたテキストは以下の通りである。

1 明成化九年刊本（明刊本）（中文出版社影印本）
2 朝鮮古寫本（中文出版社影印本）
3 朝鮮古活字本（京都大學文學部所藏）
4 朝鮮刊本（一七七一年刊影印本）
5 江戸寬文八年刊本（京都大學文學部所藏）

これら諸本の內、3～5は基本的に1の明成化九年刊本に基づくテキストであるが、2は、語錄諸本が最終的に『朱子語類大全』として黎靖徳により整理される以前の、『徽類』に據るテキストとされる。朝鮮古寫本は、各條の配列が底本とは必ずしも一致しない。當該條の配列に著しい異同が有る場合には、葉數を記した。

○『朱子讀書法』とは、四庫全書本『朱子讀書法』四巻を指す。

○譯文末尾に「李方子」のように記すのは記録者名である。考證は全面的に田中謙二「朱門弟子師事年攷」（正編『東方學報』第四十四册、一九七三年。續　第四十八册、一九七五年）に據った。いま初出條の末尾に記したページ數は、『田中謙二著作集3』（汲古書院、二〇〇一年）所收の増補版による。但し、『東方學報』と『田中謙二著作集』で異同が見られる場合に、『東方學報』のページ數を掲出することがある。一部同書未掲載の弟子について、陳榮捷著『朱子門人』（臺灣學生書局、一九八二年）の考證に據ったものがある。

○注に『朱子語類』を引用するときは、（　）内に卷數と底本の頁數を記載した。例えば、「持守」（一二・210）であれば、卷十二「持守」所載の條で、底本では210ページに該當することを示す。

『朱子語類』譯注　巻十～十一

『朱子語類』巻十

學四　讀書法上

【1】

讀書乃學者第二事。方子。

〔譯〕

讀書とは學ぶ者にとって二次的なことだ。李方子。

〔校勘〕

朝鮮古寫本　本條と第2條は、「讀書法下」第101條の後ろに續き、「讀書法上」第32條に續いて十七葉表に配列される。方子→方子。以下論書所以明此心之理讀之要切己受用。

〔注〕

この條から第3條までで、朱子は、「理を窮める」ことを第一義におきつつ、その手段としての讀書を二義的なものと捉える所以を明らかにする。この考え方が端的に表現されている箇所を幾つか擧げておこう。

「訓門人六」（一一八・2855）の「楊子順・楊至之・趙唐卿辭歸、請教。先生曰、學不是讀書。然不讀書、又不知所以爲學之道」、「訓門人八」（一二〇・2891）の「語泉州趙公曰、學固不在乎讀書、然不讀書、則義理無由明」など。

また、次に引く『朱文公文集』四三「答陳明仲」にも、その考えの一端が表れている。

子路非謂不學而可以爲政、但謂爲學不必讀書耳。上古未有文字之時、學者固無書可讀、而中人以上、固有不待讀書而自得者。但自聖賢有作、則道之載於經者、詳矣。雖孔子之聖、不能離是以爲學也。捨是不求、而欲以政學、既失之矣、況又責之中材之人乎。然子路使子羔爲宰、本意未必及此、但因夫子之言而託此以自解耳。故夫子以爲佞而惡之。

〔記錄者〕

李方子　字は公晦、號は果齋、邵武の人。「朱門弟子師事年攷」207（以下「師事年攷」と略稱　數字は汲古書院『田中謙二著作集』第三卷の頁數）。

【2】

讀書已是第二義。蓋人生、道理合下完具、所以要讀書者、蓋是未曾經歷見許多。聖人是經歷見得許多、所以寫在冊上與人看。而今讀書只是要見得許多道理。及理會得了、又皆是自家合下元有底、不是外面旋添得來。至。

〔譯〕

讀書はもとより第二義的なものだ。というのは、人は生まれながら道理を具えているもので、讀書せねばならないのは、經驗が不足しているからである。聖人は多くのことを經驗して知っているので、書物にそれを書き記して人に讀ませたのである。いま讀書するのは、もっぱら多くの道理を理解せんがためである。取り組んで身につけば、それらの道理はすべて自分の中にもともと備わっていて、外から附け加わったものではないことがわかる。楊至。

〔校勘〕

朝鮮古寫本　人生→人之生。合下完具→合下皆完具。見許多→見得許多。至→從周。配列については前條を參照。

〔注〕

第一義・第二義とは、例えば、『大乘入楞伽經』「集一切佛法品」に「第一義者是聖樂處因言而入、非卽是言。第一義是聖智内自證境、非言語分別智境。言語分別不能顯示」と見えるように、もと佛教用語である。朱子はそれを現代での用例にも通ずる廣い意味で用いる。たとえば、「持守」（一二・210）には、「敬字工夫、乃聖門第一義、徹頭徹尾、不可頃刻間斷。」とあり、また「大學二　經下」（一五・282）では、「曹問『如何是第一義。』曰「如『爲人君、止於仁、爲人臣、止於敬、爲人子、止於孝』之類、決定著恁地、不恁地便不得。又如在朝、須著進君子、退小人、這是第一義。有功決定著賞、有罪決定著誅。更無小人可用之理、更無包含小人之理。惟見得不破、便道小人不可去、也有可用之理。這都是第二義、第三義、如何會好。若事事窮得盡道理、事事占得第一義、做甚麼剛方正大。且如爲學、決定是要做聖賢、這是第一義、便漸漸有進步處。」と述べる。

「只是」は、「もっぱら」「ひたすら」などの意。

「經歷」は、「經驗する」意の動詞。「如今不曾經歷許多事過、都自揍他道理不著。」「讀易之法」（六七・1659）など。

「理會」は、「かまいつける」「分別する」「取り組む」などの意で、田中謙二『朱子語類外任篇譯注』（汲古書院、一九九四、もと『東洋史研究』二八—一、一九七二）では、「宋元期のこの語の用法はかなり幅がひろい」（12頁）と注する。「自論爲學工夫」（一〇四・2614）に見える「先生因與朋友言及易、曰、易非學者之急務也。某平生也費了些精神理會易與詩、然其得力則未若語孟之多也。易與詩中所得、似鷄肋焉。」や、「訓門人二」（一一三・2743）の「須是理會來、理會去、理會得意思到、似被膠漆粘住時、方是長進也。」などもこの義。

二箇所で用いられる「合下」は、左に例を擧げておいたが、「原來」または「すぐさま」の意に解しうる語で、『語類』の中に頻用される。ここでの意味は「原來」ととるのがふさわしい。田中謙二「『董西廂』にみえる俗語の助字」(『東方學報』一八、一九五〇、いま『ことばと文學』汲古書院、一九九三、所收)を參照。

人物之生、其賦形偏正、固自合下不同。(「性理一」四・56)

大學之道、在明明德、謂人合下便有此明德。(「大學二　經下」一五・289)

「旋添」は、「旋+動詞」の形になっており、「旋」は和訓に「たちまち」が有ることからもわかるように、「臨時に、その場で」という意をもつ。「合下」と對比的に用いられる。左に、『語類』での用例を擧げておく。

不成只這裏打瞌睡懞憧、等有私欲來時、旋捉來克。(「論語二十三　顏淵篇上」四一・1044)

德既在己、則以此行之耳、不待外面勉強旋做。(「程子之書三」九七・2490)

なお、『朱子讀書法』一「綱領」に「人之生道理合下皆完具、所以要讀書者蓋是未曾經歷見得許多、聖人是經歷見得許多、所寫在冊子上與人看。而今讀書只是要見得許多道理。」とある。

〔記録者〕

楊至　字は至之、泉州晉江の人。「師事年攷」150。

【3】

學問、就自家身己上切要處理會方是、那讀書底已是第二義。自家身上道理都具、不曾外面添得來。然聖人教人、須要讀這書時、蓋爲自家雖有這道理、須是經歷過、方得。聖人說底、是他曾經歷過來。佐。

〔譯〕

學問は、自分自身の切實な所に引きつけて取り組んでこそ良いのであり、讀書などは第二義である。自分の身に道理はすべて備わっていて、決して外から附け加わったわけではない。しかし、聖人が人に書物を讀めと教えるのは、自分に道理がもともと備わってはいても、經驗を通してこそほんものになるからである。聖人が言うことは、彼が經驗してきたことである。蕭佐。

〔校勘〕

朝鮮古寫本　缺

〔注〕

「切要」は、「切實・肝要」の意。

　著意讀孟子四端之類切要處、其他論事處、且緩不妨。（「孟子三・公孫丑之下」五十三・1290）

「不曾」は、現代語では否定副詞「沒有」に相當し、既然の事實の否定である。「～していない」「～しなかった」等。

〔記録者〕

蕭佐　字は定夫、潭州湘郷縣の人。「師事年攷」263。

【4】

學問、無賢愚、無小大、無貴賤、自是人合理會底事。且如聖賢不生、無許多書册、無許多發明、不成不去理會。也只當理會。今有聖賢言語、有許多文字、却不去做。師友只是發明得、人若不自向前、師友如何着得力。謙。

〔譯〕

學問とは、賢愚、老若、貴賤の別なく、當然人が取り組まねばならないことである。かりに聖賢が生まれず、多くの書物もなく、多くの教えも明らかにはされていなくても、取り組まなくてよいことがあろうか。やはりやらねばならない。今は聖賢のことばがあり、多くの書物があるのに、學ぼうとしない。師友とは啓發するだけで、人がもしも自分から進んで學ぼうとしなければ、彼らとてどうして力を發揮できようか。廖謙。

〔校勘〕

朝鮮古活字本・明刊本　向前→句前。

朝鮮古寫本「却下去做」まで同じ。以下、底本では「訓門人四」（一一六・2793）の、「生知之聖」で始まる條の「先止是致知」以下最後までがこれに續く。また配列も「讀書法上」後半（十八葉表）に配される。

〔注〕

「且如」は、「例如」「假如」の意。「かりに」。

「不成～」は、「難道～不成」に同じ。「戰國漢唐諸子」（一三七・3274）の「安卿曰、博愛之謂仁等說、亦可見其無原頭處。曰、以博愛爲仁、則未有博愛以前、不成是無仁。」など。

「發明」は、「啓發する」「きっかけを與える」の意で用いられる。その後に附される助字「得」は、ここでは可能の意は殆ど無く、現代語の「了」や「着」などの語氣助詞の用法に近い。

「師友」の果たしうる役割については、「總論爲學之方」（八・146）に「師友之功、但能示之於始而正之於終爾。若中間三十分工夫、自由喫力去做。既有以喩之於始、又自勉之於中、又其後得人商量是正之、則所益厚矣。不爾、則亦何補於事。」と述べているのが參考となる。

「向前」は、「積極的に～する」の意。『語類』に頻出する語彙の一つ。

「着力」は、「努力する」の意で用いられることが多いが、ここでは「力を發揮する」の意。

〔記録者〕

廖謙　字は益仲、衡州衡陽縣の人。「師事年攷」264。

【5】

爲學之道、聖賢教人、説得甚分曉。大抵學者讀書、務要窮究。「道問學」是大事。要識得道理去做人。大凡看書、要看了又看、逐段逐句逐字理會、仍參諸解傳説、教通透、使道理與自家心相肯、方得。讀書要自家道理浹洽透徹。杜元凱云「優而柔之、使自求之、厭而飫之、使自趨之。若江海之浸、膏澤之潤、渙然冰釋、怡然理順、然後爲得也。」椿。

〔譯〕

學問をおさめる道は、聖賢が、人に教えてはっきりと説いている。いったい學問する者は讀書する際、どこまでも究明しようと努めねばならない。「問學に道《よ》る」ことが重要である。道理を身につけてちゃんとした人にならねばならない。凡そ讀書というものは、讀んではまた讀み、段ごとに、句ごとに、文字ごとに取り組んで、さらに種々の解釋を參考にして、すっかり通曉し、道理を自分の心にしっかり納得させてこそものになる。讀書とは自分に備わる道理をすみずみまで行きわたらせることだ。杜元凱は「（學ぶ者は心を）ゆるやかにのびのびとさせ、（經文の意を）自ら求め、十分に飽きたりて（その深い内容に）自ら趨こうとする。大河や大海の水が浸み透り、雨のめぐみが潤し、さらりと氷が溶けるように、素直に道理が納得できる。それでこそ會得したといえる」といっている。魏椿。

〔校勘〕

朝鮮古寫本　缺

〔注〕

「道問學」は、『中庸』第二十七章に「大哉聖人之道、洋洋乎發育萬物、峻極于天、優優大哉、禮義三百、威儀三千、待其人而後行。故曰、苟不至德、至道不凝焉。故君子尊德性而道問學、致廣大而盡精微、極高明而道中庸、溫故而知新、敦厚以崇禮。」とあり、その章句に「尊者、恭敬奉持之意。德性者、吾所受於天之正理。道、由也。（中略）尊德性、所以存心而極乎道體之大也。道問學、所以致知而盡乎道體之細也。二者修德凝道之大端也。」と言う。なお、「道問學」については、「中庸三第二十七章」（六四・1584～）に詳しく議論される。

上引の章句のことばからもわかるように、朱子は「尊德性」と「道問學」を「修德凝道之大端」と理解していたが、學問の過程では、「尊德性」よりも「道問學」により多くの努力を拂うべきだ、と考えていたようである。たとえば、『朱文公文集』五四「答項平父」にも「所喩曲折及陸國正語、三復爽然、所警於昏惰者爲厚矣。大抵子思以來教人之法、惟以尊德性・道問學兩事爲用力之要。今子靜所說、專是尊德性事。而熹平日所論、却是問學上多了。所以爲彼學者多持守可觀、而看得義理全不子細、又別說一種杜撰道理遮蓋不肯放下。而熹自覺雖於義理上不敢亂說、却於緊要爲己爲人上多不得力。今當反身用力、去短集長、庶幾不墮一邊耳。」と論じられる。

「浹洽」は、雙聲・疊韻の語で、「ひたひた」「しみじみ」などの語感を表す。古くは『漢書』禮樂志に「於是教化浹洽、民用和睦」と用例が見え、程伊川の哲學においても常用される。朱子も程子の思想とつながる部分でしばしばこの語を用いている。「讀書法下」（16條・178）でも「不若先涵養本原、且將已熟底義理玩味、待其浹洽、然後先看書、便自知。」とあるが、さらに「論語二　學而篇上」（二〇・448）には程伊川の「時復思繹、浹洽於中、則說也」を受け、「浹洽二字、宜子細看。凡於聖賢言語思量透徹、乃有所得。譬之浸物於水、水若未入、只是外面稍濕、裏面依前乾燥。必浸之久、則透內皆濕。程子言、時復思繹、浹洽於中、則說、極有深意。」と詳細に解說する。

「杜元凱云……」は、杜預「春秋左氏傳序」の「左丘明受經於仲尼、……身爲國史、躬覽載籍、必廣記而備言之。其文緩、其旨遠、將令學者原始要終、尋其枝葉、究其所窮、優而柔之、使自求之、饜而飫之、使自趨之。若江海之浸、膏澤之潤、渙然冰釋、怡然理順、然後爲得也。」をいったもの。杜預の文は、『左傳』の文章の特色について述べた箇所であるが、譯文は朱子のここでの本意に從った。

また『近思錄』二に、「伊川先生曰、古之學者、優柔厭飫、有先後次序。今之學者却只做一場話說、務高而已。常愛杜元凱語、若江海之浸、膏澤之潤、渙然冰釋、怡然理順、然後爲得也。今之學者、往往以游夏爲小不足學。然游夏一言一事、却總是實。後之學者好高、如人游心於千里之外、然自身却只在此。」と見え、この杜預の文と「浹洽」という語で代表しうる概念とが結びついて、程子以來朱子に緊密に受け繼がれたものと考えることができよう。

こうした杜序のことばを自己の思想體系の中で解釋發展させた形跡は『語類』の各所で明らかにされる。たとえば、「訓門人四」（一一六・2790）には、もっぱら學問における「涵泳」「浹洽」の重要性を論じ、同時に人にそのことを說く困難を述べた箇所があり、「訓門人九」（一二一・2928）にもまったく同內容の條がみえるが、前者には言う。

又一士友曰、先生涵泳之說、乃杜元凱優而柔之之意。曰、固是如此、亦不用如此解說所謂涵泳者、只是子細讀書之異名也。

さらに、「自論爲學工夫」（一〇四・2616）にも以下のように論ずる。

伊川曰、時復思繹、浹洽於中、則說矣。某向來從師、一日間所聞說話、夜間如溫書一般、字字子細思量過。才有疑、明日又問。

〔記錄者〕

魏椿　字は元壽、建陽の人。「師事年攷」220。

【6】

今讀書緊要、是要看聖人教人做工夫處是如何。如用藥治病、須看這病是如何發、合用何方治之。方中使何藥材、何者幾兩、何者幾分、如何炮、如何炙、如何製、如何切、如何煎、如何喫、只如此而已。淳。

〔譯〕

いま讀書で重要なのは、聖人が人に努力させようとしたのはどういうところかを見極めることである。たとえば藥で病を癒すには、この病が、どのようにして起こり、どのように處方すべきかを見ねばならない。處方には何の藥材を用い、何を幾兩、何を幾分、どのように熱し、どのように炙り、どのように調合し、どのようにきざみ、どのように煎じ、どのように飲むか、ということであり、これに盡きる。陳淳。

〔校勘〕

朝鮮古寫本　緊要是→緊要敢是。如何製→如何制。

〔注〕

「做工夫」は、『語類』中に頻用され、「苦心する」「努力する」の意。修德の方法を論じる際に、藥の調合はよくたとえに用いられる。たとえば「大學五　或問下　傳五章」（一八・407）にも、「格物一章、前面說許多、便是藥料。它自有箇炮爁炙煿道理、這藥方可合。若不識箇炮爁炙煿道理、如何合得藥。藥方亦爲無用。」と同じ喩えが見られる。

〔記錄者〕

陳淳（一一五三?～一二一七）字は安卿、號は北溪。漳州龍溪縣の人。朱子の高弟である。「師事年攷」134。

【7】
讀書以觀聖賢之意、因聖賢之意、以觀自然之理。節。
〔譯〕
讀書して聖賢の言わんとすることを見、聖賢の意に基づいて、おのづからなる道理を見るのだ。甘節。
〔校勘〕
朝鮮古寫本　十九葉裏、異同なし。
〔記録者〕
甘節　字は吉甫（父）、撫州臨川縣の人。「師事年攷」112。

【8】
做好將聖人書讀、見得他意思如當面說話相似。賀孫。
〔譯〕
きちんと聖人の著作を讀んで、その考えがまるで面と向かって話しているかのようにしなさい。［葉賀孫］
〔校勘〕

朝鮮古寫本　讀書法下（九葉裏）異同なし。

〔注〕

ここでの「做好」は、副詞として動詞句を修飾する。『語類』では、次のような例が同様の句法を示す。

　譬如祭竈、初設主於竈陘。陘非可做好安排、故又祭於奥以成禮。「論語七　八佾篇」（二五・622）

〔記録者〕

葉賀孫　字は味道、號は西山。括蒼の人。有力な記録者。「師事年攷」194。

【9】

聖賢之言、須常將來眼頭過、口頭轉、心頭運。方子。

〔譯〕

聖賢の言は、常に取り出して目にし、口に唱え、心に運らさねばならない。李方子。

〔校勘〕

朝鮮古寫本　缺

【10】

開卷便有與聖賢不相似處、豈可不自鞭策。祖道。

〔譯〕
書物を開けば自分が聖賢と似ても似つかぬところがあるのに、どうして自らを鞭打たずにおれようか。曾祖道。
〔校勘〕
朝鮮古寫本　五葉裏。異同なし。
〔記錄者〕
曾祖道　字は擇之・宅之、吉州廬陵縣の人。「師事年攷」（東方學報）168。

【11】
聖人言語、一重又一重、須入深去看。若只要皮膚、便有差錯。須深沈、方有得。從周。
〔譯〕
聖賢のことばは、一層また一層と深いところに入って讀まねばならない。もしも上っ面だけに止まっておれば、間違いを生む。深く沈思して始めてわかるのである。竇從周。
〔校勘〕
朝鮮古寫本　「讀書法下」（巻十一）十二葉裏所收。若只要皮膚便有差錯→若只見皮膚自便有差錯。また該條の後に「夜來所說、是終身規模、不可便要使有安頓」と續く。
〔注〕

續く第12條とともに、表層的な學問をいましめる條。

「深沈」は、『語類』の他の箇所では、「沈潛」「深沈潛思」「深潛沈粹」などの形で表現されるものと同じ。たとえば、「訓門人二」（一一四・2766）の「學者理會道理、當深沈潛思」など。また、「讀書法上」の第64條にも、「學者貪做工夫、便看得義理不精。讀書須是子細、逐句逐字要見着落。……若年齒向晩、却須擇要用功、讀一書、便覺後來難得工夫再去理會。須沈潛玩索、究極至處、可也。」とみえる。

さて、この條とまったく同じ趣旨のことばが、「訓門人二」（一一四・2767）に、やはり從周への朱子の訓話として以下の通り記録されている。

聖人言語、一重又一重、須入深處看。若只見皮膚、便有差錯。須深沈、方有得。夜來所說、是終身規模、不可便要使、便有安頓。

恐らく、この部分が本條に先立つ原型であったのではなかろうか。さらに、關連する表現として、「讀書法上」第80條（一〇・172）に「須是今日去了一重、又見得一重。明日又去了一重、又見得一重。去盡皮、方見肉。去盡肉、方見骨。去盡骨、方見髓。使粗心大氣不得。」とみえるのを擧げておこう。

〔記録者〕

竇從周。字は文卿、鎭江府丹陽の人。「師事年攷」（東方學報）165。

【12】

人看文字、只看得一重、更不去討他第二重。僩。

〔譯〕
人は文章を讀むとき、單に表層を讀むのみで、ちっともその次の層を探ろうとはしない。沈僩。
〔校勘〕
朝鮮古寫本　讀書法下（十二葉裏）、異同なし。
〔記錄者〕
沈僩　字は莊仲、永嘉の人。「師事年攷」157。

【13】
讀書須是看着他那縫罅處、方尋得道理透徹。若不見得縫罅、無由入得。看見縫罅時、脈絡自開。植。
〔譯〕
讀書は、その切り込み口を見拔いてこそ、道理を奧深くまで尋ね當てることができる。もしも切り込み口が見つからなければ、（道理の奧に）入りようがない。切り込み口を見つければ、道筋はおのずと開けてくる。潘植。
〔校勘〕
朝鮮古寫本　方尋得道理透徹→方尋道理透。看見縫罅→見縫罅。「讀書法下」所收（十六葉下）。
〔注〕
「看着」の「着」は、現代語では「找着」という場合の「着」と同じで、動詞の示す動作の目的が達成されたことを表わす。

「縫罅」は、隙間という意であるが、この條に始まって、第14條の「迎刄而解」、第15條の「庖丁解牛」と、同じ趣旨で文章を理解する要訣を論ずるのに基づき、この場合も、單なる隙間ではなく、合わせ目、もしくは刃物の投入口、というニュアンスで譯出した。また、「讀書法下」（60條・184）にも次の通り、同趣旨の議論が見える。

看文字、且依本句、不要添字。那裏元有縫罅、如合子相似、自家只去抉開。

なお、『朱子讀書法』四「虚心涵泳」に引かれる「答杜貫道書」には、「讀書過程甚善、但思慮亦不可過苦。但虚心游意、時時玩索、久之、當自見縫罅意味也」とある。

〔記録者〕

潘植　字は立之、福州懷安縣の人。「師事年攷」203。

【14】

文字大節目痛理會三五處、後當迎刄而解。學者所患、在於輕浮、不沈着痛快。方子。

〔譯〕

文章の大きな節目數箇所に徹底してとりくめば、その後はすんなりとほぐれるはずだ。學問する者の悩みは、うわついて、腰をすえて思い切りよくできないことだ。李方子。

〔校勘〕

朝鮮古寫本　學者之患→學者所患。「讀書法下」所收（十六葉裏）。

〔注〕

「迎刄而解」は、『晉書』三四「杜預傳」の「昔樂毅藉濟西一戰以幷强齊、今兵威已振、譬如破竹、數節之後、皆迎刄而解、無復著手處也。」に基づく表現。

「大節目」は、重要箇所・難所の意味。「大學二　經下」（一五・312）に「大學一篇却是有兩箇大節目。物格・知至是一箇、誠意・修身是一箇。才過此二關了、則便可直行將去。」などの用例が見える。

「痛快」は、思い切りよく明快であることをいう。

只他做經筵也不奈何、說得話都不痛快、所以難。（「程子之書一」九五・2458）

また、『朱子讀書法』一「熟讀精思」に、「文字大題目痛理會三五處、後當迎刄而解。」とある。

【15】

學者初看文字、只見得箇渾淪物事。久久看作三兩片、以至於十數片、方是長進。如庖丁解牛、目視無全牛、是也。人傑。

〔譯〕

學ぶ者が初めて文章を読むときには、のっぺらぼうのかたまりが見えるばかりだ。じっくり見ているうちに、二三のかたまりに分かれて見え、やがて十數片に分かれて見えるようになれば、それでこそ進歩だ。たとえば、かの庖丁が牛を捌《さば》く時に、牛の姿は目に入らなくなるのが、これなのである。萬人傑。

〔校勘〕

朝鮮古寫本　見得箇渾淪物事→見得个渾崙物事。「讀書法下」所收（十六葉裏）。「以至於十數片」以下が十五葉表に續く亂丁が見られる。朝鮮古寫本「讀書法下」の錯簡については、下篇第104條の「校勘」を參照のこと。

〔注〕

「渾淪」は、「混沌」に通ずる疊韻の語で『列子』天瑞に「太初者、氣之始也。太始者、形之始也。太素者、質之始也。氣形質具而未相離、故曰渾淪。渾淪者、言萬物相渾淪而未相離也。」と見える。ただし、宋元のころより、「全體」「一塊の物體」といった意味で用いられることが多くなってくる。ここでの用例は明らかに本來の「渾淪」義をふまえつつも、次にあげる例などとともに、「一かたまり」というニュアンスで用いられている。

今人論理、只要包合一箇渾淪底意思、雖是直截兩物、亦强衮合説、正不必如此。（「歷代三」一三六・3243）

如此、方見得這箇道理渾淪周遍、不偏枯、方見得所謂「天命之謂性」底全體。（「訓門人九」一二一・2938）

「長進」は、「成長する」。「大きく」等の程度は表わさない。

「庖丁解牛」は、言うまでもなく『莊子』養生主に基づく表現。

庖丁爲文惠君解牛、……庖丁釋刀對曰、臣之所好者道也。進乎技矣。始臣之解牛之時、所見无非牛者。三年之後、未嘗見全牛也。方今之時、臣以神遇、而不以目視。官知止而神欲行。依乎天理、批大郤、導大窾、因其固然。技經肯綮之未嘗、而況大軱乎。良庖歲更刀、割也。族庖月更刀、折也。今臣之刀十九年矣。所解數千牛矣。而刀刃若新發於硎。彼節者有間、而刀刃者无厚。以无厚入有間、恢恢乎其於遊刃必有餘地矣。是以十九年而刀刃若新發於硎」。

この部分について、朱子自身は「莊子書」（一二五・3000）に、「因論庖丁解牛一段、至恢恢乎其有餘刃。曰、理之得名以此。目中所見無全牛、熟。」と語っている。また、『近思録』巻十一に横渠の言で「……聖人之明、直若庖丁之解牛、皆知其隙、刃投餘地、無全牛矣。人之材足以有爲、但以其不由於誠、則不盡其材、若曰勉率而爲之、則豈有由誠哉。」とあり、それに朱子は、「嘗見横渠簡與人謂其子日來誦書不熟、宜教他熟誦、盡其誠與材。」と注を付けている。

〔記録者〕

萬人傑　字は正淳、興國軍大冶縣の人。「師事年攷」62。

【16】

讀書、須是窮究道理徹底。如人之食、嚼得爛、方可嚥下、然後有補。杞。

〔譯〕

讀書は、必ず道理を徹底的にきわめねばならない。ちょうど人がものを食べるのに、よく嚙みくだいてから飲み込むことができ、しかるのちに滋養となるようなものである。李杞。

〔校勘〕

朝鮮古寫本　缺

〔注〕

讀書において道理を追求することを飲食にたとえるのは數多いが、第12條でも引いた「讀書法上」第64條（一〇・170～）の該當箇所の後に次のように續くのが、同趣旨のものとして參考となろう。「……蓋天下義理只有一箇是與非而已。是便是是、非便是非。既有着落、雖不再讀、自然道理浹洽、省記不忘。譬如飲食、從容咀嚼、其味必長。大嚼大咽、終不知味也。」

「有補」は、「有益」に同じ。後出の第62條にも用例が見える。

〔記錄者〕

李杞　字は良仲、號は木川、平江の人。「師事年攷」255。

【17】

看文字、須逐字看得無去處。譬如前後門塞定、更去不得、方始是。從周。

〔譯〕
文章を讀むには、一字一字もう他に行きようがない所までつきつめて讀まねばならない。あたかも前後の門がしっかり閉まっていて、もう何處にも行けないようであってこそよいのだ。竇從周。

〔校勘〕
朝鮮古寫本「讀書法下」所收（十二葉裏）。異同なし。

〔注〕
「方始」は、「方」に同じ。

「無去處」は、「窮め盡してそれ以上行き場の無い」ことをいう。

この條から19條までは、雜念を取り拂い、ぎりぎりのところまで努力する必要性を主張する。同様の趣旨のことばは「訓門人三」（一一五・2771）にも萬人傑への訓語として「無去處」を用いつつ以下のように記録される。

人傑將行、請教。先生曰、平日工夫、須是做到極時、四邊皆黑、無路可入、方是有長進處、大疑則可大進。若自覺有些長進、便道我已到了、是未足以爲大進也。顏子仰高鑽堅、瞻前忽後、及至「雖欲從之、末由也已」、直是無去處了、至此、可以語進矣。

【18】

關了門、閉了戸、把斷了四路頭、此正讀書時也。道夫。

〔譯〕

門をかけ、扉を閉ざし、四方の道を塞いでしまう、これでこそ讀書の時である。楊道夫。

〔注〕

前條とともにここでは學問に專心するため退路を斷つことの重要性を說く。この發想は、これらの他にも、「訓門人九」（一二一・2922）の「學者悠悠是大病、今覺諸公都是進寸退尺、每日理會些小文義、都輕輕地拂過、不曾動得皮毛上。這箇道理規模大、體面闊、須是四面包括、方無走處。今只從一面去、又不曾著力、如何可得。」などにあらわれている。なお、この條とまったく同じ文章が、『朱子讀書法』一「熟讀精思」に見える。

「把斷」は、用例の少い語であるが、禪語ではしばしば「占領する」「把握する」の意で用いられる。「把斷要津、不通凡聖」（『圜悟佛果禪師語録』巻三）など。

〔記録者〕

楊道夫　字は仲思、建寧府浦城縣の人。「師事年攷」124。

【19】

學者只知觀書、都不知有四邊、方始有味。畲

〔譯〕
學ぶ者はただ書物を讀むことに徹して、周圍のことをまったく氣に留めないようであってこそ、味が分かってくるものだ。黄㽦。
〔注〕
「四邊」は、「周圍」の意。「訓門人二」（一一四・2766）に「當如射者、專心致志、只看紅心。若看紅心、又覷四邊、必不能中。」と見える。
〔記録者〕
黄㽦（一一四七～一二一二）　字は子耕、號は得齋。降興府分寧縣の人。「師事年攷」109。

【20】
學者讀書、須是於無味處當致思焉。至於羣疑竝興、寢食俱廢、乃能驟進。因歎、驟進二字、最下得好。須是如此。若進得些子、或進或退、若存若亡、不濟事。如用兵相殺、爭得些兒小可一二十里地、也不濟事。須大殺一番、方是善勝。爲學之要、亦是如此。賀孫。

〔譯〕
「學ぶ者の讀書には、味の分からないところに考えを集中せねばならない。種々の疑問が並び生じ、寢食も忘れるようになってこそ、驟進する（飛躍的に進歩する）ことができる。」そこで嘆息しておっしゃった、「『驟進』の二字は言い得て妙だ。（學問は）こうでなくてはならない。少しばかり進んだところで、進んだり退いたり、有るような無いようなことでは、何にもならない。たとえば、いくさで攻めこむのに、僅か十里二十里の土地を勝ち取ったところで、何にもならない。全力で攻めたててこそ、首尾よく勝利できるのだ。學問の要點も、これと同じだ。」葉賀孫。

〔校勘〕

朝鮮古寫本「讀書法下」所收（十三葉表）、異同なし。

〔注〕

「寢食俱廢」に關わる表現は、「總論爲學之方」（八・134）に「學者做工夫、當忘寢食做一上、使得些入處、自後方滋味接續。浮浮沈沈、半上落下、不濟得事。」にも明らかなように、徹底的に努力せねばならぬ、という文脈での比喩に用いられる。また、『朱子讀書法』一「熟讀精思」には、「羣疑竝興、寢食俱廢、始劃然而有見也。」とある。

「或進或退、若存若亡」は、『老子』第四十一章「上士聞道、勤而行之。中士聞道、若存若亡。下士聞道、大咲之。不咲不足以爲道。故建言有之、明道若昧、進道若退、夷道若類。」とあるのを用いた表現であるが、のらりくらりとした學問をすることを否定し、進むときは猛然と集中的な努力をはらって一氣に進まねばならぬ、という趣旨で、『語類』の他所にもよく見られる。たとえば、「訓門人九」（一二一・2917）に「讀書須是成誦、方精熟。今所以記不得、說不去、心下若存若亡、皆是不精不熟之患。」とあり、また「訓門人九」（一二一・2924）には、學生たちに漫然と學ぶことをきつく戒める訓語として、「……今吾人學問、是大小大事。却全悠悠若存若亡、更不著緊用力、反不如他人做沒要緊底事、可謂倒置、諸公切宜勉之。」と記錄されるのも、同じ文脈の中で捉えることができよう。

「不濟事」は、口語で、「役に立たない」「ものにならない」の意味。「濟事」は、『左傳』成公六年に「聖人與衆同欲、是以濟事」と古くからあることばであるが、『語類』での用例は、すべて否定形または反語で用いられる。

「小可」は、「小小」に同じ。わずかの意。

「大殺一番」の「殺」は、「攻める」の意で用いられる。

この條では、讀書での集中的、徹底的な努力を戰爭にたとえている。同趣旨での譬えは、「訓門人四」（一一六・2803）の「理會這一件物、須是徹頭徹尾、全文記得、始是如此、末是如此、中間是如此、如此謂之是、如此謂之非。須是理會教透徹、無些子疑滯、方得。若只是如此輕輕拂過、是濟甚事。如兩軍厮殺、兩邊擂起鼓了、只得拚命進前、有死無二、方有箇生路、更不容放漫。若纔攻慢、便被他殺了。」など。

【21】

看文字、須大段着精彩看。聳起精神、樹起筋骨、不要困。如有刀劍在後一般。就一段中、須要透。擊其首則尾應、擊其尾則首應、方始是。不可按冊子便在、掩了冊子便忘却、看注時便忘了正文、看正文又忘了注。須這一段透了、方看後板。淳。

〔譯〕

文章を讀むには、大いに張りつめた氣分で讀まねばならない。氣持を奮い立たせ、背筋をしゃきっとさせ、だらけてはいけない。まるで刀が背後にあるかのようにするのだ。一段ごとに、徹底して理解すること。頭を打てば尾が反應し、尾を打てば頭が反應するというふうになってこそよい。書物を手にしている時には覺えていても、書物を閉じればすぐ忘れてしまったり、注を讀む時には本文を忘れ、本文を讀む時には注を忘れてしまうようなことではいけない。一つの段をすっかり理解してから、次の葉を讀むようにすべきだ。陳淳。

〔校勘〕

朝鮮古寫本「讀書法下」所收（十二葉裏）。在↓是。「應、撃其尾」以下が、十一葉表に續く錯簡が見られる。

〔注〕

「大段」は、副詞。「非常に」の意。

「一般」は、『語類』では現代語の「一樣」に同じ。

「精彩」は、辭書的な意味で言うなら、「事物のすぐれて良いこと」となる。ところが、『語類』での幾つかの用例を確認してみるに、單に「すぐれている」だけではなく、「力強く精神狀態が昂揚しているさま」を形容すると捉える方がよりふさわしいように思われる。まさに日本語で「精彩がある」と言う場合の語感に近い。本條の例は動詞「着」＋「精彩」という形であるだけに、より明瞭にそのことを表わしていると考えてよい。「精神を張りつめて」。また、同樣の例では、「訓門人五」（一一七・2817）の「這道理不是如堆金積寶在這裏、便把分付與人去、亦只是一箇路頭、教人自去討。討得便是自底、討不得也無奈何。須是自著力、著些精彩去做、容易不得。」や、「訓門人八」（一二〇・2891）の「語泉州趙公曰、學固不在乎讀書、然不讀書、則義理無由明。要之、無事不要理會、無書不要讀。若不讀這一件書、便闕了這一件道理。要他底、須著些精彩方得、然泛泛做又不得。」が擧げられよう。

「撃其首則尾應」は、『孫子』一一「九地」の「故善用兵、譬如率然。率然者常山之蛇也。撃其首則尾至、撃其尾則首至、撃其中則首尾倶至。」にもとづく。

「板」は、書物の頁をいう。

後半の主張に關しては、「訓門人九」（一二一・2917）に次のような同趣旨のことばがある。「一學者患記文字不起。先生曰、只是不熟、不曾玩味入心、但守得册子上言語、所以見册子時記得、纔放下便忘了。」

【22】

看文字、須要入在裏面、猛袞一番。要透徹、方能得脱離。若只畧畧地看過、恐終久不能得脱離、此心又自不能放下也。時擧。

〔譯〕
文章を讀むときには、内に入り込んで、猛然と格闘せねばならない。すっかり理解してこそ、書物から離れることができる。もしいい加減に讀み飛ばしていたら、ずっと離れることはできないだろうし、心の方でも手放せないだろう。潘時擧。

〔校勘〕
朝鮮古寫本「讀書法下」所收（十一葉表）。須要入在裏面→須入裏面。恐終久不能得脱離→終久不能 潘本有得 脱離。さらに、該條の後に、底本では「讀書法下」第17條と同じ内容の言（多少の異同あり）が續く。
底本は、「袞」を「滾」に作るが、諸本に従い、底本を改めた。

〔注〕
「猛袞一番」の「袞」（滾）は、『語類』の中で多彩なニュアンスをもって使われる、生き生きとしたことばであるが、ここでは、次に擧げる「孟子三　公孫丑上之下」（五三・1281）の例のような、上へ下へとたぎりながら生産する氣を描寫する表現に倣い、學問の場面で猛然と格闘する様子を形容する。「『天地以生物爲心』。譬如甑蒸飯、氣從下面滾到上面、又滾下、只管在裏面滾、便蒸得熟。天地只是包許多氣在這裏無出處、滾一番、便生一番物。」

「能得」は、可能の意の能願動詞である。

この條の「須要入在裏面」を「須入裏面」と作るのみで他はまったく同じ條が、『朱子讀書法』一「熟讀精思」に見える。

〔記録者〕

潘時擧　字は子善、台州臨海縣の人。「師事年攷」220。

【23】

人言讀書當從容玩味、此乃自怠之一說。若是讀此書未曉道理、雖不可急迫、亦不放下、猶可也。若倘徉終日、謂之從容、却無做工夫處。譬之煎藥、須是以大火煮衮、然後以慢火養之、却不妨。人傑。

〔譯〕

讀書はゆったりと味わうべきだ、と人は言うが、これは自分を怠けさせる口實の一つだ。ある書物を讀んで道理がまだわからないうちは、焦ってはいけないが、手放しもしないということなら、まだよかろう。終日ぶらぶらしているのをゆったりと言うのであれば、何ら努力していないに等しい。藥を煎じることに譬えれば、まず强火でぐつぐつ煮、そのあと弱火でじっくり煮詰めれば、よいようなものだ。萬人傑。

〔校勘〕

朝鮮古寫本　「讀書法下」所收（十一葉表）。

底本は、「煮衮」を「煮滾」に作るが、諸本に従い、底本を改めた。

〔注〕

「從容」ということばにまつわり、それを怠惰の言い譯にしてはいけない、と訓《おし》える條。ここで繰り返される「從容」は、『莊子』秋水の「儵魚出遊從容、是魚之樂也」で言うような「ゆったりとした心理状態」を指すのであるが、別に『中庸』第二十章に見える、「誠者不勉而中、不思而得、從容中道、聖人也。」をも踏まえる。「從容」は、朱子の思想では、道理に習熟した時の心のあり方であり、その考えは、「訓門人五」（一一七・2829）の「雖未能從容、只是熟後便自會從容。」からも讀みとれる。ところが、そのような「焦らず書を讀み、自然とそれに習熟するのを待つ」という學習態度を説く一方で、朱子はそれを怠けの口實とさせぬように、隨所でいましめのことばを發せずにはいられない。本條はその一つであろうし、また、「訓門人五」（一一七・2823）では、「戒愼恐懼」（『中庸』第一章の「是故君子戒愼乎其所不睹、恐懼乎其所不聞」にもとづく）していたので道理は明らかにならない、という説の是非を弟子に問われた朱子は、「不如此、也不得。然也不須得將戒愼恐懼説得太重、也不是恁地驚恐。只是常常提撕、認得這物事、常常存得不失。……聖人『不勉而中、不思而得、從容中道』、亦只是此心常存、理常明、故能如此。……常謂人無有極則處、便是堯舜周孔、不成説我是從容中道、不要去戒愼恐懼。」と答え、本條と同趣旨の箴戒を口にしている。

「急迫」は、程子以來、學問を修める上での忌むべき態度とされた。「持守」（一二・205）では程伊川の語「學者須敬守此心、不可急迫、當栽培深厚」を引き、それに續けて「栽、只如種得一物在此、但涵養持守之功繼繼不已、是謂栽培深厚。如此而優游涵泳於其間、則浹洽而有以自得矣。苟急迫求之、則此心已自躁迫紛亂、只是私己而已、終不能優游涵泳以達於道。」と論ずる。

「倘佯」は、「ぶらぶら」していることを形容する疊韻の語。『楚辭』「惜誓」では、「樂窮極而不厭兮、願從容虖神明。……臨中國之衆人兮、託回飆乎尙羊。」と、「從容」とともに現れるが、その王逸注には「尙羊、遊戲也」とある。また、張衡「思玄賦」（『文選』一五）にも、「會帝軒之未歸兮、悵倘佯而延佇」と用例がみられるが、本條での用法は、より口語的なものである。

第6條でも用いられた藥の比喩がここにも用いられる。關連表現は、隨所に見られるが、ここでは「總論爲學之方」（八・138）の「譬如煎藥、先猛火煎、教百沸大衮、直至湧坌出來、然後却可以慢火養之。」、「訓門人三」（一一五・2778）の「讀書要須耐煩、努力飜了巢穴。譬如煎藥、初煎時、須猛著火。待滚了、却退著、以慢火養之。讀書亦須如此。」を擧げておく。

また、ここで述べるような漫然と學問することの弊害は各所で述べられるが、詳細な檢討は第43條に讓る。

【24】

須是一捧一條痕、一摑一掌血。看人文字、要當如此。豈可忽畧。䔲。

〔譯〕

棒で毆れば棒のあと、びんたを張れば血の手形。人の文章を讀むときは、かくあるべきだ。どうしておろそかにできようか。黃䔲。

〔校勘〕

朝鮮古寫本「讀書法下」所收（十葉裏）。

底本は「捧」を「棒」につくるが、諸本に從い改めた。

〔注〕

「一捧一條痕、一摑一掌血」は、もと禪語。加えた衝擊の質量そのままの效果・成果を獲得することを形容する。朱熹が若い頃に讀んだとされる『大慧普學禪師語錄』卷下牧庵忠和尙條に「內心寂靜、外緣屏絕。悟處諦當、用處親

切。一棒一條痕、一摑一掌血。忠道者家風、須是妙喜說。火裏烏龜飛上天、六月紛紛飄瑞雪。」と見える。また、『語類』では、「論語一六　述而篇」（三四・888）に、「問、發憤忘食、樂以忘憂。曰、聖人全體極至、沒那不間不界底事。發憤便忘食、樂便忘憂、直恁地極至。大概聖人做事、如所謂一捧一條痕、一摑一掌血、直是恁地。」、「訓門人三」（一一五・2783）に、「先生謂徐容父曰、爲學、須是裂破藩籬、痛底做去、所謂一杖一條痕、一摑一掌血。使之歷歷落落、分明開去、莫要含糊。」などの用例が見える。

【25】

看文字、須是如猛將用兵、直是鏖戰一陣、如酷吏治獄、直是推勘到底、決是不恕他、方得。夔孫。

〔譯〕

文章を讀むときには、猛將が軍隊を指揮して死に物狂いに戦うように、また、酷吏が訴訟を裁くとき容赦なく調べたてて、決して目こぼしをしないようにしてこそよいのである。林夔孫。

〔校勘〕

朝鮮古寫本　「讀書法下」所收（九葉表）。看文字→而今看文字。

〔注〕

「鏖戰」は、徹底的に戦う意。たとえば『新唐書』「王翃傳」に「引兵三千、與賊鏖戰」とある。

「論語三一・子張篇」（四九・1203）には「近思」を論じて、「須是將心來一如鏖戰一番、見行陣、便自然向前得去、如何不教心經履這辛苦。」とする例が見える。

〔記録者〕

林夔孫　字は子武、福州古田縣の人。「師事年攷」240。

【26】

看文字、正如酷吏之用法深刻、都沒人情、直要做到底。若只恁地等閑看過了、有甚滋味。大凡文字有未曉處、須下死工夫、直要見得道理是自家底、方住。賜。

〔譯〕

文章を讀むのは、ちょうど酷吏が法律を嚴格に運用し、情容赦なく、徹底的にやるのと同じだ。もしもこんなふうにのんびりと讀み過ごしてしまえば、何の面白みがあるというのだ。およそ文章にまだ理解できぬところがあるうちは、ひたすらこつこつ努力すべきで、道理が我がものとして理解されるまでやるのだ。林賜。

〔校勘〕

朝鮮古寫本　「讀書法下」所收（十葉裏）。方住→方性。

〔注〕

「恁地」は、『語類』中に頻用される語で、「そのように」「そのまま」などの意をもつ副詞。後半部分と同趣旨の言は、『朱子讀書法』一「熟讀精思」に、「大凡看文字、若有曉不得處、須著下死工夫、直要見得道理是自家底、方住。先生言此以告學者、其辭甚厲。」とある。

「死工夫」は、一見無駄なように見える、苦しい基礎努力。

「直要～方住」は、口語で「ひたすら～までやる」という意味に該當する。「讀書法下」第91條に孟子の冗舌を論じて、「盡他直要說得盡方住、其言一大片」（一一・188）とあるのが參考になる。

〔記録者〕

林賜　字は聞一、出身地未詳。「師事年攷」76。

【27】

看文字如捉賊、須知道盜發處、自一文以上贓罪情節、都要勘出。若只描摸箇大綱、縱使知道此人是賊、却不知何處做賊。賜。

〔譯〕

文章を讀むのは、泥棒を捕まえるのに、盜みの始まりを知り、一文《もん》からの盜みの情狀をすべて調べあげねばならないのと同じだ。もしも單に大筋をつかむだけなら、たとえこいつが泥棒だと分かっても、どうして泥棒になったのかはわからない。林賜。

〔校勘〕

朝鮮古寫本　「讀書法下」所收（十葉裏）。須知道盜發處→須於盜發處。箇→个。

〔注〕

『朱子讀書法』一「熟讀精思」では、「看文字如捉賊、須於盜發處、自一文以上贓罪情節、都要勘出、莫只描摸箇大綱、縱使知道此人是賊、却不知他在何處賊。」とある。

「贓罪」は、もと收賄罪を指す。蔡邕「太尉喬玄碑陰」に、「公糺廢贓罪、致之於理」。盜んだ物品を「贓」とも言う。

「描摸」は、「つかみ出す」の意。「程子之書三」（九七・2480）に、「楊志仁問明道悅話。曰、最難看。須是輕輕地挨傍它、描摸它意思、方得。若將來解、解不得。須是看得道理大段熟、方可看。」とある。

「做賊」は、「盜人になる」こと。「何處」は、場所だけではなく、原因・經緯などの疑問詞となる。「唐虞三代事、浩大闊遠、何處測度。」（「尚書一　綱領」七八・1983）

【28】

看文字、當如高緪大艑、順風張帆、一日千里、方得。如今只纔離小港、便着淺了、濟甚事。文字不通、如此看。僩。

〔譯〕

文章を讀むのは、でっかい千石船が順風を帆にはらんで、一日に千里も走るようであってこそよい。小さな港を出たばかりで座礁してしまっては、何にもならない。文章がわからないのは、こんなふうに讀んでいるからだ。沈僩。

〔校勘〕

朝鮮古寫本「讀書法下」所收（九葉表）。「張帆」が細字雙行。

〔注〕

ここでは、學問する際の、一氣に猛然と大きく進むことの重要性を、航海にたとえている。記録者の沈僩は浙江永嘉（今の溫州）の人であり、また、「師事年攷」によれば、彼の師事期間は朱子が漳州にいた期間に重なっている。つまり、大海原へと波に乗る感覚がリアルに傳わる人と場を得た巧みな比喩と言えるであろう。航海を引き合いに出す例としては、「訓門人二」（一一四・2759）の「如今見得這道理了、到得進處、有用力愨實緊密者、進得快。有用力慢底、便進得鈍。何況不見得這源頭道理、便緊密也徒然不濟事。何況慢慢地、便全然是空。如今拽轉亦快。如船遭逆風、吹向別處去、若得風翻轉、是這一載不問甚麼物色、一齊都拽轉。若不肯轉時、一齊都不轉。」や、「訓門人五」（一一七・2821）の「若恁地看道理淺了、不濟事。恰似撐船放淺處、不向深流、運動不得、須是運動遊泳於其中。」などがある。

「䑽」は、字書類を見ても、『朱子語類』のこの條が例に取られている程度で、極めて用例の少ない文字である。「艑」については、『廣韻』に「艑、吳船」とあるので、「䑽」も方言字の可能性もあるが未詳。

【29】

讀書看義理、須是胸次放開、磊落明快、恁地去。第一不可先責效。纔責效、便有憂愁底意。只管如此、胸中便結聚一餅子不散。今且放置閑事、不要閑思量。只專心去玩味義理、便會心精。心精、便會熟。淳。

〔譯〕

讀書して義理をさとるには、胸を廣げて大らかに明快に、讀み進むべきである。決してまず効果を上げることを求めないこと。効果をねらうのでは苛々《いらいら》鬱々するだろう。そんなことでは心にしこりができて取れなくなってしまう。今はしばらく餘計なことは放っておいて、つまらぬことは考えないことだ。ただ一心に義理を味わうようにすれば、心が研ぎ澄まされてくる。心が研ぎ澄まされれば、習熟できる。陳淳。

〔注〕

まったく同趣旨の言が、徐寓への訓話として「訓門人三」（一一五・2779）に記録されている。

讀書看義理、須是開豁胸次、令磊落明快、恁地憂愁作甚底。亦不可先責效。才責效、便見有憂愁底意思、只管如此、胸中結聚一餅子不散。須是胸中寛閑、始得。而今且放置閑事、不要閑思量、只專心去玩味義理、便會心精、心精、便會熟。

「第一不〜」は、「けっして〜するな」の意。「纔〜便」は、「一〜便」に同じ。

【30】

讀書、放寛著心、道理自會出來。若憂愁迫切、道理終無緣得出來。

〔譯〕

讀書は、心をゆったりと廣げていれば、道理はおのずとあらわれる。鬱ぎこんで思いつめていたのでは、道理はあらわれようがない。

〔校勘〕

朝鮮古寫本　缺

〔注〕

『朱子讀書法』二「虛心涵泳」に、同じ條が見える。

【31】

讀書、須是知貫通處、東邊西邊、都觸着這關捩子、方得。只認下着頭去做、莫要思前算後、自有至處。而今説已前不曾做得、又怕遲晩、又怕做不及、又怕那箇難、又怕性格遲鈍、又怕記不起、都是閑説。只認下着頭去做、莫問遲速、少間自有至處。既是已前不曾做得、今便用下工夫去補塡。莫要瞻前顧後、思量東西。少間擔閣一生、不知年歲之老。僩。

〔譯〕

讀書は貫通する處を知って、端から端まですべてこのかなめに繫がっていてこそ良い。ひたすら書物を讀むことに沒頭し、あれこれあとさきのことを考えるな、自然とわかってくる。これまでしたことがないとか、遲すぎないか、やっても間に合わないのではないかと恐れ、やれあれは難しいの、自分は資質が鈍いの、憶えられないのと心配しているのは、すべて無駄なことだ。ひたすら目の前の書物に沒頭し、進み具合など氣に懸けるな、そのうち自然とわかるようになる。もし以前にやったことがないのなら、いま努力して補うがよい。あちこち氣にして、ああだこうだと考えてはいけない。そんなことでは、やがて一生を棒に振って、知らないうちに年をとってしまう。沈僩。

〔校勘〕

朝鮮古寫本　「讀書法下」所收（九葉表）。關捩子→開捩子。

朝鮮古活字本　擔閣→檐閣。

〔注〕

「貫通」は、古くは董仲舒『春秋繁露』正貫に「然後援天端、布流物、而貫通其理、則事變散其辭矣」とあるが、朱子がここで述べる内容は、『河南程子遺書』一八の「格物須物物格之、還只格一物而萬理皆知。曰、怎生便會該通。

若只格一物、便通衆理、雖顏子亦不敢如此道。須是今日格一件、明日又格一件、積習既多、然後脱然自有貫通處。」をふまえ、『語類』の中でも重要な修徳態度として、繰り返し説かれる。また朱子自身は「貫通」を、「總論爲學之方」（八・143）に「貫通、是無所不通。」、同（八・130）「學者工夫、但患不得其要。若是尋究得這箇道理、自然頭頭有箇着落、貫通浹洽、各有條理。如或不然、則處處窒礙。學者常談、多説持守未得其要、不知持守甚底。説擴充、説體驗、説涵養、皆是揀好底言語做箇説話、必有實得力處方可。所謂要於本領上理會者、蓋緣如此。」のように解説する。また、「貫通」の類義語としては、「通貫」「洞貫」なども同様の文脈でしばしば登場する。

「關捩子」は、『碧巖錄』卷一第一則の「雪竇恐怕人逐情見、所以撥轉關捩子、出自己見解云、休相憶、淸風匝地有何極。」について、『碧巖集方語解』に、「諸鈔ニ貫ノ事ナリト云ハ誤ナリ、關捩ハカラクリノハゼナリ。通雅云、關捩、機捩也。廣記、唐韓志和雕木、爲鸞鶴置機于腹中、發之則飛。傳燈錄、黃檗謂牛頭尚不知向上關捩子。蓋一義。」とあるのが參考になる。ここでは、からくりの關鍵部分という意味から「かなめ」と譯した。この語が、『語類』の中でも、そもそも『碧巖集方語解』に説明されるような「仕掛けの作用點」のような意味で使われていたことは、「詩二」（八一・2115）に「如此讀將去、將久自解踏著他關捩了、倏然悟時、聖賢格言自是句句好。」、「周子之書大極圖」（九四・2376）に「周貴卿問、動靜者、所乘之機。曰、機、是關捩子。踏著動底機、便挑撥得那靜底機、便挑撥得那動底。」とある例からも明らかであろう。

「下頭」は、「沒頭する」の意。「程子之書一」（九五・2457）に「學者做工夫、須以聖人爲標準、如何却説得不立標準。曰、學者固當以聖人爲師、然亦何須得先立標準。才立標準、心裏便計較思量幾時得到聖人。處聖人田地又如何。便有箇先獲底心。『顏淵曰、舜何人也。予何人也。有爲者亦若是。』也只是如此平説、教人須以聖賢自期。又何須先立標準。只恁下著頭做、少間自有所至。」とある。なお、この例では、「只認」ではなく「只恁」と作られるが、明成化九年刊本では同じ箇所を「只認下著頭做」と作っていて、より本條に近い形になっている。「認」と「恁」は、近代には近似音となり、字形も近いものであるから、記録の段階で兩者がまぎれた可能性もあろう。「只認」は「ひたすら」の意。

「莫要」は、「不要」に同じ。

「擔閣」は、「(時間を) むだにする」の意。

【32】

天下書儘多在、只恁地讀、幾時得了。須大段用着工夫、無一件是合少得底。而今只是那一般合看過底文字也未看、何況其他。僩。

〔譯〕

天下に書物はとても多いぞ、そんな風に讀んでいたのでは、いつになってもものにできない。大いに努力すべきであり、手を拔いてよいものなど一つとしてない。あんな讀んでおいて當然の文章すらまだ讀んでいないとなると、ほかはいわずもがなだ。沈僩。

〔校勘〕

朝鮮古寫本　合→今。

〔注〕

「儘多」は、「很多」に同じ。

句末の「在」は、「存在する」の意でも解し得るが、「若有人推演出來、其爲害更大在。」(「釋氏」一二六・3011)

のように、現代語の語氣助詞「呢」に近い義に考えた。
「少得」は、「缺ける」の意。「人物之性氣質之性」（四・70）に「然惜其言之不蓋、少得一箇氣字耳。」とある。また、「無一件是合少得底」という主張は以下の例にも表明されており、この語の理解の上でも參考となろう。「訓門人五」（一一七・2817）に、「讀書理會一件了、又一件。不止是讀書、如遇一件事、且就這事上思量合當如何做、處得來當、方理會別一件。書不可只就皮膚上看、事亦不可只就皮膚上理會。天下無書不是合讀底、無事不是合做底。」
「看過」は、「目を通す」「讀む」の意。

【33】

讀書須是徧布周滿。某嘗以爲寧詳毋略、寧下毋高、寧拙毋巧、寧近毋遠。方子。

〔譯〕
讀書は、餘すところなく周到に讀まねばならない。私はいつも、おおざっぱよりは丁寧に、高いよりは低く、巧みであるよりは拙く、遠いよりは近く讀むのがよいと考えている。李方子。

〔校勘〕
朝鮮古寫本　方子→方子、蓋卿同。

〔注〕
類似の言は、「訓門人四」（一一六・2792）に廖謙への訓話として以下のように記録される。「德之看文字尖新、如見得一路光明、便射從此一路去。然爲學讀書、寧詳毋略、寧近毋遠、寧下毋高、寧拙毋巧。若一向罩過、不加子細、

便看書也不分曉。然人資質亦不同、有愛趨高者、亦有好務詳者。雖皆有得、然詳者終是看得溥博浹洽。」また、『晦庵文集』巻三十「答汪尚書」（第三書）にも見える。『朱子讀書法』二「虛心涵泳」には、「問大學、先生曰、讀書須周匝遍滿、某舊時有四句云、寧詳毋略、寧下毋高、寧拙毋巧、寧近毋遠」とある。

【34】

讀書之法、先要熟讀。須是正看背看、左看右看。看得是了、未可便說道是、更須反覆玩味。時擧。

〔譯〕

讀書の法は、まず熟讀することが肝要だ。前から後ろから、左から右から讀むこと。讀んでそうだと思っても、早合點してはならない。さらに繰り返し味わうべきである。潘時擧。

〔注〕

この條以後しばらくは熟讀の心得が說かれる。これらは「反覆玩味」「反覆體驗」などのタームで特徴づけることが可能である。

【35】

少看熟讀、反覆體驗、不必想像計獲。只此三事、守之有常。夔孫。

〔譯〕
少しの量を熟讀し、繰り返し身をもって確かめ、成果をねらう必要はない。この三點だけは常に守るように。林夔孫。

〔注〕
「計獲」は、「總論爲學之方」（八・143）に、「學者須是直前做去、莫起計獲之心。」とあり、また「論語十四　雍也篇三」（三二・818）に、『論語』の「任者先難而後獲」に關して、「只是我合做底事、便自做將去、更無下面一截。才有計獲之心、便不是了。」とみえる。「效果をもくろむ」ことを表す。

「體驗」は、「總論爲學之方」（八・130）に、「學者工夫、但患不得其要。若是尋究得這箇道理、自然頭頭有箇着落、貫通浹洽、各有條理。如或不然、則處處窒礙。學者常談、多說持守未得其要、不知持守甚底。說擴充、說體驗、說涵養、皆是揀好底言語做箇說話、必有實得力處方可。所謂要於本領上理會者、蓋緣如此。」とあることからもわかるように、これまでにもしばしば見られた、「貫通」「浹洽」「涵養」などのタームと緣語の關係にある。その含義は、朱子自身が、「訓門人七」（一一九・2879）で、「講論自是講論、須是將來自體驗。……體驗是自心裏暗自講量一次。」のように定義しており、やはりこれらの語と緣語關係にあって、「自論爲學工夫」（一〇四・2616）に「體驗是把那聽得底自去心裏重複思量過。」と定義される「體認」と、ほぼ同じ意と理解してよい。

【36】
大凡看文字、少看熟讀、一也。不要鑽研立說、但要反覆體驗、二也。埋頭理會、不要求效、三也。三者、學者當守此。人傑。

〔譯〕

およそ文章を讀むには、第一に少しの量をじっくりと讀むこと。第二にことさら自説を立てようとせず、ただ繰り返し身をもって確かめよ。第三に沒頭して取り組み、成果を上げようと思うな。この三點は、學問する者が常に心がけていなければならない。萬人傑。

〔注〕

前條と同じく、讀書する上での心得を説く。『朱子讀書法』一「綱領」にも、「大凡讀書、少看熟讀、一也。不要煩碎立說、但要反覆體驗、二也。埋頭理會、不要求效、三也。三者、學者當守此」と、本條とほぼ同じ字句が見える。
「鑽研」は、「無理に、ことさら」。「訓門人二」（一一四・2757）に、「將孔子置在一壁、却將左氏司馬遷駁雜之文鑽研推尊、謂這箇是盛衰之由、這箇是成敗之端」とある。

【37】

書宜少看、要極熟。小兒讀書記得、大人多記不得者、只爲小兒心專。一日授一百字、則只是一百字。二百字、則只是二百字。大人一日或看百板、不恁精專。人多看一分之十、今宜看十分之一。寬着期限、緊着課程。淳。

〔譯〕

書物は少なく讀み、徹底的に身につけるのがよい。子供が本を讀んで憶えるのに、大人だと大抵憶えられないのは、子供は心が集中するからである。一日に百字教われば、ひたすら百字、二百字ならひたすら二百字のみを憶える。大人は一日に百葉讀んでも、それほど集中しない。人はともすれば自分の能力の十倍も讀もうとするが、まずは十分の一を讀むようにしなさい。期限は緩やかに設定し、學習課程を細かくしなさい。陳淳。

〔校勘〕

朝鮮古寫本　大人多記不得→而大人則多記不得。

〔注〕

この條から46條までは、熟讀する上で、分量を欲張らずに内容を濃く設定することの重要性を述べる。「期限」と「課程」の關係については、「總論爲學之方」（八・136）の「小立課程、大作工夫。」「工夫要趲、期限要寬。」「嚴立功程、寬着意思、久之、自當有味、未可求欲速之攻。」などが同趣旨の言として擧げられる。

また、本條とほとんど同じ文章が、『朱子讀書法』三「熟讀精思」に見られる。ただし、「人多看一分十、今宜看十分之一」を、「人多看一分十、今且看十分之二」に作るのが大きな異同點である。

【38】

讀書、只逐段逐些子細理會。小兒讀書所以記得、是渠不識後面字、只專讀一進耳。今人讀書、只衮衮讀去。假饒讀得十遍、是讀得十遍不曾理會得底書耳。得寸、則王之寸也。得尺、則王之尺也。讀書當如此。璘。

〔譯〕

讀書は、とにかく一段ごとに少しずつきめ細かく取り組むことだ。子供が書物を讀んでそれを覺えられるのは、その後の文章を氣にせずに、ひたすら集中して讀んでいくからである。今の人の讀書は、どんどん讀むだけだ。（そんなことでは）かりに十遍讀んだところで、ちっともものにならぬまま十遍讀んだに過ぎないのである。「寸を得れば則ち王の寸なり、尺を得れば則ち王の尺なり」というが、讀書もかくあるべきだ。滕璘。

〔校勘〕

朝鮮古寫本　缺

〔注〕

「逐些〻」は、「少しずつ」の意。「逐一些〻」という形も見られる。

公今須是逐一些〻子細理會、始得、不可如此鹵莽。（「訓門人四」一一六・2803）

「衮衮」は、無頓着にどんどん進む様子を形容し、第22條に見られた「猛衮」とはまた異なるニュアンスを傳える。本條と同様の例としては、「訓門人九」（一二一・2922）の「在家衮衮、但不敢忘書册、亦覺未免間斷。」が擧げられよう。

「假饒」は、「假如」に同じ。

且恁地理會做好看、教人説道自家也曾理會來。這假饒理會得十分是當、也都不關自身己事。（「總論爲學之方」八・139）

「得寸、則王之寸也。得尺、則王之尺也」は、『戰國策』秦三の一節。

（范睢謂秦王）曰、大王越韓魏而攻强齊、非計也。……王不如遠交而近攻。得寸、則王之寸也。得尺、亦王之尺也。今舍此而遠攻、不亦繆乎。

〔記録者〕

滕璘（一一四五？～一二二九）字は德粹、號は溪齋、徽州婺源の人。「師事年攷」185。

【39】

讀書小作課程、大施功力。如會讀得二百字、只讀得一百字、却於百字中猛施工夫、理會子細、讀誦教熟。如此、不會記性人自記得、無識性人亦理會得。若泛泛然念多、只是皆無益耳。讀書、不可以兼看未讀者、却當兼看已讀者。璘。

〔譯〕

讀書は、學習課程は小さく立て、そこに大きな努力をかけること。もしも二百字讀めるのなら、百字だけ讀むようにして、その百字については猛然と努力して、きめ細かく取り組み、口に出して十分憶えこむようにするのだ。こうすれば、記憶力の悪い人でも自然と憶えられるし、ものわかりの悪い人でもものにできる。漫然といくら讀んでも、無益なだけだ。讀書は、まだ讀んだことのないものをいっしょに讀むのじゃなくて、すでに讀んだものをいっしょに讀むべきだ。滕璘。

〔校勘〕

朝鮮古寫本　缺

〔注〕

前條に引き續き、緊密な讀書の重要性を說く條。37條の注でも擧げた「總論爲學之方」（八・136）にも「小立課程、大作工夫」とある。

「泛泛」は、「ぼんやりとして書物に集中していない様子」を形容する。たとえば、「持守」（一一・207）に、「道夫曰、泛泛於文字間、祇覺得異。實下工、則貫通之理始見。曰、然。」、「訓門人八」（一二〇・2891）に、「要他底、須著些精彩方得、然泛泛做又不得。」とある。

朱子は、讀書する際の口に出して讀む效果についてしばしば言及しているが、本條もその一つである。（第60條・61條、また「讀書法下」105條を參照。）「泛泛然」の後に續く「念」も單に「讀む」のではなく、この場合は明らかに「口に出して讀む」ことを示す動詞である。一般に『語類』では、「看」と「念」とを、「目で讀む」と「口に出して讀む」とに使い分けている。

【40】

讀書不可貪多、且要精熟。如今日看得一板、且看半板。將那精力來更看前半板、兩邊如此、方看得熟。直須看得古人意思出、方好。洽。

〔譯〕

讀書は欲張ってはいけない。まずは精讀熟讀することだ。もし日に一葉讀めるのなら、まず半葉だけを讀むこと。（一葉讀める）その精力で前半葉だけを讀み、兩面ともこのようにして精讀してこそ、しっくり理解できるのである。古人の考えが見えてくるまで讀みこんでこそよい。張洽。

〔校勘〕

朝鮮古寫本　將那精力→將那个精力。

〔記録者〕

張洽（一一六一～一二三七）字は元德、臨江軍清江縣の人。「師事年攷」78。

【41】

讀書不要貪多。向見州郡納税、數萬鈔總作一結。忽錯其數、更無推尋處。其後有一某官乃立法、三二十鈔作一結。觀此、則讀書之法可見。可學。

〔譯〕

讀書は欲張ってはいけない。以前州郡の納税の狀態を見たことがあるが、數萬鈔で一まとめにしていた。これではうっかり數を間違っても、まったく確かめようがない。その後ある役人が方策を立てて、二三十鈔ずつまとめるようにした。これを見れば、讀書のしかたも分かるだろう。鄭可學。

〔注〕

「鈔」は、宋代では「鈔引」で、「手形」や「證文」の類を表し、それが價値をもって鹽や茶などと引き替えることができた。「鈔」は一見紙幣の意味にもとれそうだが、紙幣は別に「會子」と呼ばれていて、この場合の「鈔」が表すものをそのまま「紙幣」と譯すには問題があろう。ここでは量詞としての役割を重視して、上記のように譯出した。

〔記錄者〕

鄭可學（一一五二～一二一二）　字は子上、持齋先生と呼ばれる。興化軍莆田縣の人。「師事年攷」83。

【42】

讀書不可貪多、常使自家力量有餘。正淳云、欲將諸書循環看。曰、不可如此、須看得一書徹了、方再看一書。若雜然竝進、却反爲所困。如射弓、有五斗力、且用四斗弓、便可拽滿、己力欺得他過。今學者不忖自己力量去觀書、恐自家照管他不過。罃。

〔譯〕

「讀書は欲張ってはいけない。常に自分の力に餘裕を持たせておかねばならない。」（と先生がおっしゃったので）正淳（萬人傑）がいった、「いろんな書物を順ぐりに讀みたいのですが。」おっしゃるには、「それはいけない、一冊の書物を徹底的に讀みこんでから、次の書を讀むのだ。ごちゃごちゃと同時に何册も讀んで行けば、行き詰まってしまう。たとえば弓を射るのに、五斗の弓を引く力があるのなら、まずは四斗の弓を用いれば、存分に引きしぼれて、使いこなすことができるのである。今の學問をする者は、自分の力を見定めずに書物を讀むので、自分で書物を扱いかねているのだろう。」黃罃。

〔校勘〕

朝鮮古寫本　缺

朝鮮古活字本・朝鮮刊本・明刊本　他→它。

〔注〕

「循環看」とは、「訓門人五」（一一七・2813）に、「大學・論語・孟子・中庸四書、自依次序循環看。」とあるように、何册かの書物を順番に繰り返し讀む讀書法をさす。しかし、この讀書法を實行できるのは、「自論爲學工夫」（一〇四・2613）に、「器之云、如今將先生數書循環看去。曰、都讀得了、方可循環再看。」とあることからもわかるように、習熟すべき書物をすでに讀んで會得した者だけであり、この條では、恐らくまだそのレヴェルに達していない學生に向かって、まず先に爲すべきことを朱子が諭しているものと考えられる。

「欺得~過」は、本來「あなどる」の意だが、ここでは、「~を凌ぐ」の意で用いられる。『語類』の中では、「春秋經」（八三・2171）の「如藺相如〔請〕秦王撃缶、亦是秦常欺得趙過、忽然被一箇人恁地硬振、他如何不動。」などのように用いられる。

「照管」は、「制御する」「管理する」「心がける」などの意。たとえば、「持守」（一二・203）に、「存得此心、便是要在這裏常常照管。若不照管、存養要做甚麼用。」とあるように用いられる。

【43】

讀書、只恁逐段子細看。積累去、則一生讀多少書。若務貪多、則反不曾讀得。又曰、須是緊着工夫、不可悠悠、又不須忙。只常抖擻得此心醒、則看愈有力。道夫。

〔譯〕

「讀書は、とにかく段ごとに詳しく讀むこと。積み重ねていけば、一生にかなりの本が讀めるだろう。もし欲張って多く讀もうとすれば、かえって讀んだとはいえない。」また言われた、「集中して努力しなさい。漫然と讀むのではいけないし、慌ててもいけない。ひたすらいつも氣を引きしめて心が醒めているようにすれば、讀めば讀むほど力がつく。」楊道夫。

〔校勘〕

底本は、「只常抖擻」を「只常抖搜」に作るが、諸本に従い、底本を改めた。

朝鮮古寫本　不可都要袞去→不可都袞去。

〔注〕

「今語學問、正如煮物相似、須爇猛火先煮、方用微火慢煮。若一向只用微火、何由得熱。欲復自家元來之性、乃恁地悠悠、幾時會做得。」（「總論爲學之方」八・137）、「悠悠於學者最有病」（「訓門人二」一一三・2750）、「學者悠悠是大病」（「訓門人九」一二一・2922）という風に、だらだら學問をすることを戒める語は隨所に見られるが、特に、以下に引く「訓門人九」（一二一・2923）の條では、朱子の弟子への怒りが爆發しており興味深い。「謂諸生曰、公皆如此悠悠、終不濟事。今朋友著力理會文字、一日有一日工夫、然尚恐其理會得零碎、不見得周匝。若如諸公悠悠、是要如何。光陰易過、一日減一日、一歲無一歲、只見老大。忽然死著、思量來這是甚則劇、恁地悠悠過了。」

「抖擻」は、「奮い起こす」の意。「爲學有用精神處、有惜精神處、有合著工夫處、有枉了工夫處。要之、人精神有得亦不多、自家將來枉用了、亦可惜。……直須抖擻精神、莫要昏鈍。如救火治病、豈可悠悠歲月。」（「訓門人七」一一九・2874）、「……如人瞌睡、方其睡時、固無所覺、莫教纔醒、便抖擻起精神、莫要更教他睡、此便是醒。」（「大學四　或問上　經一章」一七・377）など。

【44】

不可都要衮去。如人一日只喫得三碗飯、不可將十數日飯都一齊喫了。一日只看得幾段、做得多少工夫、亦有限。不可衮去都要了。淳。

〔譯〕

一氣に何もかもやろうとしてはいけない。たとえば人は一日三膳ご飯は食べられても、十數日分のご飯を一度に食べることはできないようなものだ。一日にどれだけ讀めるか、どれだけ精力を注げるかには、やはり限りがある。一度に全部やろうとしてはいけない。陳淳。

〔校勘〕

朝鮮古寫本　不可都要袞去→不可都袞去。三碗飯→三埦飯。十數日飯→十數日入飯。

〔注〕

「袞」は、これまでもさまざまなニュアンスで登場した語であるが、ここでは、欲張って一切合切無反省に盛り込もうとする學問の仕方を説明するために用いられている。『語類』の他の箇所での似通った用例は、「陸氏」（一二四・2970）に、陸象山への評語として次のように見える。なお、この例では「滾」に作るが、意味は同じである。「先生問、子靜（象山の號）多説甚話。曰、却如時文相似、只連片滾將去。曰、所説者何。曰、他只説『天地之性人爲貴』、人爲萬物之靈。人所以貴與靈者、只是這心。其説雖詳多、只恁滾去。」

また、この條の「三碗飯」という比喩によく似た例が、「訓門人六」（一一八・2852）に、やはり「讀書は一つ一つじっくり取り組まねばならない」という主張に續いて、次のように見える。「如喫飯、不成一日都要喫得盡。須與分做三頓喫、只恁地頓頓喫去、知一生喫了多少飯。讀書亦如此。」

【45】

讀書、只看一箇册子、毎日只讀一段、方始是自家底。若看此又看彼、雖從眼邉過得一遍、終是不熟。履孫。

〔譯〕

読書は、もっぱら一冊の書物を讀み、毎日一段ずつ讀んでいってこそ自分のものになる。あれも讀みこれも讀みでは、目の前を通り過ぎても、結局習熟できない。潘履孫。

〔記録者〕

潘履孫　字は坦翁、金華の人か。「師事年攷」258。

【46】

今人讀書、看未到這裏、心已在後面。纔看到這裏、便欲舍去了。如此、只是不求自家曉解。須是徘徊顧戀、如不欲去、方會認得。至。

〔譯〕

今の人の讀書は、まだそこまで讀まぬうちに、心はすでに先に行っている。そこまで讀んだと思ったら、もうすぐに捨て去ろうとする。これでは、まったく自分で理解しようとしていないのだ。行きつ戻りつ振り返り、離れたくないようになってこそ、わかるのだ。楊至。

〔校勘〕

朝鮮古寫本　缺

〔注〕

「認得」は、「會得する」の意。「訓門人四」（一一六・2799）に、「讀書、且去鑽研求索。及反覆認得時、且蒙頭去做、久久須有功效。」とある。

なお、本條は、後出第83條の前半とほぼ同内容の記錄である。當該條の注を參照のこと。

【47】

某最不要人摘撮。看文字、須是逐一段一句理會。賀孫。

〔譯〕

わたしは、拾い讀みは絶對にしてほしくない。文章を讀むときには、一段ごと一句ごとに取り組むべきだ。葉賀孫。

〔校勘〕

朝鮮古寫本　缺

〔注〕

「摘撮」は、「つまみぐい」というような意。

【48】

讀書是格物一事。今且須逐段子細玩味、反來覆去。或一日、或兩日、只看一段、則這一段便是我底。脚踏這一段了、又看第二段。如此逐旋捱去、捱得多後、却見頭頭道理都到。這工夫須用行思坐想、或將已曉得者再三思省、却自有一箇曉悟處出、不容安排也。書之句法義理、雖只是如此解說、但一次看、有一次見識。所以某書、一番看、有一番改。亦有已說定、一番看、一番見得穩當、愈加分曉。故某說讀書不貴多、只貴熟爾。然用工亦須是勇做近前去、莫思退轉、始得。大雅。

〔譯〕

讀書は、「物に格（いた）る」の一事に盡きる。まず段ごとにきめ細かく味わい、それを繰り返しおこなうこと。一日でも二日でもひたすら一段を讀めば、その一段は自分のものになる。その一段を足がかりにして、さらに次の段を讀むのだ。このように順を追って積み重ねていき、十分積み重なれば、一つ一つの道理がすべて現れて來る。この努力は日頃の行動と思索の間に常に心がけるようにし、すでに理解したものでも何度も考え直してみれば、おのずから悟るところが現われて、あれこれ段取りする餘地はないのだ。書物の句法や義理は、とにかくこのようにして解き明かしはするが、一度讀めばそのつどわかるところは有るものだ。だから、わたしの著書でも、讀む度に改めるところが出てくる。すでに考えが定まった後は、讀むたびにそれがしっくりしてきて、いっそうはっきりわかる。そこで、わたしは、讀書では多讀が大切なのではなく、熟讀こそが大切だ、と言うのだ。ただ、努力する際には、大膽に進むよう心がけ、退くのは考えぬようにしてこそよい。余大雅。

〔校勘〕

朝鮮古寫本　缺

朝鮮古活字本　捱→崖。

底本は「勇做近前去」を「勇做進前去」に作るが、諸本に從い本文を改めた。

〔注〕

「格物」は、「致知」とともに、『大學』の重要な教えの一つ。『語類』では「大學二　經下」（一五）に多くの紙幅を費やして議論され、いずれも本條と密接に連關する言ばかりであるが、簡潔にその意を述べるものとしては、「窮理格物、如讀經看史、應接事物、理會箇是處、皆是格物。」（一五・284）や、「格物、是物物上窮其至理。致知、是吾心無所不知。格物、是零細說。致知、是全體說。」（一五・291）などが擧げられよう。

「脚踏」は、「踏まえる」「足がかりにする」などの意。

　道學不明、元來不是上面欠却工夫、乃是下面元無根脚。若信得及、脚踏實地、如此做去、良心自然不放、踐履自然純熟。（「大學一　綱領」一四・250）

「捱」「逐旋捱」は、緊密に努力を積み重ねていくことを言い、「捱」は「挨」に同じく現代語では肉迫して追うことを言う場合にも用いられる。「力行」（一三・225）に「初學則要牢箚定脚與他捱、捱得一毫去、則逐旋捱將去。此心莫退、終須有勝時。」と見えるのが、本條ともかなり近い文脈での用例である。この語は、「大學五　或問下　傳五章」（一八・412）の「今日格一件、明日格一件。遇事時、把捉教心定、子細體認、逐旋捱將去、不要放過。」や、「大學一　綱領」（一四・253）の「讀大學、且逐段捱。看這段時、似得無後面底。看第二段、却思量前段、令文意聯屬、却不妨。」などの例からもわかるように、『大學』の「格物」と密接な緣語關係にある語でもある。

「頭頭」は、一つ一つすべて、という意味。『語類』での用例は以下の通り。

　學者須是求仁、所謂求仁者、不放此心。聖人亦只教人求仁。蓋仁義禮智四者、仁足以包之。若是存得仁、自然頭頭做着、不用逐事安排。（「性理三　仁義禮智等名義」六・113）

「行思坐想」は、動いている時も動いていない時も常に考える、という意。『語類』では、「程子之書二」（九六・2461）に佛家の修行との類似を述べて、「心只管在這上行思坐想、久後忽然有悟」というのが見える。

「安排」は、ことさらに段取りをつけること。朱子と同時代の陸游にも「先師有遺訓、萬事忌安排」（陸游「兀坐久散步野舍」『劍南詩稿』巻五五）ということばがあるが、直前の「頭頭」の注に引いた例や、以下に擧げる數例からもわかるように、朱子の考える學問のあるべき進め方において、忌むべき態度とされた。

問、如何是倫序。曰、不是安排此一件爲先、此一件爲後、此一件爲大、此一件爲小。隨人所爲、先其易者、闕其難者、將來難者亦自可理會。（「總論爲學之方」八・140）

公依舊是要安排、而今只且就事物上格去。……若須待它自然發了、方理會它、一年都能理會得多少。聖賢不是教人去黑淬淬裏守著。（「大學二　經下」一五・286）

曲禮三百、威儀三千、皆是人所合當做而不得不然者、非是聖人安排這物事約束人。（「大學五　或問下　傳五章」十八・409）

謂諸生曰、公說欲遷善改過而不能、只是公不自去做工夫。若恁地安安排排、只是做不成。如人要赴水火、這心才發、便入裏面去。若說道在這裏安排、便只不成。（「訓門人九」一二一・2924）

「某書」とは、具體的には朱子の經書への注解書を指すであろう。そしてそれをしょっちゅう修正せねばならない、という本條の發言と同趣旨の言は、『語類』の中では、「大學一　綱領」（一四・258）の「解文字、下字最難。某解書所以未定、常常更改者、只爲無那恰好底字子。把來看、又見不穩當、又著改幾字。所以橫渠說、命辭爲難。」で表明されている。

これまで見てきたように、この條では、『大學』に取り組む際の心得を述べる箇所と重複する言辭が多い。そもそもは『大學』を讀む上での教訓を、ここに取り込んだものかもしれないが、これは、朱子の中に、『大學』とは、四書の中で最も根元的な教えを說き、學習者が最初に讀むべきものとの意識があったことを考えれば、納得のいくことである。

なお、本條と重なることばは、『朱子讀書法』卷一「循序漸進」に、「讀書是格物一事、今且須逐段子細玩味。」また、卷三「綱領」には、「又曰、讀書是格物一事。」と記錄される。

〔記錄者〕

余大雅（一一三八～八九）　字は正叔、信州上饒縣の人。「師事年攷」55。

【49】

讀書、且就那一段本文意上看、不必又生枝節。看一段、須反覆看來看去、要十分爛熟、方見意味、方快活、令人都不愛去看別段、始得。人多是向前趲去、不曾向後反覆、只要去看明日未讀底、不曾去紬繹前日已讀底。須玩味反覆、始得。用力深、便見意味長、意味長、便受用牢固。又曰、不可信口依希略綽說過、須是心曉。寓。

〔譯〕

「讀書するには、まずはその一段の本文の意にそって讀み、あれこれ枝葉のことを考えるな。一段を讀むには、繰り返し讀んで、十二分にしっくりこなれるようにすること、それでこそおもしろみがわかり、氣分がすっきりして、もう他の段は讀もうと思わなくってこそよい。人はとかく先へ先へと急ぎがちで、前のことを見返さない。明日の讀んでいない部分へ進むばかりで、前日の讀んだところを反芻して讀まない。繰り返し味わってこそよいのだ。深く努力すればおもしろみがよく分かり、おもしろみがよく分かればしっかり身につけることができる。」またおっしゃった。「口に任せていい加減にしゃべってはいけない。必ず心でさとらねばならない。」徐寓。

〔校勘〕

朝鮮古寫本　「讀書法下」所收（十五葉裏）。令→今。人多是→人多只是。寓→寓、陳淳同。「人都不愛」以下が、十四葉冒頭に續く亂丁が見られる。

朝鮮古活字本　依希→依俙。

〔注〕

本條とほぼ同じ文を含む條が「論語十八　子罕篇上」に見える。「不必如此又生枝節。且就此本文上看一段、須反覆看來看去要爛熟、方見意味快樂、令人都不欲看別段、始得」（三六・961）がそれである。この條は陳淳の記錄だが、そこには同時期の記錄として本條の記錄者徐寓の記錄を付す。この記錄も、『論語』の讀み方を論ずる中で發せられた教えの可能性が有る。

「生枝節」は、横道にそれること、あれこれ氣の散る様子をいう。「生枝蔓」に作るものや、「支蔓」とのみ言うものもある。『語類』での用例は次の通り。

學者觀書、且就本文上看取正意。不須立說別生枝蔓。唯能認得聖人句中之意、乃善。（「論語一　語孟綱領」一九・435）

讀書須是專一、不可支蔓。且如讀孟子、其間引援詩書處甚多。今雖欲檢本文、但也只須看此一段、便依舊自看本來章句、庶幾此心純一。（「訓門人三」一一五・2776）

「快活」は、すっきりする、理解の上で視界が廣がることをいう。「總論爲學之方」（八・131）に「學問須是大進一番、方始有益。若能於一處大處攻得破、見那許多零碎、只是這一箇道理、方是快活。然零碎底非是不當理會、但大處攻不破、縱零碎理會得些少、終不快活。」また、「論知行」（九・158）に、「看理到快活田地、則前頭自磊落地去。」さらに「讀書法下」（一一・192）にも「凡人讀書、若窮得到道理透處、心中也替他快活。」という用例が見える。

「紬繹」は、『漢書』谷永傳の「燕見紬繹、以求咎愆」に顏師古が、「紬繹者、引其端緒也」と注するように、「絲口を引き出す」意で用いられるが、ここでは、「引っぱり出して反芻する」の意に近い。以下に引くのは「讀書法下」（一一・189）に見える同趣旨の用例である。

凡讀書、須有次序。且如一章三句、先理會上一句、待通透。次理會第二句、第三句、待分曉。然後將全章反覆紬繹玩味。

「受用」は、「身につけて使いこなす」の意。『語類』の他所での用例は、「今只是要理會道理。若理會得一分、便有一文受用、理會得二分、便有二分受用。理會得一寸、便是一寸、一尺、便是一尺。漸漸理會去、便多。」(「論知行」九・157)など。

「依希」(「依稀」)は、次の「略綽」と同様、「いい加減にすます」の意。「總論爲學之方」(八・142)に、「今人口略依稀説過、不曾心曉。」という用例が見えるが、これとまったく同じ文が「論知行」(九・157)にも見える(記錄者も同じ陳淳)。

「略綽」は、「いい加減、おおざっぱ」の意。用例は、「前輩諸賢、多只是略綽見得箇道理便休、少有苦心理會者。須是專心致意、一切從原頭理會過。」(「訓門人二」一一三・2741)など。

「意味長」は、「味わいが深まる」の意。『語類』において「意味」は、「訓門人三」(一一四・2770)の「伊川曰、予年十七八時、已曉文義、讀之愈久、但覺意味深長。」や、「訓門人四」(一一六・2793)の「人之爲學、只是爭箇肯不肯耳。他若無得、不肯向這邊、略亦不解致思。他若肯向此一邊、自然有味、愈詳愈有意味。」また、「訓門人八」(一二〇・2905)の「打坐時意味也好。」からもわかるように、「含意・味わい」に近いニュアンスをもつ。

〔記錄者〕

徐寓　字は居父(甫)、瑞安府永嘉縣の人。「師事年攷」163。

【50】

大凡讀書、須是熟讀。熟讀了、自精熟、精熟後、理自見得。如喫果子一般、劈頭方咬開、未見滋味、便喫了。須是細嚼教爛、則滋味自出、方始識得這箇是甜是苦是甘是辛、始爲知味。又云、園夫灌園、善灌之夫、隨其蔬果、株株而灌之。少間灌漑既足、則泥水相和、而物得其潤、自然生長。不善灌者、忙急而治之、擔一擔之水、澆滿園之蔬。人見其治園矣、而物未嘗沾足也。又云、讀書之道、用力愈多、收功愈遠。先難而後獲、先事而後得、皆是此理。又云、讀書之法、須是用工去看。先一書費許多工夫、後則無許多矣。始初一書費十分工夫、後一書費八九分、後則費六七分、又後則費四五分矣。卓。

〔譯〕

「およそ讀書は、熟讀を旨とすべきだ。熟讀すればおのずと精通し、精通した後、理（ことわり）は自然と現われる。たとえば、果物を食べるのと同じで、最初嚙み切ってうま味もわからないままでは、食べたというだけだ。細かく嚙み砕き十分に咀嚼すれば、うま味がおのずと出てきて、そこでようやく甘いのか苦いのか、うまいのか澁いのかがわかり、それでこそ味を知ったと言えるのだ。」またおっしゃった。「農夫が畑に水をやるのに、水やりの上手な農夫は、作物に合わせて、一株ごとに水をやるものだ。やがて水が十分にいきわたれば、泥と水とがほどよくあわさり、作物は潤いを得て自然と生長する。下手な者は急いで濟ませてしまおうとして、一荷の水で畑全體の作物に水をやろうとする。人目には畑仕事をしているように見えても、作物はちっとも潤っていないのだ。」またおっしゃった。「讀書の道は、努力すればするほど、結果は遠大になる。『難きを先にして獲るを後にす』、『事を先にして得るを後にす』というのは、みなこの理屈だ。」また言われた。「讀書の法は、努力して讀むことだ。まず一冊の書物に多くの努力をはらえば、後はそれほど努力しなくてもよくなる。初めの一冊に十の努力をはらえば、次は八、九、その次は六、七、その次は四か五の努力で足りるのだ。」黄卓。

〔校勘〕

朝鮮古寫本　這箇是甜是苦→這个是甜。泥水相和→泥水相知。忙急而治之→忙急而沾之。物未嘗沾足也→物未嘗沾足也。先一書費許多工夫→先一書許多工夫。無許多矣→無許多工夫。費八九分→費八九分工夫。

朝鮮古活字本　灌漑既足→灌漑漑足。

朝鮮刊本　隨其蔬果→隨其疏果。

〔注〕

本條は、學門の進め方をまず飲食に、次いで農作業に譬えて諭す。飲食を譬えに持ち出す例は、『語類』では頻繁に見られるが、本條と同じく、「慌ててかぶりつかずにゆっくり咀嚼する」という譬えを幾つか引いておこう。

若不見得入頭處、緊也不可、慢也不得。……如喫果子相似、未識滋味時、喫也得、不消喫也得。到識滋味了、要住、自住不得。（「總論爲學之方」八・132）

若只是握得一箇鶻崙底果子、不知裏面是酸、是鹹、是苦、是澁。須是與他嚼破、便見滋味。（「總論爲學之方」八・145）

或問大學。曰、大概是如此。只是更要熟讀、熟時、滋味自別。且如喫果子、生時將來喫、也是喫這果子、熟時將來喫、也是喫這果子、只是滋味別。（「大學一　綱領」一四・254）

大抵讀書須求其要處、如人食肉、畢竟肉中有滋味。有人却要於骨頭上咀嚼、縱得些肉、亦能得多少。古人所謂味道之腴、最有理。可學因問、凡書傳中如此者、皆可且置之。曰、固當然。（「尙書二　湯誓」七九・2028）

この時にもち出される「知味」とは文字通り「味を知る」ではあるが、『中庸』第四章に、「人莫不飲食也、鮮能知味也。」とあるのを連想させる。

續く、學問を農作業、特に水やりに擬する例と同樣の譬喩としては、「訓門人五」（一一七・2822）に、次のように見える。「譬如耕田、須是下了種子、便去耘鋤灌漑、然後到那熟處。而今只想象那熟處、却不曾下得種子、如何會熟。」一方、『朱子讀書法』巻一「循序漸進」でも、「讀書如園夫灌園、善灌者、隨其蔬果根株而灌之。灌漑既足、則泥水相和而物得其潤、自然生長。不善灌者、忙而治之、擔一擔之水、澆滿園之蔬。人見其治園矣、而物未嘗沾足也。」というふうに、同じ言が記録される。

「先難而後獲」は、『論語』「雍也篇」の、「樊遲問知。子曰、務民之義、敬鬼神而遠之、可謂知矣。問仁。曰、仁者先難而後獲、可謂仁矣。」という言を指す。

「先事而後得」も、『論語』「顏淵篇」の「樊遲從遊於舞雩之下。曰、敢問崇德脩慝辨惑。子曰、善哉問。先事後得、非崇德與。」集注では、そこに「先事後得、猶言先難後獲也。爲所當爲、而不計其功、則德日積而不自知矣。」と注しているのだが、これは、本條と同じ朱子の考えを表明したものである。

後半の、初めに大きな努力を拂えば、あとになるほど少しの努力でよい、という主張と同趣旨のものとして、前出の飲食の比喩に關する箇所で引いた「大學一　綱領」（一四・254）條の直後に、「凡讀書、初一項須著十分工夫了、第二項只費得九分工夫、第三項便只費六七分工夫。少刻讀漸多、自貫通他書、自不著得多工夫。」とあるのが、參考になろう。

〔記録者〕

黄卓　字は先之。建陽、または、南劍州劍浦縣の人という。「師事年攷」177。

【51】

因説「進德居業」「進」字「居」字曰、今看文字未熟、所以鶻突、都只見成一片黑淬淬地。須是只管看來看去、認來認去。今日看了、明日又看、早上看了、晩間又看、飯前看了、飯後又看。久之、自見得開、一箇字都有一箇大縫罅。今常說見得、又豈是懸空見得。亦只是玩味之久、自見得。文字只是舊時文字、只是見得開、如織錦上用青絲、用紅絲、用白絲。若見不得、只是一片皂布。賀孫。

〔譯〕

「進徳居業」の「進」の字、「居」の字を説明するにつけておっしゃた。「まだ文章がよく讀み込めていないから、曖昧模糊として、すべてが眞っ黑の塊に見えてしまう。とにかく何度も繰り返し讀んで確かめねばならない。今日讀めば明日も讀み、朝讀めば夜にも讀み、食前に讀めば食後にも讀むのだ。しばらくするとおのずから見通しがついて、どの文字にも大きな切り込み口のあることがわかるだろう。わかったといつも言っているのは、なんとなくそう思っているのじゃあるまいか。長い時間をかけて味わいさえすれば、自然とわかってくる。文はもとのままでも、見通しさえつけば、錦に青絲・赤絲・白絲を使っているのが區別できるように、きちんと見えてくる。見通しがつかないうちは、一枚の黑布と同然だ。」葉賀孫。

〔校勘〕

朝鮮古寫本　缺

〔注〕

「進徳居業」は、『易』「乾九三」の文言傳の、「君子終日乾乾、夕惕若、厲无咎。何謂也。子曰、君子進徳修業、忠信所以進徳也。修辭立其誠、所以居業也。」を指す。この文については、『語類』の「易」を論ずる箇所で繰り返し議論されるが、本條の趣旨に合致するものとしては、「易五　乾下」（六九・1714）の「林安卿問修業居業之別。曰、二者只是一意。居、守也。逐日修作是修、常常如是是守。」や、同じく「一箇是進、一箇是居。進、如日知其所亡、只管進前去。居、如月無忘其所能、只管日日恁地做。」（六九・1719）が舉げられよう。

「鶻突」は、「混沌」にも通ずる疊韻の語で現代語の「胡塗」に同じ。「性理一　人物之性急質之性」（四・80）の「且以一日言之、或陰或晴、或風或雨、或寒或熱、或清爽、或鶻突。」や、「總論爲學之方」（八・143）の「學者須是直前做去、莫起計獲之心。如今說底、恰似畫卦影一般。吉凶未應時、一場鶻突、知他是如何。到應後、方始知元來是如此。」からも明らかなように、ぼんやりしていることを言う。

「黑淬淬」は、眞っ黒ののっぺりした狀態を形容する語。「大學二　經下」（一五・286）に、「公依舊是要安排、而今只且就事物上格去。……若須待它自然發了、方理會它、一年都能理會得多少。聖賢不是教人去黑淬淬裏守著。」と見える。

「縫罅」については、第13、14、15條を參照されたい。

「懸空」は、「虛空に、根據なく」などの意。『語類』中の「蓋說窮理、則似懸空無捉摸處。」（「中庸一　第一章」六二・1498）、「上句是孤立懸空說這一句、四旁都無所倚靠」（「中庸三　第二十五章」六四・1576）などが參考になる。

「舊時」は、「以前の、もとの」の意。「理氣下　天地下」（二・15）の「自是日月袞得不在舊時處了。」という例がわかりやすい。

【52】

讀書須是專一。讀這一句、且理會這一句。讀這一章、且理會這一章。須是見得此一章徹了、方可看別章、未要思量別章別句。只是平心定氣在這邊看、亦不可用心思索太過、少間却損了精神。前輩云、讀書不可不敬。敬便精專、不走了這心。

〔譯〕

讀書は集中することが大切だ。一句を讀むには、その一句に取り組む。一章を讀むには、その一章に取り組む。その一章がよくよくわかってから、他の章を讀めばよいのであり、別の章や句をあれこれ考えてはいけない。ひたすら心静かにその箇所を讀むことが大切で、とやかく考えすぎてはいけない。それでは、すぐに心が挫けてしまう。先達は、「讀書は敬しまざるべからず」といわれたが、敬しめば、氣持ちが集中して、心がふらつかなくなる。［記錄者名を缺く］

〔校勘〕

朝鮮古寫本　缺

〔注〕

「專一」は、集中すること。『語類』の特に讀書法を論ずる箇所には頻出する語であるが、本條と同趣旨の文脈での用例としては、第49條でも引いた「訓門人三」（一一五・2776）の、「又曰、讀書須是專一、不可支蔓。且如讀孟子、其間引援詩書處甚多。今雖欲檢本文、但也只須看此一段、便依舊自看本來章句、庶幾此心純一。」が擧げられる。

「平心定氣」は、心を平靜に保つことを言う。讀書に過度の作意を戒める同類のことばには、「大抵看聖賢語言、不須作課程。但平心定氣熟看、將來自有得處」（「論語二　學而篇上」二〇・456）がある。

「敬」は、心を集中させてその狀態を保つ精神のありかたを言う。これは、「所謂敬者、主一謂敬。」（『河南程子遺書』一五）のように、そもそも程子が主張した概念で、『語類』でもそれは緊密に引き繼がれる。「敬」字と程伊川の思想については、「持守」（一二・207～）に繰り返し論じられているが、「敬」の內包する意味の理解を助けてくれるので、ここに引いておく。

爲學有大要。若論看文字、則逐句看將去。若論爲學、則自有箇大要。所以程子推出一箇敬字與學者說、要且將箇敬字收斂箇身心、放在模匣子裏面、不走作了、然後逐事逐物看道理。(208)

程先生所以有功於後學者、最是敬之一字有力。(210)

敬字工夫、乃聖門第一義、徹頭徹尾、不可頃刻間斷。(210)

一方『朱子讀書法』で、この條は數箇所に分散して記録される。巻一「循序漸進」には、「讀書須是專一、讀這一句、且理會這一句。讀這一章、且理會這一章。須是見得此一章徹了、方可看別章、未要思量別章別句。只是平心定氣在這裏看。」、巻二「虛心涵泳」には、「只是平心定氣在這裏看、亦不可用心思索太過、少間卻便損了精神。」、さらに、巻二「居敬持志」には、「前輩云、讀書不可不敬、敬便精專、不走了這心。」とみえる。

【53】

其始也、自謂百事能、其終也、一事不能。言人讀書不專一、而貪多廣閱之弊。僩。

〔譯〕

始めは、何でもできる、と自分で思うのだが、結局は、一つもできない。集中して讀書できないのに、欲張ってたくさん讀むことの弊害をおっしゃって。沈僩。

〔校勘〕

朝鮮古寫本　缺

【54】
泛觀博取、不若熟讀而精思。道夫。

〔譯〕
手當たり次第に讀んであれこれ身につけようとするのは、熟讀してじっくり考えるのに及ばない。楊道夫。

〔注〕
「熟讀精思」は、『朱子讀書法』の章名にもなっている、讀書法を論じる際の朱子の基本語のひとつ。

【55】
大抵觀書先須熟讀、使其言皆若出於吾之口、繼以精思、使其意皆若出於吾之心、然後可以有得爾。然熟讀精思既曉得後、又須疑不止如此、庶幾有進。若以爲止如此矣、則終不復有進也。

〔譯〕
そもそも書物を讀むには、まず熟讀して、そのことばが自分の口から出たようになるまでにし、それからじっくり考えて、その意がすべて自分の心から出たようにするのだ。こうしてこそものにできる。熟讀しじっくり考えて理解できた後に、これだけではないはずだが、という疑問がさらに生まれて來れば、まず進歩といえる。こんなところだろう、と思ってしまえば、決してそれ以上の進歩はない。［記錄者名を缺く］

〔校勘〕

朝鮮古寫本　缺

〔注〕

本條からわかるように、讀書を進めて、疑問のなかったところに疑問を見出すまでになることを、朱子は學習課程の重要な一段階に据えている。「讀書法下」78條（一一・186）には、「讀書無疑者、須教有疑。有疑者、却要無疑、到這裏方是長進。」という風に、さらに問題をしぼりこんだ發言が見える。

【56】

書須熟讀、所謂書只是一般、然讀十遍時、與讀一遍時終別。讀百遍時、與讀十遍又自不同也。履孫。

〔譯〕

書物は熟讀せねばならない。書物自體は同じでも、十回讀めば、一度讀んだ時とはやはり違うし、百回讀めば、十回讀んだときとはまたおのずと違ってくるのである。潘履孫。

〔注〕

「一般」は、「一様」に同じ。

【57】

爲人自是爲人、讀書自是讀書。凡人若讀十遍不會、則讀二十遍。又不會、則讀三十遍至五十遍、必有見到處。五十遍暝然不曉、便是氣質不好。今人未嘗讀得十遍、便道不可曉。力行。

〔譯〕

人の資質は資質、讀書は讀書である。ふつう、十回讀んでわからなければ、二十回讀み、なおわからなければ、三十回、五十回と讀めば、きっとわかるところがある。五十回讀んでもさっぱりわからないなら、それこそ素質がだめなのだ。近頃では、十回も讀まないうちに、すぐにわからないとぬかしおる。王力行。

〔校勘〕

朝鮮古寫本　則讀二十遍→又讀二十遍。必有見到處→必有見處。五十遍暝然不曉→到五十遍暝然不曉。

〔注〕

「爲人」は、「人となり、人柄」の意であるが、ここでは、學問をする上での「資質」というほどの意味で用いられる。

「暝然」は、眞っ暗なこと、轉じてさっぱり理解できないこと。

「氣質」、これも資質と解しうる語であるが、「氣」という語を含むことからわかるように、さらに本源的、先天的なものを指す。「中庸三　第二十章」（六四・1563）の「誠是天理之實然、更無纖毫作爲。聖人之生、其稟受渾然、氣質淸明純粹、全是此理、更不待修爲、而自然與天爲一。」からも、それが窺える。

『朱子讀書法』卷三「熟讀精思」には、「凡人讀書、若讀十遍不會、則又讀二十遍。又不會、則讀三十遍至五十遍、必有見處。到五十遍、暝然不曉、便是氣質不好。今人未嘗讀得十遍、便道不可曉。」とあり、朝鮮古寫本と同じ文面に作る。

〔記錄者〕

王力行　字は近思。泉州同安縣の人。「師事年攷」には未掲載。本件は陳榮捷『朱子門人』の考證によった。

【58】

李敬子說先生教人讀書云、「既識得了、須更讀百十遍、使與自家相乳入、便說得也響。今學者本文尚且未熟、如何會有益。」方子。

〔譯〕

李敬子は、先生が讀書のあり方を次のように說かれたと語った。「文章を理解したら、さらに何十回、何百回と繰り返し讀んで、自分自身と一體になるようにすれば、口に出してもよく響く。今どきの學問をする者は、本文もろくに呑み込めていない。これでは役に立つもないものだ。」李方子。

〔校勘〕

朝鮮古寫本　缺

〔注〕

李敬子は李燔のこと。南康軍建昌縣の人。「師事年攷」の考證（285～）によれば、朱子から大きな期待を寄せられた高弟の一人であったが、その名が『語類』に見えるのはこの條を含めて二例のみ、という。

「乳入」は、「程子之書」（九五・2458）に、「如與東坡們說話、固是他們不是、然終是伊川說話有不相乳入處。」という用例が見える。この語は『語類』以外には用例の見出しにくい語なのであるが、文脈からは明らかに、「融和する、混然一體となる」というような意味で用いられている。

「說得響」は、「話がよく通る、響く」「人に耳を傾けさせる」の意。次に擧げるのは、陸象山の、說得力ある話ぶりを評する言で、やはり「說得響」が用いられている。なお、この部分の直前には、右に引いた「乳入」の用例がある。

近世所見會說話、說得響、令人感動者、無如陸子靜。（「程子之書」九五・2458）

【59】

讀書不可記數、數足則止矣。壽昌。

〔譯〕

讀書では、回數を數えてはいけない。數が足りればそれでやめてしまうからだ。吳壽昌。

〔校勘〕

朝鮮古寫本　缺

〔注〕

『朱子讀書法』卷三「熟讀精思」に、「讀書不可記數、數足則止矣。」とある。

〔記錄者〕

吳壽昌　字は大年。邵武軍邵武縣の人。「師事年攷」20。

【60】

誦數以貫之。古人讀書、亦必是記遍數、所以貫通也。又曰、凡讀書、且從一條正路直去。四面雖有好看處、不妨一看、然非是要緊。佐。

〔譯〕

「『誦數して以て之を貫く』とあるように、古人も讀書に際しては、必ず數を數え繰り返し朗誦したので、習熟できたのだ。」また言われた、「凡そ讀書するには、正道をまっすぐ進むこと。周圍に面白そうな所が有って、ちょっと見てみるのはよいとしても、それは本筋ではない。」蕭佐。

〔校勘〕

朝鮮古寫本　亦必是→必是。所以貫通也→所以貫通。佐→方子。「又曰」以下は、李方子の記録として獨立して條を起こされる。それに差し替わって、雙行注の形で、「以下論古人讀書有遍數」と續く。

〔注〕

「誦數以貫之」は次の61條でも述べられるように、「故誦數以貫之、思索以通之、爲其人以處之、徐其害者、以持養之」という『荀子』勸學篇中のことば。繰り返し口に出して讀み理解すること。「誦數」は、「誦說」の意。後に、記憶暗誦する意にも用いられるようになった。61條注參照。

『朱子讀書法』巻一「綱領」の、「程正思曰、讀書必正心肅容、計遍數熟讀、遍數已足而未成誦、必欲成誦。遍數未足、雖已成誦、必滿遍數。一書已熟、方讀一書。毋務泛觀、毋務强記。非聖之言勿讀、無益之文勿觀。先生嘉其言。」は、本條の内容を敷衍し、より詳細に說いたものとして參考になる。

また、「訓門人九」（一二一・2917）には、「讀書須是成誦、方精熟。」といい、また横渠の「讀書須是成誦」という言などを引いて、聲に出してそらんずるまで學ぶやり方を奬勵している。

【61】

溫公答一學者書、説爲學之法、擧荀子四句云、「誦數以貫之、思索以通之、爲其人以處之、除其害以持養之。」荀子此説亦好。誦數云者、想是古人誦書亦記遍數。貫字訓熟、如習貫如自然、又訓通。誦得熟、方能通曉。若誦不熟、亦無可得思索。廣。

〔譯〕

司馬溫公がある學生に答えた手紙には、學問の方法を説くのに、『荀子』の四句を擧げている。「誦數して以て之を貫き、思索して以て之に通じ、その人を爲《えら》びて以て之と處《お》り、その害を除きて以てこれを持養す。」荀子のこの説はやはり良い。「誦數」というからには、古人が書物を暗誦する時には數を數え繰り返し朗誦したということだろう。「貫」の字は、たとえば「習貫すること自然の如し」のように「熟」と訓じたり、「通」と訓じたりする。熟するまで暗誦してこそ、通曉できるのだ。熟するまで暗誦しなければ、思索するなど不可能だ。輔廣。

〔校勘〕

朝鮮古寫本　溫公→司馬溫公。

〔注〕

「溫公曰」は、司馬光の次のことばを指す。

孟子謂曹交曰、夫道若大路然、豈難知哉。人病不求耳、子歸而求之、有餘師。荀子曰、學者誦數以貫之、思索以通之、爲其人以處之、除其害以養之。足下儻察二子之言、則雖閉門求之、道烏有不至者哉。光何人也、足下推褒之過、而督責之重、譬之若指江河、而使孺子涉焉、必不敢從已。不宣。光恐悚頓首。（「答明端太祝書」『溫國文正公文集』巻五九）

引用の『荀子』の言は、前條に引いたとおり。その「誦數」に關して兪樾は、「誦數、猶誦說也、禮記儒行篇、……正義曰、數、說也。」と言う。この兪樾の注からもわかるように、「數」は「說」と理解されるものだが、本條での朱子の發言はこれとは違い、「數」という字を含む「誦數」が「繰り返して讀む」の意であるからには、そもそも古人は數えながら書を讀んだ、と彼が考えていたらしいことが窺える。これについては、「訓門人四」（一一六・2806）に、「又曰、荀子云、誦數以貫之、思索以通之。誦數、卽今人讀書記徧數也、古人讀書亦如此。只是荀卿做得那文字不帖律處也多。」とあることからも明らかであろう。

「習貫如自然」は、『孔子家語』七十二弟子解「孔子曰、然少成則若性也、習慣若自然也。」や、『漢書』賈誼傳「孔子曰、少成若天性、習貫如自然。（注）師古曰、貫亦習也。」に見えることば。顏師古注では貫は習と訓ぜられているが、貫を通とも訓ずる例は、『淮南子』時則の「貫大人之國」に、「貫、通也」と注し、また『史記』樂書の「禮樂之說貫乎人情矣」の正義に、「貫、猶通也」とみえることなどが擧げられる。

この條と關連する『朱子讀書法』の記錄としては、巻一「綱領」に「司馬溫公說爲學之法、擧荀子四句云、誦數以貫之、思索以通之、爲其人處之、除其害以持養之。」また、巻一「熟讀精思」には、「又曰、荀子說誦數以貫之、見得古人誦書、亦記遍數。貫字訓熟、如習貫如自然、又訓通、誦得熟、方能得通曉、若不熟、亦無可思索熟讀下同。凡讀書、且要熟讀、不可只管思、口中讀則心中閑、而義理自出。某之始學、亦如是爾、更無別法。又曰、讀得通貫後、義理自出。」とあるのが、參考になる。

〔記録者〕

輔廣　字は漢卿、潛庵と號す。嘉興府崇德縣の人。「師事年攷」272。

【62】

山谷與李幾仲帖云、「不審諸經・諸史、何者最熟。大率學者喜博、而常病不精。汎濫百書、不若精於一也。有餘力、然後及諸書、則涉獵諸篇、亦得其精。蓋以我觀書、則處處得益。以書博我、則釋卷而茫然。」先生深喜之、以爲有補於學者。若海。

〔譯〕

黄山谷が李幾仲に與えた書簡に次のようにある。「君は、諸經や諸史の、何に最も習熟しているのかしら。だいたい學問する者は博學をもてはやし、精密でないという缺點がいつもある。百の書物を手當たり次第に讀むのは、一冊の書を精讀するのに及ばない。餘力ができて、そのあとで諸書に手をつければ、諸篇を涉獵しても、その精華を我がものにすることができる。自分を主にして書物を讀めば、至るところがためになる。書物を主にして自分を博めようとするなら、書物を手放した後には何も殘らなくなる。」先生はとてもこのことばを氣に入られて、學問する者の助けになる、とされた。楊若海。

〔注〕

「與李幾仲帖」の出典は不明。黄山谷の「答李幾仲書」という書簡は『豫章黄先生文集』巻十九に見えるが、そこでは學問を論じはするものの、本條に引くようなことばは見えない。幾仲とは李大方の字。またの字を臨集という。なお、本條と重なる言が、『朱子讀書法』巻一「循序漸進」に見え、そこでは63條と本條を一つにまとめた形になっている。少し長くなるが、本讀書法篇と『朱子讀書法』との關係を知る手がかりとなると思われるので以下に引用する。

凡讀一件、要精這一件、一件看得精、其他書亦易看。嘗愛山谷與李幾仲帖說讀書法甚好、云、大率學者喜博、而嘗病不精。泛濫諸書、不若精於一也。有餘力、然後及諸書、則涉獵諸篇、亦得其精。蓋以我觀書、則處處得益。以書博我、則釋卷而茫然。

〔記錄者〕

楊若海　楊道夫（「師事年攷」124）の子か。「師事年攷」未掲載。陳榮捷『朱子門人』の考證によった。

【63】

讀書、理會一件、便要精這一件。看得不精、其他文字便亦都草草看了。一件看得精、其他亦易看。山谷帖說讀書法甚好。淳。

〔譯〕

讀書で、何か一つに取り組むには、それを精密に究めねばならない。精密に讀まなければ、他の文章もまたいい加減に讀むことになってしまう。一つが精密に讀み込めれば、その他のものもまた讀みやすくなる。黄山谷の書簡は讀書の方法をうまく述べている。陳淳。

〔校勘〕

朝鮮古寫本　看得不精→這一件看得不精。一件看得精→若此一件看得精。

〔注〕

山谷の書簡は前條に既出のものを指す。

【64】

學者貪做工夫、便看得義理不精。讀書須是子細、逐句逐字要見去着。若用工麄鹵、不務精思、只道無可疑處。非無可疑、理會未到、不知有疑爾。大抵爲學老少不同、年少精力有餘、須用無書不讀、無不究竟其義。若年齒向晩、却須擇要用功。讀一書、便覺後來難得工夫再去理會、須沈潛玩索、究極至處、可也。蓋天下義理只有一箇是與非而已。是便是是、非便是非。既有着落、雖不再讀、自然道理浹洽、省記不忘。譬如飲食、從容咀嚼、其味必長、大嚼大咽、終不知味也。謨。

〔譯〕

學問する者が欲張ってがむしゃらにやるのでは、義理を精密に讀みとれなくなる。讀書は綿密に、句ごと字ごとに落ちつくところを見究めねばならない。努力がいい加減で、じっくり考えようとしなければ、何も疑わしい所はない、と思ってしまう。疑わしい箇所がないのではなく、取り組み方が不十分で、疑わしいところがあるのに氣づかないのだ。だいたい學問をするにも年齢によって違いがあり、若いうちは精力に餘裕があるから、どんな本でも讀むぞ、とことん義を究めるぞ、という心がけで臨むべきである。しかし年を取っていけば、要所をしぼって努力すべきである。

一冊の書を讀むにも、その後もう一度取り組む時間は得難いだろうから、深く味わい思いを巡らし、徹底的に究めてこそよい。天下の義理にはただ一つの是と非があるだけだ。是は是、非は非なのだ。落ちつくところが見つかれば、さらに讀まずとも、おのずから道理がしみわたり、しっかり憶えて忘れられなくなるものである。例えば、飲み食いする時に、ゆっくりと咀嚼すれば、きっと味わいは深くなるが、がつがつすれば、決して味など分からないようなものだ。周謨。

〔校勘〕

朝鮮古寫本　一箇→一个。

底本は、「要見去着」を「要見着落」に、「麄鹵」を「粗鹵」に作るが、諸本に従い、改めた。

〔注〕

「去着」は、「落ちつくところ」の意。本條後半に見える「着落」に同じ。朱子は、道理にはおのずから落ちつくところがあり、それを見つけることを重視する。『語類』でのこの語の用例は數多いが、本條と同じ文脈での用例は、「總論爲學之方」(二・130)の「學者工夫、但患不得其要。若是尋究得這箇道理、自然頭頭有箇着落、貫通浹洽、各有條理。」や、「讀書法下」(8條・177)の「讀書須將心貼在書冊上、逐句逐字、各有着落、方始好商量。大凡學者須是收拾此心、令專靜純一、日用動靜間都無馳走散亂、方始看得文字精審。如此、方是有本領」、また、それとほとんど同じ文句の、「訓門人八」(一二〇・2901)の「讀書須將心帖在書冊上、逐字看得各有著落、方好商量。須是收拾此心、令專靜純一、日用動靜間都在、不馳走散亂、方看得文字精審。如此、方是有本領」を擧げることができる。

「麄鹵」は、おおざっぱで雑な態度をいう。「粗魯」も同じ。

要做大功名底人、越要謹密、未聞粗魯潤略而能有成者。(「歴代二」一三五・3230)

「可疑處」は、第55條でも述べたように、學問では、疑問を感じるようになる段階を經ねば進歩しない、という朱子の考えに基づいた主張。「某向時與朋友說讀書、也教他去思索、求所疑。近方見得、讀書只是且恁地虛心就上面熟讀、久之自有所得、亦自有疑處。」（「讀書法下」76條・186）や、55條の注でも引いた「讀書無疑者、須教有疑。有疑者、却要無疑、到這裏方是長進。」（「讀書法下」78條・186）に端的に表明される。

學問の方法は、年齢によって異なる、という主張も、『語類』の中ではしばしば見られるもの。後出の「讀書法上」第99條にも、「中年以後之人、讀書不要多、只少少玩索、自見道理。」（「讀書法上」99條・175）とある。

「玩索」は、じっくり味わうこと。「玩索・窮究、不可一廢。」（「讀書法下」44條・182）

「咀嚼」は、綿密で丁寧な讀書態度をいう。「草草」と對比される「歸去各做工夫、他時相見、却好商量也。某所解語孟和訓詁注在下面、要人精粗本末、字字爲咀嚼過。此書、某自三十歲便下工夫、到而今改猶未了。不是草草看者、且歸子細。」（「訓門人四」一一六・2799）の例が分かりやすい。

本條では、「天下義理只有一箇是與非而已」という後半の一句が大變印象深く、大きな格言性を有するが、同趣旨の語「天下之理、不過是與非兩端而已」が、本條と同じ周謨によって記録されるのは興味深い（「學七　力行」一三・229）。ちなみに、この「力行」篇の當該條の前後は「公私」「虛實」「善惡」など相對する概念を見きわめることの重要さを説く條が連續する。

本條も50條と同趣旨の飲食を譬えに用いている。50條の注を參照されたい。

〔記錄者〕

周謨（一一四一～一二〇二）　字は舜弼。南康軍建昌縣の人。「師事年攷」146。

【65】

書只貴讀、讀多自然曉。今只思量得、寫在紙上底、也不濟事、終非我有。只貴乎讀。這箇不知如何、自然心與氣合、舒暢發越、自是記得牢。縱饒熟看過、心裏思量過、也不如讀。讀來讀去、少間、曉不得底、自然曉得、已曉得者、越有滋味。若是讀不熟、都沒這般滋味。而今未說讀得注、且只熟讀正經。行住坐臥、心常在此、自然曉得。嘗思之、讀便是學。夫子說、「學而不思則罔、思而不學則殆」、學便是讀。讀了又思、思了又讀、自然有意。若讀而不思、又不知其意味。思而不讀、縱使曉得、終是氘䑲不安。一似倩得人來守屋相似、不是自家人、終不屬自家使喚。若讀得熟、而又思得精、自然心與理一、永遠不忘。某舊苦記文字不得、後來只是讀。今之記得者、皆讀之功也。老蘇只取孟子・論語・韓子與諸聖人之書、安坐而讀之者七八年、後來做出許多文字如此好。他資質固不可及、然亦須着如此讀。只是他讀時、便只要模寫他言語、做文章。若移此心與這様資質去講究義理、那裏得來。是知書只貴熟讀、別無方法。僩。

〔譯〕

書物は、ともかく讀むことが大切で、何度も讀めばおのずからわかってくる。いま思いついたことを紙に書きつけても、何の役にも立たず、結局は自分のものになっていない。ともかく讀むことが大事だ。どうしてかは分からないが、おのずと心が氣と溶け合って、のびのびと活發になり、おのずからしっかり憶えられる。たとえじっくり書物に目を通し、心の中で思いを巡らしても、口に出して讀むのには及ばない。繰り返し讀んで、しばらくすれば、分からなかったこともおのずから分かってくるし、すでに分かったことは、いっそう味わいが增してくる。じっくり讀まなければ、決してそのような味わいは得られない。注を讀むのはさておき、まずはじっくり經の本文を讀むのだ。一日中寢ても醒めても、心がそこにあれば、おのずから分かってくる。いつも思うのだが、讀むことがつまり學ぶことだ。夫子は「學びて思わざれば則ち罔《くら》し、思いて學ばざれば則ち殆《あやう》し」と言われたが、學ぶことがつまり讀むことだ。讀んでは思い、思ってはまた讀んでいけば、おのずから面白みが出てくる。もしも讀むだけで思わなければ、その味は分からないし、思いはしても讀まなければ、たとえ分かったとしても、結局はぐらぐらと不安定なものでしかない。ちょうど他人に家の番をしてもらうようなもので、身内でないから、結局は身内を使うのとは譯が違う。じっくり讀み込んだ上に思いも精密であれば、おのずから心が理と一つになって、決して忘れはしないのである。わたしは昔文章が憶えられないことに悩んだものだが、後でひたすら讀むことに徹した。今でも憶えていられるのは、ひとえに讀んだおかげである。老蘇（蘇洵）は、『孟子』・『論語』・韓愈や諸聖人の著作だけを、腰を落ちつけて讀むこと七、八年、後にかくもすばらしい多くの文章を書いた。彼の資質はもとより及ぶべくもないが、それでもやはりこのように讀まねばならなかった。ただ彼が讀んでいた時には、もっぱら人のことばを眞似て、文章を作ろうとしていた。もしその心と資質を義理を講究する方に振り向けていたら、すばらしかったのに。書物は熟讀することが肝要で、他に方法はないということなのだ。沈僩。

〔校勘〕

朝鮮古寫本　缺

朝鮮刊本　那裏得來→那裏得夾。

底本は、「今只思量得」を「今卽思量得」、「軏䑲」を「硊䑲」に作るが、諸本に従い、底本を改めた。

〔注〕

「讀」は、この章全體を通じて、61條での「誦」（聲に出して讀む）と同様の含意で用いられているが、譯の上では、煩雜を避け、單に「讀む」とのみすることがある。

「發越」は、生き生きと動くことを言う。『語類』での用例は、「仁便有箇流動發越之意、然其用則慈柔。義便有箇商量從宜之義、然其用則決裂。」（「性理三　仁義禮智等名義」六・121）や、「近來學者、如漳泉人物、於道理上發得都淺、都是作文時、文采發越粲然可觀。」（「訓門人三」一一五・2782）など。

「軏䡇」は、不安定な狀態を形容する雙聲の語。「䡇硊」に同じ。そもそもは、『易』困卦、「困于葛藟、于䡇硊（注）行則纏繞、居不獲安。（疏）動搖不安之貌。」にみえる語。『語類』の中では、「大學一　經上」（一四・274）に、「問、靜而後能安。曰、安、只是無䡇硊之意。才不紛擾、便安。」とある。また、文字は「臬兀」につくるもので、「論語六爲政篇下（二四・585）」に、「思與學字相對說。學這事、便思這事。人說這事合恁地做、自家不曾思量這道理是合如何、則罔然而已。罔、似今人說罔兩。既思得這事、若不去做這事、便不熟、則臬兀不安。」とあるのも、同じ意味の用例として參考になろう。

「行住坐臥」は、佛教語で日常生活の基本動作を言い、これを「四威儀」と總稱する。「訓門人四」（一一六・2805）に、「讀書者當將此身葬在此書中、行住坐臥、念念在此、誓以必曉徹爲期。」とある。

「守屋」は、「守舍」に同じ。家の番をすること。

讀んでいる對象を常に心に保っておかねばならない、という主張は、「論語一　論孟綱領」（一九・434）の、「論語一日只看一段、大故明白底、則看兩段。須是專一、自早至夜、雖不讀、亦當涵泳常在胸次、如有一件事未了相似、到晚却把來商量。」など、隨所に見られる。

ここで引かれる蘇洵の故事は、「上歐陽内翰第一書」（『嘉祐集』巻十二）に蘇洵自ら次のように語るのに基づく。

由是盡燒曩時所爲文數百篇、取論語・孟子・韓子及其他聖人賢人之文、而兀然端坐終日以讀之者七八年。……時既久、胸中之言日益多、不能自制、試出而書之、已而再三讀之、渾渾乎覺其來之易矣。

ところで、蘇洵を論評する言は『語類』に多く見られる。總じて朱子は、彼の學問の全體に對しては、大いに意見があったらしいことが窺える。しかしその一方で、彼の資質については、「易九　渙」（七三・1864）に、「老蘇天資高、又善爲文章」というふうに、本條と同樣、相當の評價をしていることがわかる。そして、彼が「論語・孟子・韓子及其他聖人賢人之文」のみをひたすら讀んだ、という部分は、「論語一　語孟綱領」（一九・440）の、「聖人言語只熟讀玩味、道理自不難見。……如老蘇輩、只讀孟韓二子、使翻繹得許多文章出來。且如攻城、四面牢壯、若攻得一面破時、這城子已是自家底了、不待更攻得那三面、方入得去。初學固是要看大學論孟。若讀得大學一書透徹、其他書都不費力、觸處便見。」や、「訓門人九」（一二一・2918）の「嘗見老蘇說他讀書、孟子・論語・韓子及其他聖人之文、兀然端坐終日以讀書者七八年。方其始也、入其中而惶然、博觀於其外而駭然以驚。及其久也、讀之益精、而其胸中豁然以明、若人之言固當然者、猶未敢自出其言也。時既久、胸中之言日益多、不能自制、試出而書之、已而再三讀之、渾渾乎覺其來之易矣。」など、本條と同じく道理を追求する學徒を鼓舞する文脈においてしばしば引き合いに出される。

さて、朱子は各所で、文人が作文のためだけに大きな努力を拂うことを批判し、それを引き合いに出しつつ、理學の徒にそれ以上の努力を求めているのだが、次に、蘇洵以外の文人に關して同樣の論評を行っている例をいくつか擧げておく。

只如韓退之・老蘇作文章、本自沒要緊事。然他大段用功、少間方會漸漸埽去那許多鄙俗底言語、換了箇心胸、說這許多言語出來。（「自論爲學工夫」一〇四・2613）

問、東坡與韓公如何。曰、平正不及韓公。東坡說得高妙處、只是說佛、其他處又皆粗。又問、歐公如何。曰、淺。久之、又曰、大概皆以文人自立。平時讀書、只把做考究古今治亂興衰底事、要做文章、都不曾向身上做工夫、平日只是以吟詩飲酒戲謔度日。（「本朝四　自熙寧至靖康用人」一三〇・3113）

「須着」の「着」は、現代語では「該（當然〜すべき）」に當たる能願動詞の一つである。

「若〜那裏得來」は、事實に反することを假想するときの熟した句法。「もし〜であったら、素晴らしかったのに」。本條と同樣、文人を引き合いに出して理學の徒の奮起を促す趣旨を述べる「自論爲學工夫」（一〇四・2621）の記錄に、この句法を用いた箇所が見られるので、少し長いが以下に引いておく。「而今人看文字、全然心粗。未論說道理、

只是前輩一様文士、亦是用幾多工夫、方做得成、他工夫更多。若以他這心力移在道理上、那裏得來。如韓文公答李翺一書與老蘇上歐陽公書、他直如此用工夫。未有苟然而成者。歐陽公則就作文上改換、只管揩磨、逐旋捱將去、久之、漸漸揩磨得光。老蘇則直是心中都透熟了、方出之於書。看他們工夫更難、可惜。若移之於此、大段可畏。看來前輩以至敏之才而做至鈍底工夫、今人以至鈍之才而欲爲至敏底工夫、涉獵看過、所以不及古人也。」これ以外には、以下のような用例がある。

太宗毎日看太平廣記數卷、若能推此心去講學、那裏得來。（「本朝一　太宗眞宗朝」一二七・3044）

神宗極聰明、於天下事無不通曉、眞不世出之主、只是頭頭做得不中節拍。如王介甫爲相、亦是不世出之資、只緣學術不正當、遂悞天下。使神宗得一眞儒而用之、那裏得來。此亦氣數使然。天地生此人、便有所偏了。可惜、可惜。（「本朝一　神宗朝」一二七・3046）

本條に關連する言は、『朱子讀書法』では巻一「熟讀精思」に、「今人看文字、全心麤、前輩文士亦用幾多工夫、方做得成。若用之道理上、那裏得來。如韓文公答李翺一書與老蘇上歐陽書、直如此用工夫、未有苟然而成者。歐陽則就作文上改換、只管揩摩、逐旋捱將去、久久漸漸揩摩得光。老蘇直是心中都透熟了、方出之書。看他所用工夫更難。前輩以至敏之才而做至鈍工夫、今人以至鈍之才而欲爲至敏之工夫、所以程子曰、參也竟以魯得之。精思下同」と記錄されるものが擧げられる。

【66】

讀書之法、讀一遍了、又思量一遍、思量一遍、又讀一遍。讀誦者、所以助其思量、常教此心在上面流轉。若只是口裏讀、心裏不思量、看如何也記不子細。又云、今緣文字印本多、人不着心讀。漢時諸儒以經相授者、只是暗誦、所以記得牢、故其所引書句、多有錯字。如孟子所引詩書亦多錯、以其無本、但記得耳。僩。

〔譯〕

「讀書のしかたは、讀んでは思いを運らせ、思いを運らせてはまた讀むことだ。口に出して讀むのは、思いを運らす助けになり、心が常にそこにあってはたらくようにするのだ。もしも單に口先で讀むだけで、心で何も考えなかったら、いくら目を通しても子細に憶えることはできない。」また言われた。「いまは印刷した書物が多いので、人は心をこめて讀もうとしない。漢代の學者たちが經を傳授したのは、もっぱら暗誦にたよっていたので、しっかり憶えた。だから彼らの引く文句には、字の間違いがよくある。『孟子』で引かれる『詩』や『書』の字句にも間違いが多いのは、書物が無くて、記憶していたからに他ならない。」沈僩。

〔校勘〕

朝鮮古寫本「讀書法下」所收（十三葉裏）。「上面流轉　若只」以下が、前葉の頭に續く亂丁が見られる。今緣文字印本多→今緣文字印本多少。僩→缺。

〔注〕

漢代の學者が、口承で學問を傳えたことは、例えば、『漢書』儒林伏生傳の顏師古注に、「衛宏定古文尙書序云、伏生老、不能正言、言不可曉也、使其女傳言教（朝）錯。齊人語多與穎川異、錯所不知者凡十二三、略以其意屬讀而已。」とあることなどからも窺える。

『孟子』に『詩』『書』の引用が多いというのは、「訓門人三」（一一五・2776）の「又曰、讀書須是專一、不可支蔓。且如讀孟子、其間引援詩書處甚多。今雖欲檢本文、但也只須看此一段、便依舊自看本來章句、庶幾此心純一。」などにも見える言であるが、間違いが多いという發言は、他所では見出せない。

【67】

今人所以讀書苟簡者、緣書皆有印本多了。如古人皆用竹簡、除非大段有力底人方做得。若一介之士、如何置。所以後漢吳恢欲殺靑以寫漢書、其子吳祐諫曰、「此書若成、則載之兼兩。昔馬援以薏苡興謗、王陽以衣囊徼名」、正此謂也。如黃覇在獄中從夏侯勝受書、凡再踰冬而後傳。蓋古人無本、徐非首尾熟背得方得。至於講誦者、也是都背得、然後從師受學。如東坡作李氏山房藏書記、那時書猶自難得。晁以道嘗欲得公・穀傳、遍求無之、後得一本、方傳寫得。今人連寫也自厭煩了、所以讀書苟簡。銖。

〔譯〕

近頃の人が讀書をおざなりにするのは、印刷された書物が多くなったからである。昔の人は竹簡を用いていたので、大變な有力者であってはじめてわがものにできた。一介の讀書人が、どうしてそれをもてたろう。だから後漢の吳恢が竹簡を作って『漢書』を寫そうとした時、息子の吳祐が、「書物ができあがったら、車に載せねばなりません。昔馬援はハトムギのせいで誹謗され、王陽は衣裝入れのせいで悪い噂を立てられました。」と諫めたのは、まさにこのことなのだ。黃覇が獄中で夏候勝に『尙書』を授かったときにも、たっぷり二冬を越してやっと傳授し終わった。なぜなら、昔の人は本を持たなかったので、初めから終いまですっかり憶える他はなかったのである。講義を受けるにも、やはりすべて暗記してしまってから、師に學問を授かった。たとえば、東坡が「李氏山房藏書記」に書いたように、その當時でも書物は得難いものであった。晁以道は『公羊傳』『穀梁傳』を手に入れたいと思い、あちこち探し回っても見つけることができず、後になって一本を手に入れ、ようやく筆寫することができたのである。いまは、寫すことすら面倒がって、それで讀書がおざなりになるのだ。董銖。

〔校勘〕

朝鮮古寫本　缺

底本は「載之兼兩」を「載之車兩」に作るが、朝鮮古活字本・明刊本に従い、底本を改めた。

〔注〕

「苟簡」は、おざなりな態度をいう語。『語類』での用例は、「訓門人四」（一一六・2798）に、「問、承先生賜教讀書之法、如今看來、聖賢言行、本無相違。其間所以有可疑者、只是不逐處研究得通透、所以見得牴牾。若眞箇逐處逐節逐段見得精切、少間却自到貫通地位。曰、固是。如今若苟簡看過、只一處、便自未曾理會得了、却要別生疑義、徒勞無益。」と見える。

本條で引かれる呉祐の故事は、『後漢書』呉祐傳に次のように見えるものに基づく。

恢欲殺靑簡以寫經書、祐諫曰、……此書若成、則載之兼兩。昔馬援以薏苡興謗、王陽以衣囊徼名、嫌疑之間、誠先賢所愼也。

「殺靑」は、竹の油分を抜いて竹簡を作る工程のこと。具體的な作業については、『風俗通義』佚文（王利器『風俗通義校注』による）に、「殺靑書可繕寫。謹案、劉向別錄曰、殺靑者、直治靑竹作簡書之耳。新竹有汗、善朽蠹、凡作簡者、皆於火上炙乾之、陳楚之間謂之汗、汗者、去其汗也。呉越曰殺、殺亦治也。劉向爲孝成皇帝典校書籍、二十餘年、皆先書竹、爲易刊定、可繕寫者、以上素也。由是言之、殺靑者竹、斯爲明矣。今東觀書、竹素也。」とあるのが、參考になる。

馬援の故事は、『後漢書』馬援傳に、「初、援在交阯、常餌薏苡實、用能輕身省慾、以勝瘴氣。南方薏苡實大、援欲以爲種、軍還、載之一車。時人以爲南土珍怪、權貴皆望之。援時方有寵、故莫以聞。及卒後、有上書譖之者、以爲前所載還、皆明珠文犀。馬武與於陵侯侯昱等皆以章言其狀、帝益怒。援妻孥惶懼、不敢以喪還舊塋、裁買城西數畝地槀葬而已。賓客故人莫敢弔會。嚴與援妻子草索相連、詣闕請罪。帝乃出（梁）松書以示之、方知所坐、上書訴冤、前後六上、辭甚哀切、然後得葬。」とあるのによる。

王陽の故事は、以下に引く『漢書』王吉傳に見える、「自吉（字子陽）至崇、世名清廉、然材器名稱稍不能及父、而祿位彌隆。皆好車馬衣服、其自奉養極爲鮮明、而亡金銀錦繡之物。及遷徙去處、所載不過囊衣、不畜積餘財。去位家居、亦布衣疏食。天下服其廉而怪其奢、故俗傳王陽能作黃金。」による。

黃霸の故事は、『漢書』循吏黃霸傳に、「知長信少府夏侯勝非議詔書大不敬、霸阿從不擧劾、皆下廷尉、繫獄當死。霸因從勝受尚書獄中、再踰冬、積三歲乃出。」と見えるのに基づく。同夏侯勝傳にも記事が見える。

「講誦」は、儒家の授業のことである。その形態の一端は、『史記』儒林董仲舒傳の「董仲舒、廣州人也。以治春秋、李景時爲博士、下帷講誦、弟子傳以久相受業、或莫見其面。」などからも窺える。

蘇軾「李氏山房藏書記」の該當箇所は、以下の通り。

自秦漢以來、作者益衆、紙與字畫日趨於簡便、而書益多、士莫不有、然學者益以苟簡、何哉。余猶及見老儒先生、自言其少時、欲求史記・漢書而不可得、幸而得之、皆手自書、日夜誦讀、惟恐不及。近歲市人轉相摹刻諸子百家之書、日傳萬紙、學者之於書、多且易到如此、其文詞學術、當倍蓰於昔人。而後生科擧之士、皆束書不觀、遊談無根、此又何也。……而公擇求余文以爲記、乃爲一言、使來者知昔之君子見書之難、而今之學者有書而不讀爲可惜也。

「除非~方」は、「只有~方」に同じで、「~であって始めて」の意。

晁以道は、晁説之の字。ただし、本條に引かれる故事の由來は未詳。

〔記録者〕

董銖（一一五二～一二一四）字は叔重。饒州德興縣の人。「師事年攷」279。

【68】

講論一篇書、須是理會得透。把這一篇書與自家袞作一片、方是。去了本子、都在心中、皆說得去、方好。敬仲。

〔譯〕

一篇の書物を議論するには、それに徹底的に取り組まねばならない。この一篇の書物を自己と一體のものに同化してこそよい。書物を手放しても、すべてが心の中にあって、皆すらすら論じられるようになってこそ良いのだ。游敬仲。

〔校勘〕

朝鮮古寫本「讀書法下」（八葉表）所收。

〔注〕

「講論」は、議論し合うことで、朱子は學問の課程としてこれを重視した。例えば、「讀書・講論、修飭、皆要時習」（「論語二　學而篇上」二〇・447）は、これを端的に示す。

「袞作一片」は、「滾作一片」とも作り、「混然一體とする」ほどの意味。用例には、『中庸』の「人之性」「物之性」を論じて、「何故却將人物滾作一片說」（「孟子九　告子上」五九・1377）がある。

〔記録者〕

游敬仲　字は連叔。南劍州劍浦縣の人。「師事年攷」277。

【69】

莫説道見得了便休。而今看一千遍、見得又別、看一萬遍、看得又別。須是無這册子時、許多節目次第都恁地歷歷落落在自家肚裏、方好。方子。

〔譯〕

讀んでわかったらそれでおしまいなどと言うことではいかん。千回讀めば、別のことがわかってくるし、一萬回讀めば、また別のことが見えてくる。その書物が手許にないときでも、多くの要點や筋道がそのままはっきりと自分の腹の中におさまっているようであってこそよい。李方子。

〔校勘〕

朝鮮古寫本「讀書法下」所收（八葉表）。看一萬遍看得又別→看一萬遍見得又別。

〔注〕

「歷歷落落」は、「訓門人三」に、「爲學、須是裂破藩籬、痛底做去、所謂一杖一條痕、一摑一掌血。使之歷歷落落、分明開去、莫要含糊。」（一一五・2783）とあるように、一つずつ手に取るように明瞭であることを形容する。

「節目」は、「要點」の意。前稿第14條の注參照。

本條に該當する『朱子讀書法』の記錄は、巻一「循序漸進」に、「莫道見了便休、而今看一千遍、見得又別。看一萬遍、見得又別。須是無這册子時、許多節目次第、都歷歷落落在自家肚裏、方好。」と見えるのだが、實はこれはかなり長い條の一部分であり、構成としては、前出52條の前半部と「總論爲學之方」（八・143）の、讀書を入浴に譬える「某適來、因澡浴得一說。……」という條とを一つにして擧げられる。また、52條は先に述べたとおり、巻一「循序漸進」に一部が引かれ、巻二「虛心涵泳」と巻二「居敬持志」に殘りが分散して記錄される。

【70】

放下書册、都無書之意義在胸中。升卿。

〔譯〕

書物を手放してしまったら、その內容がさっぱり心に殘っていない。黃升卿。

〔校勘〕

朝鮮古寫本「讀書法下」所收（八葉裏）。升卿→外卿。

〔注〕

本條は、學問をする上で一般的に陷りやすい缺點を指摘する。68・69條とは逆の狀態である。書物が目の前になければ考えられないことへの批判は、讀書法上第21條にすでに見られるし、次の71條も同じである。

「放下」は、「手放す」の意。以下に擧げる「訓門人三」（一一五・2775）の「大凡人須是存得此心。此心旣存、則雖不讀書、亦有一箇長進處。纔一放蕩、則放下書册、便其中無一點學問氣象。」も同じ。

「都」は、否定詞を強める副詞。

〔記錄者〕

升卿は黃升卿。辛亥（一一九一年）に師事したことが「朱子語錄姓氏」には見えるが、それ以上は未詳。

【71】

歐公言、作文有三處思量、枕上、路上、厠上。他只是做文字、尚如此、況求道乎。今人對着册子時、便思量、册子不在、心便不在。如此、濟得甚事。義剛。

〔譯〕

歐陽公は、「文を作るには、思索にふさわしい場所が三つある。寝床、路上、厠だ」と言った。彼は、文章を書くだけでも、こんなに打ち込んだのだ。道理を探求するのなら、なおさらのこと。ところが近頃の人は、書物に向かっているときには考えるが、書物がなければ、考えもしない。こんなことで何になろうか。黄義剛。

〔校勘〕

朝鮮古寫本　「讀書法下」所收（八葉裏）。今人對着→而今人只對着。

〔注〕

「歐公言」とは、歐陽修「歸田錄」に見える、「余因謂希深曰、余平生所作文章、多在三上、乃馬上・枕上・厠上也。蓋惟此尤可以屬思爾。」のこと。

「濟得甚事」は、「濟事」の反語表現。20條の「濟事」についての注を參照。このように、『語類』において「濟事」は否定か反語でしか用いられない。

この條は、65條の蘇洵の故事を引く部分と同じ趣旨で、文人の努力を評價しつつも、道理を探求する立場の人間は更に努力せねばならぬ、と述べる。歐陽修についての發言は、65條の注を參照されたい。

『朱子讀書法』巻二「著緊用力」に、本條とほぼ同じ言が記錄されるが、歐陽修の引用は、原文により近く「馬上」となっている。「歐公言、作文有三處好思量、枕上、馬上、厠上。他只是做文章、尙如此、況求道乎。而今人只對著册子便思量、册子不在、心便不在。如此、濟得甚事。」

〔記錄者〕
黃義剛　字は毅然、撫州臨川縣の人。「師事年攷」234。

【72】
今之學者、看了也似不曾看、不曾看也似看了。方子。

〔譯〕
いまどきの學問する者は、讀んでいても讀んでないようだし、讀んでいなくても讀んでいるみたいだ。李方子。

〔校勘〕
朝鮮古寫本「讀書法下」所收（八葉裏）。

〔注〕
本條は、この前後數段で述べるような、自己の中に內在化していない中途半端な學問のありかたを戒める。

【73】
看文字、於理會得了處更能看過、尤妙。過。

〔譯〕
文章を讀むときに、きちんと取り組んだ所をさらに讀みこめるなら、ことによい。王過。
〔校勘〕
朝鮮古寫本　缺
朝鮮古活字本　妙→抄。
〔注〕
「看過」は、目を通す、讀むの意。32條に既出。
〔記録者〕
王過　字は幼觀、號は拙齋。鄱陽縣の人。「師事年攷」258。

【74】
看文字須子細。雖是舊曾看過、重溫亦須子細。每日可看三兩段。不是於那疑處看、正須於那無疑處看。蓋工夫都在那上也。廣。

〔譯〕
文章を讀むには、綿密に讀むことだ。たとえ前に讀んだことがあっても、復習するときはやはり綿密に讀まねばならない。毎日二、三段くらい讀むのがよい。疑問のある箇所を讀むのではなく、疑問のない箇所こそ讀まねばならない。努力は、すべてそこにある。輔廣。

〔校勘〕

朝鮮古寫本「讀書法下」所收（十三葉表）。正須→政須。

〔注〕

「重溫」は、復習するの意。「溫」は、『論語』爲政篇の「溫故而知新」を引くまでもなく、それ自體に「復習する、再度味わい直す」などの意味がある。『語類』の他の箇所では、「訓門人三」（一一五・2776）に、「溫尋」と熟して、「只看近思錄。今日問箇、明日復將來溫尋、子細熟看。」と見えるのも、同じく「復習」という意味である。

【75】

聖人言語如千花、遠望都見好、須端的眞見好處、始得。須着力子細看。工夫只在子細看上、別無他術。淳。

〔譯〕

聖人のことばは色とりどりの花のようで、遠くから眺めてもすばらしいが、すばらしさが手に取るように分かるようであってこそ良い。綿密に讀むように勉めねばならない。努力は綿密に讀むことにこそあるもので、他に方法はない。陳淳。

〔校勘〕

朝鮮古寫本「讀書法下」所收（十七葉裏）。工夫只在子細看→缺。

底本は、「別無他術」を「別無術」とするが、諸本に從い、本文を改めた。

〔注〕

この條では、前條に引き續き、綿密に讀むことの重要性を説く。良いものを本當に良いとわかるまで理解せよ、という主張は、「訓門人五」（一一七・2815）にも、「如看不好底文字、固是不好、須自家眞見得是不好。好底文字固是好、須自家眞見得是好。」と語られる。

「端的」は、「まざまざと、ひとつひとつ」の意。「自論爲學工夫」（一〇四・2618）での、「這道理、須是見得是如此了、驗之於物、又如此。驗之吾身、又如此。以至見天下道理皆端的如此了、方得。如某所見所言、又非自會説出來、亦是當初於聖賢與二程所説推之、而又驗之於己、見得眞實如此。」や、「訓門人八」（一二〇・2882）の「此語亦是鶻突、須是端的見得是如何。譬如飲食須見那箇是好喫、那箇滋味是如何、不成説道都好喫。」という用例も同じ。

本條と同じ條が、『朱子讀書法』巻三「熟讀精思」に見える。

【76】

聖人言語皆枝枝相對、葉葉相當、不知怎生排得恁地齊整。今人只是心麄、不子細窮究。若子細窮究來、皆字字有着落。道夫。

〔譯〕

聖人のことばは、すべて枝も葉もきちんと對應し合っているが、どうしたらあんなにきっちり並ぶのだろう。いまの人は、心が大雜把なものだから、綿密につきつめようとしない。綿密につきつめれば、どの字も落ち着くところがあるものだ。楊道夫。

〔校勘〕

朝鮮古寫本「讀書法下」所收（十七葉裏）。

〔注〕

「中庸一書、枝枝相對、葉葉相當、不知怎生做得一箇文字齊整」と、本條と極似する語が、「中庸一綱領」（六二・1479）の冒頭に、李方子の記録として見える。「師事年攷」によると、楊道夫と李方子の師事が重なるのは、一一八九年のみである。その年、朱子は、『大學』及び『中庸』章句の序を執筆している。

また、この條と同樣、「枝」と「葉」を對照させた修辭法を用いた例では、古く曹植の「艷歌行」に、「出自薊北門、遙望胡地桑。枝枝自相値、葉葉自相當」とあるのが擧げられる。また、『語類』中、經書の文章を比喩して「枝葉」の概念を用いた例では、「總論爲學之方」（八・144）の「學者若有本領、相次千枝萬葉、都來湊着這裏、看也須易曉、讀也須易記。」がある。同じ言ではないが、やはり聖賢の言を「枝葉がきちんと對應する」と形容する文が、『朱子讀書法』巻三「熟讀精思」に、「答楊子直書曰、一生辛苦讀書、微細揣摩、零碎刮剔、及此暮年、略見從上聖賢所以垂世立教之意、枝枝相對、葉葉相當、無一字無下落處。」と引かれている。

「怎生」は、「怎樣」に同じ。文語では「如何」に該當する。

【77】

某自潭州來、其他盡不曾説得、只不住地説得一箇教人子細讀書。節。

〔譯〕

わたしは潭州時代以來、ほかのことは何も言わず、しょっちゅう言って來たのは、綿密に書物を讀むようにということだ。甘節。

〔校勘〕

朝鮮古寫本 「讀書法下」所收（十七葉裏）。一箇→一个。

〔注〕

朱熹が潭州知事に在任したのは、一一九四年（紹熙五年）のこと。

「不住地」は、口語で「絶えず」の意。

なお、「自潭州來」は、「潭州から歸って」とも解し得る。

【78】

讀書不精深、也只是不曾專一子細。伯羽。

〔譯〕

書物が精しく深く讀めないのは、集中して綿密に讀んできていないからにほかならない。童伯羽。

〔校勘〕

朝鮮古寫本 伯羽→蜚卿（童伯羽のあざな）。「讀書法下」所收（十七葉裏）。

〔注〕

『朱子讀書法』巻三「熟讀精思」に、「讀書不精深、只是不專一」とある。

〔記錄者〕

童伯羽　字は蜚卿。建寧府浦城縣の人。「師事年攷」163。

【79】

看文字有兩般病。有一等性鈍底人、向來未曾看、看得生、卒急看不出、固是病。又有一等敏鋭底人、多不肯子細、易得有忽略之意、不可不戒。賀孫。

〔譯〕

文章を讀む上で二種類の困ったことがある。一つは資質の鈍い人が、これまできちんと讀書したことがなく、讀んでも生半可で、にわかにはわからない、これはもちろん困ったことだ。もう一つは、資質は鋭い人が、綿密に讀もうとしないで、とかくなおざりな氣持ちになりがちなことで、かたく戒めねばならない。葉賀孫。

〔校勘〕

朝鮮古寫本「有一等性鈍底人～固是病」を缺く。

〔注〕

「一等」は、「一種」と同じ。

「看得生」の「生」は、「熟」の反義語。「訓門人八」(一二〇・2902)の「厚之臨別請教、因云、看文字生。曰、日子足、便熟。」からもわかるように、「いい加減に、生半可に讀む」ことを言う。

「卒急」は、『語類』では次のような用例があり、いずれも、「にわかに、急に」の意。

如造化・禮樂・度數等事、是卒急難曉、只得且放住。(「大學五　或問下　傳五章」一八・398)

光祖說、大學首尾該貫、初間看、便不得如此。要知道理只是這箇道理、只緣失了多年、卒急要尋討不見。待只管理會教熟、却便這箇道理、初間略見得些少時也似。(「訓門人八」一二〇・2892)

「易得」は、「訓門人六」(一一八・2853)の「先生曰、文振近來看得須容易了。南升曰、不敢容易看。但見先生集注字字著實、故易得分明」という例からもわかるとおり、「容易に成しうる」「〜しがちだ」の意。

素質の良くないものが、氣の利いた學習法を行おうとすることへの批判は、65條でも見られたように、各所で戒めの對象となっているが、これ以外には、「總論爲學之方」(八・136)の「大抵爲學雖有聰明之資、必須做遲鈍工夫、始得。既是遲鈍之資、却做聰明底樣工夫、如何得。」や、「自論爲學工夫」(一〇四・2621)の「看來前輩以至敏之才而做至鈍底工夫、今人以至鈍之才而欲爲至敏底工夫、涉獵看過、所以不及古人也。」などが擧げられる。

【80】

爲學讀書、須是耐煩細意去理會、切不可麄心。若曰、何必讀書、自有箇捷徑法、便是悞人底深坑也。未見道理時、恰如數重物色包裹在裏許、無緣可以便見得。須是今日去了一重、又見得一重。明日又去了一重、又見得一重。去盡皮、方見肉。去盡肉、方見骨、去盡骨、方見髓。使麄心大氣不得。廣。

〔譯〕

學問し讀書するには、必ず根氣強く注意深く取り組んで行かねばならない。決して大雜把にしないこと。「讀書なんかしなくたって、近道はあるもんだ」と言うのは、人を誤らせる落とし穴だ。道理がまだ分かっていないときは、まるで物が何重にも包まれているようで、簡單に分かりようはない。今日一層を取り去ればさらに次の一層が現われ、明日それを取り去れば、また次の一層が出てくる。皮をはぎ取ってこそ肉が現われ、肉を取り去ってこそ骨が現われ、骨を取り去ってこそ髓が現われるのだ。大雜把でがさつなことではダメだ。輔廣。

〔校勘〕

朝鮮古寫本「讀書法下」所收（十二葉裏）。悞人→誤人。物色→物。「須是」が細字雙行。

〔注〕

「耐煩」は、「我慢する、根氣强くする」ということ。左に擧げるのはかつて「煎藥」の比喩として引いた條であるが、そこにも「耐煩」が見えるので、以下に再度引いておく。

讀書要須耐煩、努力飜了巢穴。譬如煎藥、初煎時、須猛著火。待滾了、却退著、以慢火養之。讀書亦須如此。頃之、復謂驤曰、觀令弟却自耐煩讀書。（「訓門人三」一一五・2778）

「切＋否定形」は、「決して〜するな」の意。强い禁止。

「裏許」は「裏頭」に同じく、「內に」ということだが、この辭は、「大學一　綱領」（一四・252）の「先通大學、立定綱領、其他經皆雜說在裏許。」や、「中庸三　第二二章」（六四・1569）の「盡心是見得許多條緒都包在裏許、盡性則要隨事看、無一之或遺。」などの用例から窺えるように、句末に置かれることが多い點で「裏頭」とは用法上に違いを有する。『景德傳燈錄』などの禪錄によく見られ、南宋ごろから文章語にも用いられるようになった。朱子の文章でも頻用される。

「何必讀書」は、『論語』先進篇の、「子路曰、有民人焉、有社稷焉、何必讀書、然後爲學。子曰、是故惡夫佞者。」に基づく語。讀書法篇下の40條（一一・181）にも、「今人讀書、多不就切己上體察、但於紙上看、文義上說得去便了。如此、濟得甚事。何必讀書、然後爲學。子曰、是故惡夫佞者。古人亦須讀書始得。但古人讀書、將以求道。不然、讀作何用。」とみえ、何かと言い譯をでっち上げてさぼろうとする學生への、同じく戒めのことばである。

「捷徑」は、「近道」の意。朱子の主張としては、近道を通ろうとする學問の態度は、「今之學者却求捷徑、遂至鑽山入水。」(「訓門人二」一一三・2748)と言われる通り、當然忌むべきことである。

「麄心大氣」は、現代語の「粗心大意」に同じ。がさつなこと。

なお、第11條に引用した、「訓門人二」(一一四・2767)「聖人言語、一重又一重、須入深處看、若只見皮膚、便有差錯。須深沈、方有得。夜來所説、是終身規模、不可便要使、便有安頓。」は、ここと密接に關連する條である。

本條とほとんど同じ條が、『朱子讀書法』巻一「熟讀精思」にみえるが、『論語』の「何必讀書」四文字を缺き、「若曰自有箇捷徑法」とする。

【81】

觀書初得味、即坐在此處、不復精研。故看義理、則汗漫而不別白、遇事接物、則頽然而無精神。揚。

〔譯〕

書物を讀んで、いったんその味が分かったら、そこにあぐらをかいて、それ以上精しく考究しようとしない。だから、義理を見ても、ぼんやりしたままではっきりせず、物事に對處するにも、だらしなく心を伴わないことになるのだ。包揚。

〔校勘〕

朝鮮古寫本　缺

〔注〕

「初～卽」は、「ひとたび～すれば」の意で、現代語の「一～就」に同じ。

「汗漫」は、「ぼんやり、あやふやである」ことを形容する疊韻の語。「論語十五　雍也篇四」（三三・835～837）では、程明道の「博學於文、而不約之以禮、必至於汗漫」という言を繰り引きながら、中途半端な學問の仕方を戒めている。

「別白」は、「訓門人六」（一一八・2840）の「假如有五項議論、開策時須逐一爲別白、求一定說」という例からもわかるように、明瞭であることを言う雙聲の語。

「遇事接物」は、「遇事觸物」「遇事應物」「處事接物」などとも表わされる常套句。「一つ一つの事柄に對處する」の意で、『大學』の「格物」に通ずる概念を有す。「今且要收斂此心、常提撕省察。且如坐間說時事、逐人說幾件、若只管說、有甚是處。便截斷了、提撕此心、令在此。凡遇事應物皆然。」（「訓門人二」一一三・2740）や、「格物窮理、有一物便有一理。窮得到後、遇事觸物皆撞著這道理。」（「大學二　經下」一五・289）など、みな同趣旨の言である。

「頽然」は、蘇軾『東坡志林』「論修養帖」に、「世之昧者、便將頽然無知、認作佛也。」と用いられているが、「氣合いのこもらない、やる氣のない」狀態を指す。『語類』では、「李延平不著書、不作文、頽然若一田夫野老、然又太和順了」（「羅氏門人　李愿中」一〇三・2601）の用例が見える。

「無精神」は、氣持ちが張りつめていない狀態を言う。第21條を參照。

〔記錄者〕

包揚　字は顯道、號は克堂。建昌軍南城縣の人。「師事年攷」246。

【82】
讀書只要將理會得處、反覆又看。夔孫。

〔譯〕
讀書では、よく分かったところを、とにかく繰り返し讀むことだ。林夔孫。

〔校勘〕
朝鮮古寫本「讀書法下」所收（十二葉表）。夔孫→士毅（黃士毅のこと）。

〔注〕
前出の73條と同じ趣旨の教えである。

【83】
今人讀書、看未到這裏、心已在後面、才看到這裏、便欲捨去。如此、只是不求自家曉解。須是徘徊顧戀、如不欲捨去、方能體認得。又曰、讀書者譬如觀此屋、若在外面見有此屋、便謂見了、卽無緣識得。須是入去裏面、逐一看過、是幾多間架、幾多窗櫺。看了一遍、又重重看過、一齊記得、方是。講筵亦云、氣象匆匆、常若有所迫逐。方子。

〔譯〕
「いまの人の讀書は、まだそこまで讀んでもいないのに、心はすでに先に行っているし、そこまで讀んだと思ったら、もうすぐに捨て去ろうとする。こんなことでは、まったく自分から理解しようとしていないのだ。行きつ戻りつ振り返り、離れたくないようになってこそ、體得できるのだ。」また言われた、「讀書とは、家を見定めるようなもので、外からこの家を眺めて、見たつもりになっても、分かったことにはならない。中に入って、一つ一つ、間取りはどうか、窓はいくつあるかを見なければならない。一通り見たら、さらに何度も見て、みな頭に入ってこそ良い。」授業でもおっしゃった。「氣分がせかせかして、いつも追い立てられているようだぞ。」李方子。

〔校勘〕

朝鮮古寫本「讀書法下」所收（十葉表）。如不欲捨去→不欲捨去。逐一看過→逐一看道。看了一遍→看一遍了。氣象→意象。

底本は「講筵亦云」以下を本文にするが諸本に從い細字に改めた。

〔注〕

前半部と全く同じ言は、前出の46條に見られた。恐らく、その條の記錄者の楊至と本條の李方子は、朱子のこの言が發せられた場所に同席していたものと思われる。「師事年攷」によるならそれは、一一九三・九四年となる。全體は三つの部分から成り立っているが、內容上の統一性はあまりない。細字部分は、敎場での學生に對する小言であろうか。底本以外の諸本がこの部分を細字に作ることから、『語類大全』にまとめた際の補遺であるかもしれない。

「體認」は、35條ですでに說明したとおり、「體驗」と同樣、身を以て理解することを言う。朱子自身は、「或問、先生謂、講論固不可無、須是自去體認。如何是體認。曰、體認是把那聽得底自去心裏重複思量過。」（「自論爲學工夫」一〇四・2616）のように定義する。

「觀屋」や「間架」は、綿密な讀書の比喩に用いられる。例えば、「論語二・學而篇上」（二〇・452）の「此正如看屋、不向屋裏看其間架如何、好惡如何、堂奧如何、只在外略一綽過、便說更有一箇好屋在、又說上面更有一重好屋在。」や、「訓門人八」（一二〇・2887）の「譬如看屋、須看那房屋間架、莫要只去看那外面墻壁粉飾。」などの例がある。

そもそも「間架」は、「間取り」さらに「部屋」という意であるが、本條と同趣旨の主張を展開する「中庸一　綱領」（六二・1480）の「讀書先須看大綱、又看幾多間架。如天命之謂性、率性之謂道、修道之謂教、此是大綱。夫婦所知所能、與聖人不知不能處、此類是間架。譬人看屋、先看他大綱、次看幾多間、間内有小間、然後方得貫通。」という例からは、「間架」という語が、建築物の內部構造から轉じて、より下位の細かな項目という抽象的な意味で用いられていることがよくわかる。

「窗櫺」は、「櫺子窓」「窓格子」または窓そのものを指す。

「匆匆」は、氣持ちがせかせか落ちつかぬことをいう。「學七　力行」（一三・242）に「作事先要成、所以常匆匆。」とあるのも同じ。

本條に該當する『朱子讀書法』の記錄は、卷一「循序漸進」に、「在經筵時嘗說、讀書者譬如觀此屋、若在外而望之、便謂見了、則無緣識得。須是入去裏面、逐一看過是幾多間架、幾多窗櫺。看一遍了、又重看一遍、都說得方是。」で、「講筵」以下を缺く。

【84】

看書非止看一處便見道理。如服藥相似、一服豈能得病便好。須服了又服、服多後、藥力自行。道夫。

〔譯〕

書物を讀むのに、ひとところ讀んだだけで道理が分かるものではない。藥を飲むのと同じで、一度服用しただけでどうしてすぐに病氣が治ろうか。何度も何度も續けて飲み、たくさん飲んだ後で、藥の效能は現われるものだ。楊道夫。

〔校勘〕

朝鮮古寫本「讀書法下」所收（十四葉裏）。異同なし。

〔注〕

『朱子讀書法』巻一「熟讀精思」に「服多後」を「服之多後」に作る以外、全く同じ條が見える。

病氣になる、また藥を調合・服用することを讀書にたとえる例は『語類』に頻出するのだが、本條もその一つ。

【85】

讀書着意玩味、方見得義理從文字中迸出。季札。

〔譯〕

讀書は、心を集中して味わってこそ、義理が文章の中からほとばしり出るように分かる。李季札。

〔注〕

「迸」は、「孟子三　公孫丑上之下」（五三・1283）でも、「日用應接動靜之間、這箇道理從這裏迸將出去。」と用いられるが、文字どおり「ほとばしる」の意である。

「着意」は、「精神を一所に集中、安定させること」をいう。「問、伊川言、未有致知而不在敬。如何。曰、此是大綱說。要窮理、須是着意、不着意、如何會理會得分曉。」（「論知行」九・152）など。

〔記錄者〕

李季札　字は季子。徽州婺源縣の人。「師事年攷」186。

【86】

讀得通貫後、義理自出。方子。

〔譯〕

讀んで十分ものになれば、義理はおのずから現われ出る。李方子。

〔校勘〕

朝鮮古寫本　讀得→讀書。また、末尾に、「今人爲學、多只是漫、且恁地不曾是眞實肯做。」（「總論爲學之方」八・139）が續く。「讀書法下」所收（九葉裏）。

〔注〕

通貫は、貫通に同じ。「すみずみまでいきわたる」の意。31條と同趣旨の言である。

なお、『朱子讀書法』巻一「熟讀精思」に全く同じ言が見える。

【87】

讀書、須看他文勢語脈。芝。

〔譯〕
讀書では、必ずそのことばの氣脈を見なければならない。陳芝。
〔校勘〕
朝鮮古寫本　缺
〔注〕
「文勢語脈」は、ことばの流れや勢い、言わんとする氣持ちなどを包括的にいうことば。「語脈」の、『語類』での用例は、以下の通り。
聖賢説出來底言語、自有語脈、安頓得各有所在、豈似後人胡亂說了也。(「讀書法下」125條・194)
大凡看文字、須認聖人語脉、不可分毫走作。(「論語三　學而篇中」二一・498)
如今看一件書、須是著力至誠去看一番、將聖賢説底一句一字都理會過。直要見聖賢語脈所在、這一句一字是如何道理、及看聖賢因何如此說。(「訓門人五」一一七・2812)
また、『朱子讀書法』巻二「虛心涵泳」に、「看文字、須看他文勢語脈」と見える。
〔記錄者〕
陳芝　字は庭秀。首都臨安の人。「師事年攷」128。

【88】
看文字、要便有得。

〔譯〕
文章を讀むとき、求めればものにできる。〔記録者名を缺く〕
〔校勘〕
朝鮮古寫本　缺

【89】
看文字、若便以爲曉得、則便住了。須是曉得後、更思量後面尙有也無。且如今有人把一篇文字來看、也未解盡知得它義、況於義理。前輩說得恁地、雖是易曉、但亦未解便得其意。須是看了又看、只管看、只管有。義剛。

〔譯〕
文章を讀むのに、すぐに分かったと思ってしまえば、それでおしまいだ。分かったら、その先があるかどうかを考えねばならない。例えば、いまある文章をとりあげて讀んでも、まだその意をすべて理解しきれるわけではなく、まして義理など分かるはずがない。前人が言っていることは、いくら分かりやすくても、すぐその意が會得できているわけではない。何度も何度も繰り返して讀むこと。ひたすら讀んで、ものにするのだ。黃義剛。

〔校勘〕
朝鮮古寫本　缺
底本は、「它義」を「他意」に作るが、諸本に従い本文を改めた。

〔注〕
前出69條に同じ趣旨の言が見えるのを參照されたい。
「未解」の「解」は、「不解」の「解」と同じで、「不會」の意と考えて良い。「不解」の『語類』例には、次のようなものがある。

看來世上自有一般人、不解恁地內直外便方正。只是了得自身己、遇事應物、都顛顛倒倒沒理會。大學須是要人窮理。今來一種學問、正坐此病。只說我自理會得了、其餘事皆截斷、不必理會、自會做得。更不解商量、更不解講究、到做出都不合義理。（「訓門人八」一二〇・2893）

「且如」は、第4條に既出の語である。「たとえば」という意。

【90】

讀書不可有欲了底心、才有此心、便心只在背後白紙處了、無益。揚。

〔譯〕
讀書するには、讀み終えよう、という氣を起してはいけない。このような氣を起こせば、意識は字の向うの白紙に行ってしまい、ためにならない。包揚。

〔校勘〕
朝鮮古寫本　缺
底本は、「讀書」を「讀者」に作るが、諸本に從い本文を改めた。

〔注〕

「才（纔）～便～」は、現代語では「一～就～」に同じ。29條の注參照。

【91】

大抵學者只在是白紙無字處莫看。有一箇字、便與他看一箇。如此讀書三年、無長進處、則如趙州和尚道、截取老僧頭去。節。

〔譯〕

およそ學ぶ者は、とにかく白紙の文字のないところを見ようとしてはならない。一つ文字があれば、その一字を一字として讀むのだ。こんなふうに三年も讀書して、進歩がなければ、趙州和尚じゃないが、「わしの首をくれてやる」だ。甘節。

〔校勘〕

朝鮮古寫本　只在→只有。一箇→一个。

〔注〕

「與」は、「將」や「把」に同じ（張相『詩詞曲語辭匯釋』下）。『語類』では、「學二　總論爲學之方」「若只是握得一箇鶻崙底果子、不知裏面是酸、是鹹、是苦、是澁。須是與他嚼破、便見滋味」（八・145）の例も同じ用法。

趙州和尚とは、唐の高僧從諗のこと。『祖堂集』巻十八「曹溪四五代法孫」・『景德傳燈錄』巻十「趙州觀音院從諗禪師」・『宋高僧傳』巻十一「唐趙州東院從諗傳」に傳が見える。彼には語錄の『趙州錄』があり、本條所引の「截取老僧頭去」は、その巻中に、「但究理而坐、二三十年若不會、截取老僧頭去。」と記録されるものによる。

【92】
人讀書、如人飲酒相似。若是愛飲酒人、一盞了、又要一盞喫。若不愛喫、勉强一盞便休。泳。

〔譯〕
讀書とは、酒を飲むようなものだ。上戸は、一杯が空になったら、もう一杯飲みたくなる。下戸なら、無理して一杯飲めばおしまいだ。湯泳。

〔注〕
飲酒を讀書法に擬するのは面白い比喩であるが、『語類』では本條以外にも、「論語十三　雍也篇二」（三一・785）に「人只是一箇不肯學。須是如喫酒、自家不愛喫、硬將酒來喫、相將自然要喫、不待强他。如喫藥、人不愛喫、硬强他喫。」という同趣旨の譬が見られる。

〔記錄者〕
湯泳　字は叔永。鎭江府丹陽縣の人。「師事年攷」44。

【93】
讀書不可不先立程限。政如農功、如農之有畔。爲學亦然。今之始學者不知此理、初時甚銳、漸漸懶去、終至都不理

會了。此只是當初不立程限之故。廣。

〔譯〕

讀書するには、まずくぎりを設けておかなくてはならない。「まつりごとは農作業と同じことで、『田畑に畔があるようにする』ものだ」というが、學問もやはりそうだ。いまどきの初學者はこの道理が分からず、最初は張り切っていても、だんだん怠けていき、結局は何ものにできない。これはひとえに最初にくぎりを設けておかなかったせいだ。輔廣。

〔校勘〕

朝鮮古寫本　先立程限→先立个程限。

〔注〕

「程限」は、39條既出の「課程」とほぼ同意のことばで、讀書の過程で定める區切りのこと。「殊不知致知之道不如此急迫、須是寛其程限、大其度量、久久自然通貫」（「大學五　或問下　傳五章」一八・419）は、39條の「課程」と全く同文脈で用いられることからも明らかである。

「政如農功……」は、『左傳』襄公二十五年十二月に「子產曰、政如農功、日夜思之、思其始而成其終、朝夕而行之、行無越思、如農之有畔、其過鮮矣」とあるのによる。

『朱子讀書法』巻一「循序漸進」の「毎書誦讀考索之序」に、「政如農功、如農之有畔、爲學亦然」の部分のみ記錄される。

【94】

曾裘父詩話中載東坡教人讀書小簡、先生取以示學者、曰、讀書要當如是。按、裘父詩話載東坡與王郎書云、少年爲學者、每一書皆作數次讀之。當〔富〕如入海、百貨皆有、人之精力不能兼收盡取、但得其所欲求者爾。故願學者每次作一意求之。如欲求古今興亡治亂、聖賢作用、且只作此意求之、勿生餘念。又別作一次求事迹文物之類、亦如之。他皆放此。若學成、八面受敵、與涉獵者不可同日而語。方子。

〔譯〕

曾裘父の詩話に、蘇東坡が人に讀書の仕方を教えた短い手紙を載せているが、先生はそれを學生に示しておっしゃった。「讀書はこのようにせねばならない。」按ずるに、裘父の詩話に、蘇東坡の「王郎に與うる書」を引いている。「若い學徒は、一つの書物を何回も讀まねばならない。書物は海のように豊かで、入ればあらゆる物があり、人間の力では、すべてを取り盡くすことはできず、欲しいものだけしか手に入れることができないようなものだ。だから學ぶ者は、常にねらいを定めて追求してほしい。古今の興亡治亂や聖賢の作用を考究しようとするなら、まずはそこにねらいを定めて追及し、他にあれこれ餘計な考えを起こさないこと。また、聖人の事跡や禮樂制度の類を考究しようとする場合も、やはり同じだ。ほかのことでも、みなこのようにしなさい。學問が成就したら、どこからかかっても無敵で、廣く淺く學ぼうとする者とは、同日の談ではない。李方子。

〔校勘〕

朝鮮古活字本・明刊本　其所欲求者→其所做求者。

朝鮮古寫本　當如入海→富如入海。

底本は、「與涉獵者」を「與慕涉獵者」に作るが、諸本に従い本文を改めた。

〔注〕

「曾裘父詩話」は、曾季貍『艇齋詩話』を指す。本條の細字注部の「少年爲學者、……」は『艇齋詩話』では、「少年爲學者、每一書皆作數次讀。書之富、如入海、百貨皆有」（『歷代詩話續編』）につくるが、それは蘇軾「與王郎書」により近い形になっており、本條に見える「當如入海」は、恐らく朝鮮古寫本に見える「富如入海」が本來の姿と思われる。一方、『蘇軾文集』で「但作此意求之」とつくる箇所は、『艇齋詩話』でも本條と同じく「且只作此意求之」に作る。

「與王郎書」は、『蘇軾文集』卷六十尺牘に收める「與王庠五首」之五のこと。該當部分は以下の通り。「……但卑意欲少年爲學者、每一書皆作數過盡之。書富如入海、百貨皆有之。人之精力、不能兼收盡取、但得其所欲求者耳。故願學者、每次作一意求之。如欲求古人興亡治亂聖賢作用、但作此意求之、勿生餘念。又別作一次求事迹故實典章文物之類、亦如之。他皆倣此。此雖迂鈍、而他日學成、八面受敵、與涉獵者不可同日而語也。甚非速化之術、可笑、可笑。」

「作用」は、唐宋を通じて禪家の語で、「本質そのものの動的な發現・言動として現れるカタチ」（『禪語辭典』思文閣出版）をいう。「釋氏」（一二六・3022）に「作用是性。在目曰見、在耳曰聞、在鼻齅香、在口談論、在手執捉、在足運奔」という。

【95】

尹先生門人言尹先生讀書云、耳順心得、如誦己言。功夫到後、誦聖賢言語、都一似自己言語。良久、曰、佛所謂心印是也。印第一箇了、印第二箇、只與第一箇一般。又印第三箇、只與第二箇一般。惟堯舜孔顏方能如此。堯老、遜位與舜、教舜做。及舜做出來、只與堯一般、此所謂眞同也。孟子曰、得志行乎中國、若合符節。不是且恁地說。廣。

〔譯〕

「尹先生の門人が、尹先生の讀書について次のように言っている。『耳に素直に入ってきて心にしっくり理解され、聖賢の言が自分の言葉のように口に出る。』努力が窮まれば、聖賢の言葉を口にしても、まるで自分の言葉のようになるものだ。」しばらくして、言われた。「佛教で言うところの心印がこれだ。一人めに心印が傳われば、二人めに傳えても全く一人めと同じになる。さらに三人めに心印が傳わっても、やはり二人めと同じようになる。堯と舜や孔子や顔回だけが、そこまで達することができた。堯は老いて舜に位を讓り、舜にまつりごとをさせたが、舜がやってみると、全く堯と同じで、これこそが眞に同じ、ということなのだ。孟子が、『志を得て中國に行なえば、符節を合するが若し』と言ったのは、決してかりそめのことではない。輔廣。

〔校勘〕

朝鮮古活字本　功夫→工夫。

朝鮮古寫本　「讀書法下」所收。但し、「尹先生門人言尹先生讀書云、耳順心得、如誦己言。工」が九葉裏最終行にあり、それ以降は八葉第一行に續くという亂丁が見える。「都一似自己言語」を缺く。箇→个。

〔注〕

「尹先生」は、尹焞（尹和靖）のこと。『宋史』巻四二八「道學」に傳がある。程頤の門人であった。本條に引用される言は、呂德元による尹焞の墓誌銘（正誼堂叢書本『尹和靖集』所收）に、「丕哉聖謨、六經之編、耳順心得、如誦己言、窮觀基蘊、達俟其施。」とあるのを指すのであろう。また、底本の中華書局本では、尹和靖の門人の言を「自己言語」までとしているが、上引の通り「耳順心得、如誦己言」のみとすべきである。

呂德元は呂稽中の字、呂本中の兄弟行に當たる。『宋元學案』巻二十七「和靖學案」の「和靖門人」に傳が見える。

「心印」は、言葉や文字を用いずに、直接佛の教えを心で了解し、悟ることを言う。

『孟子』の引用は、舜と周文王の行ないの同じきほどを述べた「離婁篇下」の言。「（舜と文王とは）地之相去也、千有餘里。世之相後也、千有餘歳。得志行乎中國、若合符節。先聖後聖、其揆一也。」。

「且恁地」は、「とりあえず、かりそめに」という程の意。「今人爲學、多只是謾且恁地、不曾眞實肯做。」（「總論爲學之方」八・139）、「今人好說『且恁地』、便是不忠。」（「論語三　學而篇中」二一・486）が參考となる。

なお、『朱子讀書法』卷二「虛心涵泳」には、「尹先生門人嘗記先生讀書云、口誦心得、如誦己言。盖工夫至後、誦聖賢言語、卻一似自己言語一般。」と記録される。

【96】

讀書須教首尾貫穿。若一番只草看過、不濟事。某記舅氏云、當新經行時、有一先生教人極有條理。時既禁了史書、所讀者止是荀揚老莊列子等書、他便將諸書劃定次第。初入學、只看一書。讀了、理會得都了、方看第二件。每件須要貫穿、從頭到尾、皆有次第。既通了許多書、斯爲必取科第之計。如刑名度數、也各理會得些。天文地理、也曉得些。五運六氣、也曉得些。如素問等書、也略理會得。又如讀得聖製經、便須於諸書都曉得些。聖製經者、乃是諸書節略本、是昭武一士人作、將去獻梁師成、要覔官爵。及投進、累月不見消息。忽然一日、只見內降一書云、御製聖製經、令天下皆誦讀。方伯謨尙能記此士人姓名。」又云、是時既禁史學、更無人敢讀史。時奉使叔祖教授鄉里、只就蒙求逐事開說本末、時人已相尊敬、謂能通古今。有一士人、以犯法被黥、在都中、因計會在梁師成手裏直書院、與之打併書册甚整齊。師成喜之、因問其故、他以情告、遂與之補官、令常直書院。一日、傳聖駕將幸師成家、師成遂令此人打併裝疊書册。此人以經史次第排、極可觀。師成來點檢、見諸史亦列桌上、因大駭、急移下去、云、把這般文字將出來做甚麼。

此非獨不好此、想只怕人主取去、看見興衰治亂之端耳。賀孫。

〔譯〕

「讀書するには始めと終わりを一貫させねばならない。いい加減にざっと讀んでしまうのでは、何にもならない。わたしは、舅君《おじどの》が次のように言われたのを憶えている、「新經が世に行われた時、とても條理の通る教え方をする先生がいた。當時は、史書が禁じられていたから、讀む書物と言えば、荀子・揚子・老子・莊子・列子などに限られていたが、彼はこれらの諸書を讀む順序をきちんと定めた。學問に入ったばかりの時には、もっぱら一つの書物だけを一心に讀む。讀み終わり、すっかり理解したら、次のものを讀む。一つ一つに、すっかり通じて、始めから終いまで秩序だてて理解すること。このようにして多くの書物に通じたら、そこからが科擧の必勝法である。刑名度數などにも、それぞれ少しは取り組み、天文地理も少しは分かり、五運六氣もいくらか分かる。素問などの醫學書も、ひとまず學習する。御製『聖製經』を讀むにも、諸書を一通りは理解しておかねばならない。」『聖製經』というのは、諸書の節略本だ。昭武の一士人の作で、梁師成に獻上して、官位爵位を求めようとしたものであった。差し出してから、何か月たっても音沙汰がなかったが、ある日突然、お上から一通の達示が下って、「御製聖製經、天下をして皆誦讀せしめん」とあった。方伯謨ならその士人の姓名を憶えている。」また、言われた。「この時には史學が禁止されていたので、誰も史書を讀もうとはしなかった。當時、大叔父の朱奉使弁が鄉里で授業をしており、もっぱら『蒙求』について、逐一話の一部始終を說き明かしていたのだが、當時の人はすっかり尊敬し、古今に通じていると稱贊したものだった。ある士人で、罪を犯したため入れ墨をされた人が都にいたが、梁師成の手下にもちかけて書院に泊まり込み、彼のために書籍をきちんと整頓してやった。師成は喜んで、わけを訊ねると、事情をはなしたので、官職を與え、常に書院に詰めさせた。ある日、天子が師成の家に來られるということなので、師成は彼に家の書物を整理させた。

彼は經史を順序よく並べて、極めて見榮えがよかった。師成が點檢に來てみると、諸史書も卓上に並んでいるので、大いに驚き、慌てて片づけて言った。『こんなものを持ち出してどうするつもりだ！』これは、單に氣にくわなかったというだけではなく、君主がそれを取り上げて、治亂興亡のきっかけを目にするのを恐れたのであろう。葉賀孫。

〔校勘〕

朝鮮古寫本　某記舅氏云→某記得舅氏云。方伯謨→方伯模。師成喜之→梁師成喜之。「聖駕將幸～見諸史亦列」を缺く。

〔注〕

「舅氏」は、具體的に誰を指すのかは不明ながら、石立善氏の御教示によると、朱熹の外祖父祝確の二子のうち、父朱松に從遊した經驗を有する叔父祝嶠を指す可能性が高い。『晦庵文集』巻九八「外大父祝公遺事」に、「叔舅嶠少敏悟有文、長從先君子遊、聞伊洛之風而悅之、然求擧輒不利。喩夫人及伯舅旣先卒、叔舅後公十數年亦卽世。」と見えるのがそれである。

「新經」は、王安石撰もしくは王安石の學問を傳える者の著わした一連の經書の注解。『郡齋讀書志』巻一には、新經尙書義十三巻、新經毛詩義二十巻、新經周禮義二十二巻などが著錄される。

「禁了史書」は、崇寧年間（一一〇二～一一〇六）以降、經學を重んじ、史學を輕んじた風潮を指すのであろうか。以下に、その間の事情を窺わせる筆記の記述を拔き出して記す。

崇寧以來、專意王氏之學、士非三經字說不用。至政和之初、公議不以爲是。……未幾、監察御史兼權殿中侍御史李彥章言、夫詩書周禮、三代之故、而史載秦漢隋唐之事。學乎詩書禮者、先王之學也。習秦漢隋唐之史者、流俗之學也。……不使士專經、而使習流俗之學、可乎。……奉御筆、經以載道、史以紀事。本末該貫、乃爲通儒。今再思之、紀事之史、士所當學、非上之所以教也。……時政和元年三月戊戌也。（『能改齋漫錄』巻一二「罷史學」）

崇寧立三舍法、雖崇經術、亦未嘗廢史、而學校爲之師長者、本自其間出、自知非所學、亦幸時好以倡其徒、故凡言史皆力詆之。尹天民爲南京教授、至之日、悉取史記而下至歐陽文忠集、焚講堂下、物論喧然。未幾、天命以言章罷。（『避暑錄話』巻下）

「五運六氣」は、中醫學の用語、五行と六氣（陰陽風雨晦明）に基づき、氣候と疾病の關係を見る。

醫家有五運六氣之術。（『夢溪筆談』象數一）

「梁師成」は、『宋史』巻四六八宦官傳に傳が見える、自ら蘇軾の子と名乗るが「稍知書（稍や書を知る）」と評されることからも、知識人としては評價されていないことがわかる。「本朝四　自熙寧至靖康用人」（一三〇・3119）に、

蘇東坡子過、范淳夫子溫、皆出入梁師成之門、以父事之。然以其父名在籍中、亦不得官職。師成自謂東坡遺腹子、持叔黨如親兄弟、諭宅庫云々。

と見える。

「聖製經」は、醫書の名稱であるが、一般には「聖濟經」に作る。『郡齋讀書志』醫書類に、「聖濟經十巻、右徽宗皇帝御製、因黃帝內經、采天人之賾、原性命之理、明營衞之淸濁、究七八之盛衰、辨逆順之盈虛、爲書十篇、凡四十二章」と錄される。また『郡齋讀書附志』では、同じ書を「御製聖濟經」とし、政和年間廣く行われたことを記す。この書は、『直齋書錄解題』醫書類には、「聖濟經十巻、政和御製。辟廱學生昭武吳禔注」と記されるが、ここに見える「昭武吳禔」なる人物が、朱子の言う「昭武一士人」であろうと思われる。また、『四庫全書總目』子部醫家類には淸の程林の删定した『聖濟總錄纂要』二六巻が著錄される。

「方伯謨」は、方士繇のこと。朱子の門人。『宋元學案』巻六十九「滄洲諸儒學案上」に、「方士繇、字伯謩（謨に同じ）、甫田人。父豐之、仕至監豐國鎭、朱子稱其詩豪壯。先生少孤、依母邵武呂氏。已而徙居崇安、從朱子遊」と傳が見える。

「奉使叔祖」は、朱弁のこと。『朱文公文集』巻八十七「祭文」に、「祭叔祖奉使直閣文」がある。また同巻九十八

「行状」に、「奉使直祕閣朱公行狀」が見え、それには以下のように記す。

公諱弁、字少章。……幼穎悟、讀書日數千言、十歳能文、既冠、遂通六經百氏之書。

「計會」は、「たくらむ、相談する」の意。『語類』の用例を擧げると、「某在紹興、有人訴不肯爲保長、少間却計會情願做保正、其甚嘉之、以爲捨易而就難。及詢之士人、乃云保長難於保正。又有計會欲爲保長者、蓋有所獲於其中。」（「朱子八　論民」一一一・2718）とある。

「打併」は、「片づける、始末する、整える」などの意。「性理三　仁義禮智等名義（六・117）」に、「譬如水、若一些子礙、便成兩截、須是打併了障塞、便滔滔地去」や、「孟子二　公孫丑上之上（五二・1248）」に、「若見得道理明白、遇事打併淨潔、又仰不愧、俯不怍、這氣自浩然」などと、用例が見える。いずれも「すっぱり片づける、處置する」などの意味で用いられる。

「點檢」は、この場合「確認する」の意。用例は、次の通り。

如韓文公廟碑之類、初看甚好讀、子細點檢、疏漏甚多。（「論文上」一三九・3311）

なお、『朱子讀書法』巻三「熟讀精思」には、冒頭の「讀書須教首尾貫穿。若一番只草草看過、不濟事」と同じ語句が記される。

【97】

近日眞箇讀書人少、也緣科擧時文之弊也。纔把書來讀、便先立箇意思、要討新奇、都不理會他本意着實。纔討得新奇、便準擬作時文使、下梢弄得熟、只是這箇將來使。雖是朝廷甚麼大典禮、也胡亂信手捻合出來使、不知一撞百碎。前輩也是讀書。某曾見大東萊呂居仁之兄、他於六經三傳皆通、親手點注、並用小圈點。注所不足者、並將疏楷書、用朱點。無點晝草。某只見他禮記如此、他經皆如此。諸呂從來富貴、雖有官、多是不赴銓、亦得安樂讀書。他家這法度却是到伯恭打破了。自後既弄時文、少有肯如此讀書者。賀孫。

〔譯〕

近頃、本物の讀書人が少なくなったのも、科擧用時文の弊害だ。書物を取り上げて讀むとなれば、思惑が先に立って、目新しいことを探ろうとし、書物の本旨にしっかりと取り組もうとしない。目新しいことが見つかれば、時文のために使おうともくろみ、やがて手なれてくると、もっぱらそればかり使おうとする。朝廷の大典禮なんぞも、いい加減に勝手放題にこじつけて用い、それが一突きで木端みじんになることもごぞんじない。先人はやはり讀書していたのだ。わたしが以前大東萊呂居仁兄に會ったとき、彼は六經三傳にすべて通じ、手ずから注を施し、小さな圈點もつけていた。注で不十分なところは、疏を楷書で書き込み、朱點を打っていた。雜に書かれたものはなかった。わたしは彼の『禮記』がそんな具合だったのを見ただけだが、ほかの經書も皆同じだ。呂家はもともと富貴の家柄で、官位はあったが、たいてい科擧を受けなかったので、ゆったりと讀書できたのだ。呂家のこのような氣風は伯恭の代になってくずれてしまった。それ以後は、試驗用の時文を作るようになり、あんなふうに讀書しようとするものは少なくなってしまった。葉賀孫。

〔校勘〕

朝鮮古寫本「讀書法下」所收（八葉裏）。但し、「呂居仁」以降は、七葉表に續く亂丁が見られる。箇→个。弊也→弊他。捻合出來→捻出來。親手點注→他親手點注。如此讀書者→如此讀書。

〔注〕

「討」「討得」は、「探る、ねらう」などの意。「内任」（一〇七・2664）の「只是胡亂討得一二浮辭引證、便將來立議論、抵當他人」も同じ意味での用例。

「新奇」は、目新しいことを言う。

今人爲經義者、全不顧經文、務自立說、心粗膽大、敢爲新奇詭異之論。方試官命此題、已欲其立奇說矣。（「朱子六　論取士」一〇九・2693）

「下梢」は、「やがて」という意味の口語。「今既要理會、也須理會取透。莫要半青半黄、下梢都不濟事」（「論知行」九・154）や、「讀書貪多、最是大病、下梢都理會不得」（「自論爲學工夫」一〇四・2614）などの例が見える。

「弄得」は、ある状態に至らせる、特に悪い状態に至らせることを言う。例えば、「風俗弄得到這裏、可哀」（「小學」七・127）や、「子靜舊年也不如此、後來弄得直恁地差異」（「自論爲學工夫」一〇四・2619）など、全て同旨の用例である。

「胡亂」は、「でたらめに」の意。

「捻合」は、「捏合」とも作り、「無理にこじつける、でっち上げる」の意。用例は次の通り。

君子所貴於此者、皆平日功夫所至、非臨事所能捏合。（「論語十七　泰伯篇」三五・916）

某人來說書、大概只是捏合來說、都不詳密活熟。（「訓門人八」一二〇・2901）

「大東萊」は、呂居仁、つまり呂本中のこと。

呂居仁學術雖未純粹、然切切以禮儀廉恥爲事、所以亦有助於風俗。今則全無此意。（「本朝六　中興至今日人物下」一三一・3171）

呂居仁家往往自擡擧、他人家便是聖賢。其家法固好、然專恃此、以爲道理只如此、却不是。（同3172）

呂居仁春秋亦甚明白、正如某詩傳相似。（「春秋　綱領」八三・2157）

「伯恭」は、呂祖謙、つまり呂東萊のこと。（下掲の系譜參照）

「赴銓」は、科擧に應ずることをいう。呂家と「赴銓」との關わりについては、『宋史』巻四五五忠義傳十の呂祖儉傳に、「呂祖儉字子約、祖謙之弟也、……祖儉必欲終葬喪、朝廷從之、詔違年者以一年爲限、自祖儉始。終更赴銓」と見える。

なお、呂家の學問を傳える記録としては、『三朝名臣言行錄』八に、呂居仁の祖父にあたる呂希哲の人となりを次のように記すのが參考になる。

又從王公安石學、安石以爲凡士未官而事科擧者、爲貧也、有官矣、而復事科擧、是僥倖富貴利達而已、學者不由也。公聞之、遽棄科擧、一意古學。

「法度」は、もと法制の意であるが、ここでは、「やりかた、方針、風格」などの廣い意味で用いる。『語類』では、「如今禮樂法度都一齊亂散、不可稽考」（「訓門人八」一二〇・2896）や、「韓魏公富鄭公皆言新法不便。……如富公更不行、自用他那法度、後來遂被人言」（「自國初至熙寧人物」一二九・3093）などの用例が見える。

本條の後半は、朱子とも關係の深かった呂家の學問を評論しながら、讀書の進め方を論じていく。名前の擧がった人物を含めた呂家の系譜を以下に記す。

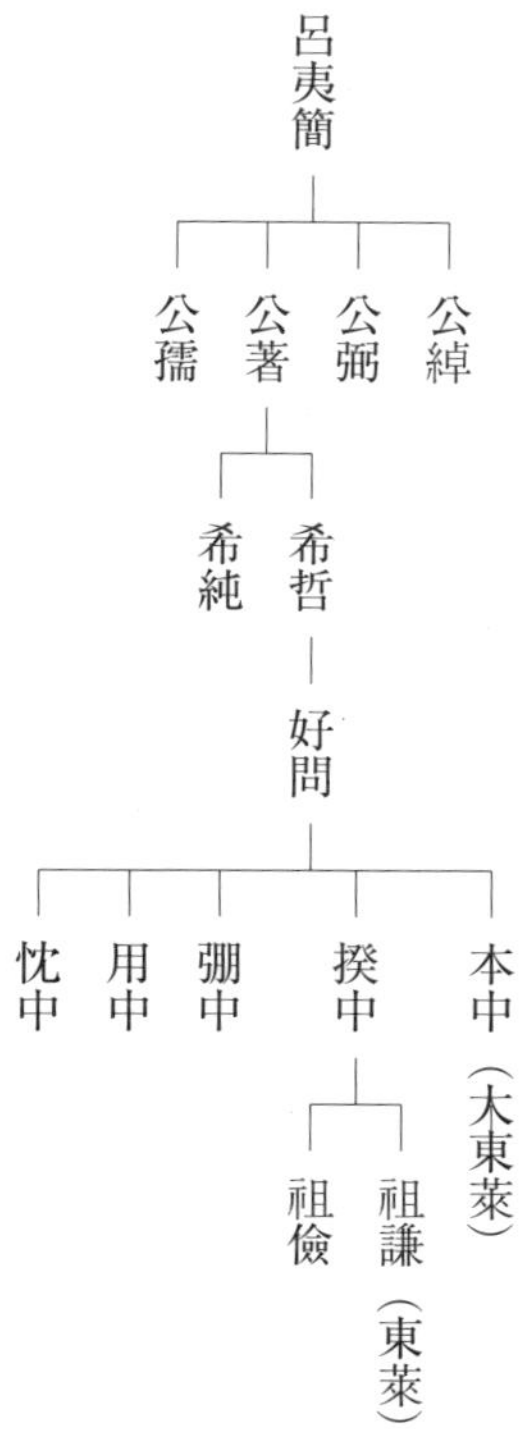

【98】

精神長者、博取之、所得多。精神短者、但以詞義簡易者涵養。

〔譯〕

活力の強い人は、廣く求めれば、得るものも多い。活力の弱いものは、ただ字義の分かりやすいところをじっくりものにしていきなさい。〔記錄者名を缺く〕

〔校勘〕

朝鮮古寫本　缺

〔注〕

「精神」は、既出の語であるが、人の內的エネルギーを意味し、それを朱子が重んじたことは、たとえば「萬事須是有精神、方做得」（「總論爲學之方」八・138）、「凡做事、須着精神」（同上）などのことばからも察せられる。

「涵養」は、「じっくりあたためて育てる」の意。「涵泳」と同義と考えてよい。『語類』中には頻出するが、主な用例は、次の通り。

亦須窮理。涵養、窮索、二者不可廢一、如車兩輪、如鳥兩翼。（「論知行」九・150）

須是將敬來做本領。涵養得貫通時、才敬以直內、便義以方外。（「訓門人二」一一四・2766）

【99】

中年以後之人、讀書不要多、只少少玩索、自見道理。

〔譯〕

中年以上の人は、書を多く讀む必要はない。少しのものをじっくり味わうだけで、道理はおのずから見えてくる。

［記錄者名を缺く］

〔校勘〕

朝鮮古寫本　缺

〔注〕

「玩索」は、64條注參照。

本條のように、朱子は、自らの力を斟酌せずに、效果を大きくあげることばかりをめざす讀書の仕方を、36〜42條まででも繰り返し批判する。また、前條と本條との關連を考えるなら、活力のあるなし、年齡、記憶力のあるなし（39條）など、自らの力量をわきまえた無理のない讀書を諭す言動は數多い。

【100】

千載而下、讀聖人之書、只看得他箇影象、大概路脈如此。若邊旁四畔、也未易理會得。燾。

〔譯〕

千年以上も經ったいま、聖人の著作を讀めば、その形がおよそこんなふうな骨格だ、とわかるだけだ。周圍をとりまくことがらとなると、なかなか簡單に讀みとることはできない。呂燾。

〔校勘〕

朝鮮古活字本　概→槩。

朝鮮古寫本　缺

〔注〕

「影象」は、「外見、姿形」の意味。同趣旨での用例は、次の通り。

人心如一箇鏡、先未有一箇影象、有事物來、方始照見妍醜。若先有一箇影象在裏、如何照得。（「大學三　傳七章釋正心修身」一六・347）

「路脈」は、もと「道筋」の意。ここでは大まかな骨格というような意味で譯出した。『語類』での用例は多いが、左に二例を擧げておく。

「可與共學」、有志於此。「可與適道」、已看見路脈。「可與立」、能有所立。「可與權」、遭變事而知其宜、此只是大綱如此說。（「論語十九　子罕篇下」三七・986）

先生曰、諸公看道理、尋得一線子路脈著了。（「訓門人八」一二〇・2899）

「四畔」は、「四方・周圍」を指す。「張子之書二」の「蓋天在四畔、地居其中」（九八・2506）という例がわかりやすい。

〔記錄者〕

呂燾　字は德昭、建昌縣の人。「師事年攷」289。

『朱子語類』巻十一

學五　讀書法下

【1】

人之爲學、固是欲得之於心、體之於身。但不讀書、則不知心之所得者何事。道夫。

〔譯〕

人が學問を治めるのは、もとよりそれを心に會得し、わが身に體現するためだ。しかし、讀書しなければ、心に會得したものが何であるかは分からない。楊道夫。

〔校勘〕

朝鮮古寫本「讀書法上」所收（十九葉裏）。

〔注〕

『朱子讀書法』巻三「綱領」冒頭に、同じ條が見える。「得之於心、體之於身」は、「訓門人三」（一一五・2773）に本條と同じ楊道夫の記録で、「體認」と關連づけ、「夫所謂體認者、若曰體之於心而識之、猶所謂默會也」と錄されるのが參考になる。

【2】

讀書窮理、當體之於身。凡平日所講貫窮究者、不知逐日常見得在心目間否。不然、則隨文逐義、趕趁期限、不見悦處、恐終無益。

〔譯〕

書を讀み、理を窮めるには、それをわが身に體現せねばならない。およそ日頃學び考えていることが、日々常に心の中に見えているかどうか。そうでなければ、文字づらから意味を追いかけても、時間にせかされて喜びを見出せず、結局ものにならない。〔記録者名を缺く〕

〔校勘〕

朝鮮古寫本　缺

〔注〕

「講貫」は、「講習」と同義。『國語』魯語下に「晝而講貫、夕而習復」、韋昭は「貫、習也」と注する。『語類』中では、以下に擧げるとおり、『孟子』離婁篇下の「博學而詳説之、將以反説約也。」を論ずる際に、やはり「講習」という意味でこの語を用いている。

　約自博中來。既博學、又詳説、講貫得直是精確、將來臨時自有箇頭緒。才有頭緒、便見簡約。若是平日講貫得不詳悉、乃至臨時只覺得千頭萬緒、更理會不下、如此則豈得爲約。（「孟子七　離婁下」五七・1345〜6）

「心目」は、「心の中」の意。『中庸』第二十四章「故至誠如神」の句に、朱子は「然惟誠之至極、而無一毫私僞留於心目之間者、乃能有以察其幾焉。」と注する。

「趕趁」は、「理氣下　天地下（二・25）に、「今之造曆者無定法、只是趕趁天之行度以求合、或過則損、不及則益、所以多差。」とあるように、「追いかける」の意。

「悅處」は、「喜び、樂しみ」。學問の前進に樂しみを見出すことの重要性を指摘する。同樣の語に、「問、嘗聞先生爲學者言、讀書須有箇悅處、方進。先生又自言、某雖如此、屢覺有所悅。」（「自論爲學工夫」一〇四・2615）が擧げられる。

本條には、記錄者名が無いのだが、「詩二　板」（八一・2133〜4）に本條と全く同じ文句があり、そこは潘時擧の記錄となっている。或いは本條も時擧が錄したものかも知れない。該當箇所は次の通り。

時擧說板詩、問、天體物而不遺、是指理而言。仁體事而無不在、是指人而言否。曰、體事而無不在、是指心而言也。天下一切事。皆此心發見爾。因言、讀書窮理、當體之於身。凡平日所講貫窮究者、不知逐日常見得在吾心目間否。不然、則隨文逐義、趕趁期限、不見悅處、恐終無益。時擧。」（「詩二　板」八一・2133）

【3】

人常讀書、庶幾可以管攝此心、使之常存。橫渠有言、「書所以維持此心。一時放下、則一時德性有懈。」其何可廢。蓋卿。

〔譯〕

常に讀書していれば、わが心を統御して、いつも安定した状態に保てるだろう。橫渠先生は言われた、「書物はわが心を維持するようすがである。ひとたび書物を手放せば、たちまち德性も弛んでしまう」と。どうして讀書を捨てられようか。龔蓋卿。

〔校勘〕

朝鮮古寫本「讀書法上」所收（八葉表）「蓋卿」を缺く。

〔注〕

「管攝」は、「コントロールする、制御する」の意。次のような用例がある。

性以理言、情乃發用處、心即管攝性情者也。（「性理二　性情心意等名義」五・94）

「存心」は、心を一定に保つことをいう。この語は『孟子』離婁篇下「君子所以異於人者、以其存心也」と、盡心篇上の「孟子曰、盡其心者、知其性也。知其性、則知天矣。存其心、養其性、所以事天也」の二箇所に見えるのだが、朱子は前者を「處心（仁や禮を心に保つこと）」と考え（「孟子七　離婁下」五七・1355など）、本條と緊密な關係を有する後者とは區別している。『語類』の「存心」を論ずる箇所で、朱子は次のように説明する。

問、盡知存養四字如何分別。曰、盡知是知底工夫、存養是守底工夫。（「孟子十　盡心上」六〇・1427）

問存心。曰、存心不在紙上寫底、且體認自家心是何物。聖賢説得極分曉。（「持守」一二・204）

なお、讀書と關連づけて「存心」を言う例として、「大凡人須是存得此心、此心既存、則雖不讀書、亦有一箇長進處。纔一放蕩、則放下書冊、便其中無一點學問氣象」（「訓門人三」一一五・2775）がある。

「横渠言」とは、『張子全書』巻六經學理窟三義理に見える、「讀書少則無由考校得義精、蓋書以維持此心、一時放下、則一時德性有懈、讀書則此心常在、不讀書則終看義理不見」の語を指すと思われる。また、以下に擧げるように、「訓門人二」では、この「横渠言」をそのまま用いた言が記録されている。

先生曰、書所以維持此心、若一時放下、則一時德性有懈。若能時時讀書、則此心庶可無間斷矣。（一一四・2762）

〔記録者〕

襲蓋卿　字は夢錫、衡州常寧縣の人。「師事年攷」260。

【4】

初學於敬不能無間斷、只是才覺間斷、便提起此心。只是覺處、便是接續。某要得人只就讀書上體認義理。日間常讀書、則此心不走作。或只去事物中衮、則此心易得汨沒。知得如此、便就讀書上體認義理、便可喚轉來。賀孫。

〔譯〕

初學のうちは、「敬《つつし》む」ことにおいて、どうしてもゆるみができてしまうものだが、ゆるみが生まれたと氣づけば、すぐ心を引き締めるのだ。氣づいた時が續けどころだ。わたしは人に讀書で義理を體得するようにしてほしい。日頃常に讀書しておれば、自分の心は横道にそれない。ものごとにかかずらわっていると、心はじきに見失われてしまう。このことがわかれば、讀書の上で義理を體得でき、心を呼び戻すことができる。葉賀孫。

〔校勘〕

朝鮮古寫本　某→某只。「讀書法上」所收（六葉表）。

〔注〕

「只是」は、「便是」に同じ。「〜のみ」という限定の意はもたない。

「間斷」は、「隙間」や「ゆるみ」を指す。

「體認」については、先の1條の注を參照、また、上篇83條に既出。

「走作」は、横道にそれること。

また、「衮」は、ここでは「まぎれる、翻弄される」の意であるが、これまでには「格闘する」「激しく取り組む」

などの意でも用いられ、豊かなニュアンスを傳える口語である。

「汩沒」は、「埋沒」の意。これらはみな、あるべき靜かな狀態に統御され得ない心の狀態を形容する時に用いられる。次に擧げるのは、これらの語の内、本條と同じく「衮」「間斷」「汩沒」を同時に用いる例である。記錄者は本條と同じ葉賀孫である。

或言、在家衮衮、但不敢忘書冊、亦覺未免間斷。曰、只是無志。若說家事、又如何汩沒得自家。(「訓門人九」一二一・2922)

【5】

本心陷溺之久、義理浸灌未透、且宜讀書窮理。常不間斷、則物欲之心自不能勝、而本心之義理自安且固矣。

〔譯〕

本然の心が久しく慾に溺れていて、義理が十分に滲みわたらない場合は、ともかく讀書して理を窮めることだ。常に努力してゆるみが生まれないようにすれば、物慾の心もたちゆかず、本然の心の義理はおのずから安定して堅固になる。〔記錄者名を缺く〕

〔校勘〕

朝鮮古活字本　間→問。

朝鮮古寫本　缺

〔注〕

「本心」は、『孟子』告子篇上に「今爲所識窮乏者得我而爲之。是亦不可以已乎。此之謂失其本心」と見え、「本然の心」のことを言う。朱熹『孟子章句』は「本心、謂羞惡之心」と注する。

元初本心自是好、但做得錯了、做得不合宜、如所謂以善爲之、而不知其義。（「論語十六　述而篇」三四・858）

「陷溺」は、俗世のさまざまな慾や物質的なこと等にとらわれている事を言う。『語類』には次のような用例がある。

有天理自然之安、無人欲陷溺之危。（「力行」一三・224）

人心是此身有知覺、有嗜欲者、如所謂我欲仁、從心所欲、性之欲也、感於物而動、此豈能無。但爲物誘而至於陷溺、則爲害爾。故聖人以爲此人心、有知覺嗜欲、然無所主宰、則流而忘反、不可據以爲安、故曰危。（「中庸一章句序」六二・1488）

他自邪說、何與我事。被他謾過、理會不得、便有陷溺。（「訓門人四」一一六・2792）

「浸灌」は、「しみこむ、しみわたる」。

自一身之仁而言之、這箇道理浸灌透徹。自天下言之、擧一世之仁、皆是這箇道理浸灌透徹。（「論語二十五　子路篇」四三・1105）

【6】

須是存心與讀書爲一事、方得。方子。

〔譯〕

「存心」と「讀書」を一體にしてこそよい。李方子。

〔校勘〕
朝鮮古寫本「讀書法上」所收（八葉裏）。

〔注〕
「存心」は、前出第3條の注參照。

【7】
人心不在軀殼裏、如何讀得聖人之書。只是杜撰鑿空説、元與他不相似。僩。

〔譯〕
心がからだの中にないようでは、どうして聖人の書が讀めようか。いい加減にでたらめを言うばかりで、そもそも聖人の道理とは似ても似つかぬことになる。沈僩。

〔校勘〕
朝鮮古寫本「讀書法上」所收（八葉裏）。人心→今世之人心。只是→尽是。僩→文蔚。

〔注〕
「軀殼」は、體の外殼のこと。『語類』では、「心豈無運用、須常在軀殼之内」（「性理二　性情心意等名義」五・87）や、「爲學之道、聖經賢傳所以告人者、已竭盡而無餘、不過欲人存此一心、使自家身有主宰。今人馳騖紛擾、一箇心都不在軀殼裏」（「訓門人八」一二〇・2906）のように、しばしば用いられる。
「鑿空」は、説をでっち上げることを言う。本條での用例のように、しばしば「杜撰」とともに用いられる。例え

ば、「今江西諸人之學、只是要約、更不務博。本來雖有些好處、臨事盡是鑿空杜撰」（「訓門人八」一二〇・2914）など。

【8】

讀書須將心貼在書册上、逐句逐字、各有着落、方始好商量。大凡學者須是收拾此心、令專靜純一、日用動靜間都無馳走散亂、方始看得文字精審。如此、方是有本領。

〔譯〕

讀書するには、心を書物の上に密着させて、一字一句ごとに落ちつくところがあるようにしてこそ、よく思索できる。およそ學ぶ者は、心を整えて集中させ、日々起居の間にも、決して亂れたり散ったりすることのないようにすれば、文章が精密に讀めるようになる。これでこそ實力がつく。〔記錄者名を缺く〕

〔校勘〕

朝鮮古寫本　缺

〔注〕

「着落」は、上篇64條の注參照。

「商量」は、「相談する」の意でも用いられるが、ここでは「較量する、考える」の意。「論語一　語孟綱領」で、『集注』と『集義』の讀み方を說き、「『集義』多有好處、某却不編出者、這處却好商量、却好子細看所以去取之意如何」（一九・439）というのも同義の用法。

「收拾」は、續く9條にも見られるが、ここでは心を安定させ整えることを言う。同趣旨の用例は、「持守」（一二・201）の「學者爲學、未問眞知與力行、且要收拾此心、令有箇頓放處」や、「性理三　仁義禮智等名義」（六・114）の「敬非別是一事、常喚醒此心便是。人毎日只鶻鶻突突過了、心都不曾收拾得在裏面」など數多い。

「日用動靜」は、日常起居を指す。次のような用例がある。

日用應接動靜之間、這箇道理從這裏迸將出去。如箇寶塔、那毫光都從四面迸出去。」（「孟子三　公孫丑上之下」五三・1283）

「本領」は、現代中國語と同じく、「實力・能力」の意。「依於仁、則德方有本領」（「論語一六　述而篇」三四・866）のように用いられる。

「訓門人八」（一二〇・2901）に、次の如くここととほとんど同じ文句が見え、記錄者は「銖」。本條は記錄者名を缺くが、或いはその記錄者である董銖が、本條の記錄者でもあるかもしれない。

讀書須將心帖在書册上、逐字看得各有著落、方好商量。須是收拾此心、令專靜純一、日用動靜間都在、不馳走散亂、方看得文字精審。如此、方是有本領。

【9】

今人看文字、多是以昏怠去看、所以不子細。故學者且於靜處收拾教意思在裏、然後虛心去看、則其義理未有不明者也。祖道。

〔譯〕

いまの人は文章を讀むとき、ぼんやりと讀むことが多いので、精密でないのだ。だから學ぶ者は、まずは靜かなところで氣持ちがそこに落ちつくように整えて、それから虚心に讀めば、義理で明らかでないものはなくなる。曾祖道。

〔校勘〕

朝鮮古寫本「讀書法上」（九葉表）所收。

【10】

昔陳烈先生苦無記性。一日、讀孟子「學問之道無他、求其放心而已矣」、忽悟曰、我心不曾收得、如何記得書。遂閉門靜坐、不讀書百餘日、以收放心、却去讀書、遂一覽無遺。僩。

〔譯〕

昔、陳烈先生は記憶力がないのに惱んでおられた。ある日、『孟子』の「學問の道は他でもない、その散漫になった心を取り戻すだけだ」というのを讀み、忽然として悟って言われるには、「わたしの心は整えられていなかったのだ、どうして書物が憶えられよう」。そこで門を閉ざし靜座して、讀書せぬこと百日餘り、ついに散漫になった心を整えられた。そうして讀書したところ、一度目を通しただけで、殘らず記憶できた。沈僩。

〔校勘〕

朝鮮古寫本「讀書法上」（八葉裏）所收。却去讀書→去去讀書。

〔注〕

「陳烈」は、字は季慈、福州候官の人（『宋史』巻四五八）。『語類』の他の箇所では、「孟子九　告子上」（五九・

1414）に、「福州陳烈少年讀書不上、因見孟子『求放心』一段、遂閉門默坐半月出來、遂無書不讀。亦是有力量人、但失之怪耳」と、本條と同じエピソードが紹介される。

「放心」は、散漫になった心を言う。朱子は、散漫な心を取り戻し安定した狀態に整えることを、讀書の準備段階と考えていた。そもそも「放心」及び「求放心」という概念は、『孟子』告子篇上の「孟子曰、仁人心也、義人路也。舍其路而弗由、放其心而不知求、哀哉。人有鷄犬放、則知求之、有放心而不知求、學問之道無他、求其放心而已矣」に基づいている。朱子はこの概念について、「孟子九　告子上」で繰り返し説明を加えている。幾つか例を擧げよう。「或問求放心。曰、此心非如鷄犬出外、又著去捉他。但存之、只在此、不用去捉他。放心、不獨是走作喚做放、才昏睡去、也是放。只有些昏惰、便是放」（同上五九・1406）は、「走作」つまり横道に逸れてしまったものだけではなく、ぼんやりし出せば「放心」ということになる、と述べ、また、「放心、只是知得、便不放」（同上・1407）では、まず氣づくこと、心がけることの大切さを説く。さらに、『孟子』の「學問之道無他、求其放心而已」を引いた上で、「不是學問之道只有求放心一事、及是學問之道皆所以求放心。如聖賢一言一語、都是道理」（同上・1409）と述べて、「求放心」が最終的な目標ではないことを諭す。一方で朱子は、『孟子』のこの概念自體は、重要ではあっても少々不十分と感じていた節がある。例えば、「孟子『求放心』語已是寬。若『居處恭、執事敬』二語、更無餘欠」（同上・1401）や、「今一箇無狀底人、忽然有覺、曰、我做得無狀了、便是此心存處。孟子言『求其放心』、亦說得慢了」（同上・1402）、さらに「人心纔覺時便在。孟子說『求放心』、『求』字早是遲了」（同上・1407）などでは、氣づいたところから既に「收拾此心」は始まっているのだ、と述べる。また、「放心」については、「學六　持守」にも、集中して論じられるし、「訓門人」諸篇にも議論が繰り返される。

「靜坐」は、禪の坐禪に由來するが、二程の哲學で重要な意味を與えられ、朱子の學問論ではことに重視される。特に「持守」（一二・217〜8）では、「或問、疲倦時靜坐少頃、可否。曰、也不必要似禪和子樣去坐禪、方爲靜坐。但只令放教意思好、便了」、「始學工夫、須是靜坐。靜坐則本原定、雖不免逐物、及收歸來、也有箇安頓處」、「靜坐非是要如坐禪入定、斷絕思慮。只收斂此心、莫令走作閑思慮、則此心湛然無事、自然專一」、「人也有靜坐無思念底時節、也有思量道理底時節、豈可畫爲兩塗。說靜坐時與讀書時工夫迥然不同。當靜坐涵養時、正要體察思繹道理、只此便是涵養、不是說喚醒提撕、將道理去却那邪思妄念。……今人之病、正在於靜坐讀書時二者工夫不一、所以差」などの集中した議論が見える。「靜坐」が程子の教えであることについては、『近思錄』爲學大要篇に、「明道先生曰、性靜者可以爲學」、「訓門人三」（一一五・2779）に、「問、程子常教人靜坐、如何。曰、亦是他見人要多慮、且教人收拾此心耳。初學亦當如此」とあるのが證となろう。

【11】

學者讀書、多緣心不在、故不見道理。聖賢言語本自分曉、只略略加意、自見得。若是專心、豈有不見。文蔚。

〔譯〕

學ぶ者が讀書しても、しばしば心がそこにないために、道理が見えてこない。聖賢のことばはもともと明らかなのだから、ちょっと注意すれば、自然と見えてくる。心を集中すれば、何の分からぬことがあろう。陳文蔚。

〔校勘〕

朝鮮古寫本　缺

〔注〕

「心不在」は、『大學』傳第七章に、「心不在焉、視而不見、聽而不聞、食而不知其味。」とあるのを意識した語であろう。
「本自」は、口語の助字で、すでに古詩「爲焦仲卿妻作」（『玉臺新詠』巻一）にも、「生小出野里、本自無教訓」と、用例が見えている。
「略略」は、いささか。「只是聖人合下體段已具、義理都曉得、略略恁地勘驗一過。」（「大學二　經下」一五・295）など、用例は多い。

〔記録者〕
陳文蔚　字は才卿、號は克齋。信州鉛山縣の人。「師事年攷」95。

【12】
心不定、故見理不得。今且要讀書、須先定其心、使之如止水、如明鏡。暗鏡如何照物。伯羽。

〔譯〕
心が定まっていないから、道理が見えないのだ。讀書するなら、まず心を落ちつかせ、明鏡止水のごとくにすることだ。曇った鏡でどうして物を映せよう。童伯羽。

〔校勘〕
朝鮮古寫本　缺

〔注〕
「止水・明鏡」は、『莊子』德充符の「仲尼曰、人莫鑑於流水、而鑑於止水」や、『淮南子』俶眞訓の「莫窺形於生

鐵、而窺於明鏡者、以覩其易也」に見える語で、しんと靜まった心の状態を形容する語。「明鏡止水」と熟して用いられることも多い。「聖人之心、如明鏡止水、赤子之心、如何比得」(「程子之書三」九七・2504)など。

【13】

立志不定、如何讀書。芝。

〔譯〕

志が定まらずに、どうして讀書できよう。陳芝。

〔校勘〕

朝鮮古寫本　缺

【14】

讀書有箇法、只是刷刮淨了那心後去看。若不曉得、又且放下、待他意思好時、又將來看。而今却說要虛心、心如何解虛得。而今正要將心在那上面。義剛。

〔譯〕

讀書にはやり方がある。ともかく自分の心をすっきり清めてから讀むことだ。分からなければ、しばらく書物を置いて、氣持が落ちついてから、取り出して讀めばよい。いま、いきなり虚心と言っても、心がどうして虚しくなろうか。いまはまさに心をそこにあるようにするのだ。黄義剛。

〔注〕

「刷刮」は、「刮刷」という形でも現われるが、「介甫只是刮刷太甚、凡州郡禁兵闕額、盡令勿補塡」（「論治道」一〇八・2681）や、「兵甲詭名不可免、善兵者亦不於此理會。纔有一人可用、便令其兼數人之料。軍中若無比、便不足以使人。故朝廷只是擇將、以其全數錢米與之、只責其成功、不來是屑屑計較。近來刮刷得都盡、朝廷方以爲覈實得好」（「論兵」一一〇・2708）などから窺えるように、きれいさっぱり刷新し整理する、というのが原義。本條では、心の餘剩物をきれいさっぱり拭い去る意味で用いられる。

「解」は、可能の意を示す能願動詞、「會」に相當する。

【15】

讀書、須是要身心都入在這一段裏面、更不問外面有何事、方見得一段道理出。如「博學而篤志、切問而近思」、如何却説箇「仁在其中」。蓋自家能常常存得此心、莫教走作、則理自然在其中。今人却一邊去看文字、一邊去思量外事、只是枉費了工夫。不如放下了文字、待打疊教意思靜了、却去看。祖道。

〔譯〕

讀書するには、心身ともにその一段に入りこんで、外に何があるかなど考えないようにしてこそ、その一段の道理が見えてくる。たとえば、「博く學んで篤く志し、切に問うて近く思う」ことが、どうして「仁はその中にある」こ

郵便はがき

1028790

料金受取人払

麹町局承認

7948

差出有効期間
平成21年11月
30日まで
（切手不要）

102

東京都千代田区
飯田橋二―五―四

汲古書院

行

通信欄

購入者カード

このたびは本書をお買い求め下さりありがとうございました。今後の出版の資料と、刊行ご案内のためおそれ入りますが、下記ご記入の上、折り返しお送り下さるようお願いいたします。

書　名
ご芳名
ご住所 TEL　　　　〒
ご勤務先
ご購入方法　①　直接　②　　　書店経由
本書についてのご意見をお寄せ下さい
今後どんなものをご希望ですか

とになるのか。自分で心を常に一定に保ち、横道に逸れぬようにすれば、道理は自ずからそこにある。このごろの人ときたら、讀書しながら別のことを考えたりして、努力の無駄遣いばかりしている。それならいっそ書物を手放して、氣持がきちんと靜まってから讀めばよい。曾祖道。

〔校勘〕

朝鮮古寫本　冒頭が「大凡讀書」。箇→个。

〔注〕

「博學而篤志」以下は、『論語』子張篇の「博學而篤志、切問而近思、仁在其中矣」を踏まえた語。『論語』の當該箇所について、『集注』は「四者皆學問思辨之事耳、未及乎力行而爲仁也。然從事於此、則心不外馳而所存自熟、故曰、仁在其中矣」と述べる。また、『語類』「論語三一　子張篇」に數々の言及があるが、本條の發言に近いものとしては、「問、博學而篤志、切問而近思、何以言仁在其中。曰、此四事只是爲學功夫、未是爲仁。必如夫子所以語顏冉者、及正言爲仁耳。然人能博學而篤志、切問而近思、則心不放逸、天理可存、故曰仁在其中」（四九・1201）が擧げられる。なお、この「論語三十一　子張篇」でも、本條で譬えとして持ち出された、「博學篤志、切問近思」がどうして「仁在其中」となるのか、という問いかけは繰り返され、そこでもやはり「存心」がそれを解く重要な鍵と考えられていたことがわかる。

「打疊」は、前出の「安排」（上篇48條）や「收拾」（下篇8條）と同義で、「きちんと整える」の意。「然初學且須先打疊去雜思慮、作得基址、方可下手」（「訓門人六」一一七　2835）や、「須打疊了後、得一件方是一件、兩件方是兩件」（同上）などの用例がある。

「一邊〜、一邊〜」は、現代中國語の用法と同じく、「〜しながら〜する」の意。

【16】

學者觀書多走作者、亦恐是根本上功夫未齊整、只是以紛擾雜亂心去看、不曾以湛然凝定心去看。不若先涵養本原、且將已熟底義理玩味、待其浹洽、然後去看書、便自知。只是如此。老蘇自述其學爲文處有云、「取古人之文而讀之、始覺其出言用意與己大異。及其久也、讀之益精、胸中豁然以明、若人之言固當然者。」此是他於學文上功夫有見處、可取以喩今日讀書、其功夫亦合如此。又曰、看得一兩段、却且放心胸寛閑、不可貪多。又曰、陸子靜嘗有旁人讀書之說、亦可且如此。

〔譯〕

「學ぶものが讀書して横道にそれがちなのは、恐らく根本的なところの努力がまだ定まらないうちに、ただ雜然と亂れた心で讀んでいて、心をじっと落ち着けて讀んでいないからだ。何よりもまず本源をよく育てて、自分がすでに熟知している義理を深く味わい、それがすみずみまで行き渡ってから讀んでいけば、自然と分かる。とにかくそれしかない。老蘇が、自分の文章修行を述べた箇所で言っている、『古人の文を取って讀むと、始めはその言辭や考えが自分と大きく異なっているように思われる。しかししばらく讀んで、讀みがだんだん精密になると、心の中がからっと明らかになって、この人の言はもっともだ、と思えるようになる』と。これは彼が文を學ぶ上で拂った努力の中で會得したところであり、我々の讀書においても、努力はかくあるべきだ、という教えにできる。」また言われた、「一、二段讀んだら、しばらく胸中をゆったりのびやかにして、あまり慾ばらない方がよい。」また言われた、「陸子靜に旁人讀書の說があるが、それもこうしたことを言っている。」〔記錄者名を缺く〕

〔校勘〕

朝鮮古活字本　功夫→工夫。

朝鮮古寫本　缺

〔注〕

「齊整」は、「整齊」に同じ。「持守」（一二・208）に、「只收斂身心、整齊純一、不恁地放縱、便是敬」とある。

「紛擾」「雜亂」は、ともに雜然としていること。いずれも用例は多い。たとえば、「持守」（一二・213）に、「大率把捉不定、皆是不仁。人心湛然虛定者、仁之本體。把捉不定者、私欲奪之、而動搖紛擾矣。」や、「大學一　經上」（一四・277）に、「問、安而後能慮。曰、若不知此、則自家先已紛擾、安能慮。」など。「雜亂」については、「易一一」（七五・1911）に、「雖是雜亂、聖人却於雜亂中見其不雜亂之理。」などの用例が見える。同義の「紛雜」という語も頻出する。例えば、「若只管思量利害、便紛紛雜雜、不能得了。且如只是思量好事、若思得紛雜、雖未必皆邪、已自不正大、漸漸便入於邪僻。」（「論語十一」二九・738）など。

「湛然」は、落ちついて靜かなこと。「持守」（一二・217）に、「靜坐非是要如坐禪入定、斷絕思慮。只收斂此心、莫令走作閑思慮、則此心湛然無事、自然專一。及其有事、則隨事而應、事已、則復湛然矣」、「心要精一。方靜時、須湛然在此、不得困頓、如鏡樣明、遇事時方好。」（同上・219）など。

「本原」は、「本源」に同じ。「思索義理、涵養本原。」（「論知行」九・149）また、「始學工夫、須是靜坐。靜坐則本原定、雖不免逐物、及收歸來、也有箇安頓處。」（「持守」一二・217）など。

「老蘇」の引用は、上篇65條に既出の「上歐陽内翰第一書」を指す。同趣旨の言は、「嘗見老蘇說他讀書。孟子・論語・韓子及其他聖人之文、兀然端坐終日以讀書者七八年。方其始也、入其中而惶然、博觀於其外而駭然以驚。及其久也、讀之益精、而其胸中豁然以明、若人之言固當然者、猶未敢自出其言也。時既久、胸中之言日益多、不能自制、試出而書之、已而再三。讀之、渾渾乎覺其來之易矣。」（「訓門人九」一二一・2918）など、この「上歐陽内翰第一書」

中のことばを用いて讀書を喩す條は數多い。
「寛閑」は、「訓門人三」（一一五・2779）に、「讀書看義理、須是開豁胸次、令磊落明快、恁地憂愁作甚底。……須是胸中寛閑始得」とあるように、のどかな心持を言う語。
「陸子靜嘗有旁人讀書之說」とあるのが何を指すのかにわかには特定しがたいが、「訓門人二」（一一四・2760）に、「嘗見陸子靜說、且恁地依傍看。思之、此語說得好。公看文字、亦且就分明注解依傍看教熟。待自家意思與他意思相似、自通透。也自有一般人敏捷、都要看過、都會通曉。若不恁地、只是且就曉得處依傍看。……」という、陸子靜の言を踏まえたことばが記錄され、恐らくそこでの「依傍看」つまり「（テキスト等に）よりそって讀む」という讀書態度のことを指すのであろう。

【17】

凡人看文字、初看時心尚要走作、道理尚見得未定、猶沒奈他何。到看得定時、方入規矩、又只是在印板上面說相似、都不活。不活、則受用不得。須是玩味反覆、到得熟後、方始會活、方始會動、方有得受用處。若只恁生記去、這道理便死了。時擧。

〔譯〕

およそ人が文を讀むとき、讀み始めの時には、心はやはり横道に逸れがちで、道理もまだしっかり見えてこないが、それはどうしようもない。しっかり見えてくると、ようやく型にはまるが、それも版木の上に書かれているようなもので、ちっとも生きていない。生きていなければ、身について用いることができない。深く繰り返し味わい、しっくり理解した後で、ようやく生きてようやく動き、ようやく身につくところが出てくる。單にこんな風にむりに憶えていくだけなら、この道理は死んでしまう。潘時擧。

〔校勘〕

朝鮮古寫本「讀書法上」所收（二十葉表）。また、「讀書法下」十一葉に、細字雙行で同文が記される。潘時擧の「擧」を「學」の俗字に作る。

〔注〕

「入規矩」は、「學六　持守」（一二・200）に、「人心常炯炯在此、則四體不待羈束、而自入規矩。只爲人心有散緩時、故立許多規矩來維持之。但常常提警、教身入規矩內、則此心不放逸、而炯然在矣」とあるのを指す。

「印板」は版木のこと。その上では文字が動かないことから、「不活」への連想を導いたのであろう。

「活」は、朱子が重視する概念の一つ。「程子之書二」（九六・2463）に、「問、人心要活、則周流無窮而不滯於一隅。如何是活。曰、心無私、便可推行。活者、不死之謂。」とあるのが、彼の考えをよく示している。これは、『近思錄』存養篇にも引かれる程明道の、「人心常要活、則周流無窮、而不滯於一隅。」にもとづく議論。また「持守」（一二・216）には、「死」と對比させながら論ずる「敬有死敬、有活敬。若只守着主一之敬、遇事不濟之以義、辨其是非、則不活。」のような例がある。

「受用」は、自分の身につけて役立てること。「自論爲學工夫」（一〇四・2622）に、「理會得時、今老而死矣、能受用得幾年。」、「歷代二」（一三五・3230）に、「古人年三十時、都理會得了、便受用行將去。」とある。上篇49條に既出。

「須是～方始～」は、「須～方～」に同じで、一種の條件句。「～して始めて～」の意。『語類』にもよく用いられる。「學一　小學」（七・127）に、「前賢之言、須是眞箇躬行佩服、方始有功。」また、「學二　總論爲學之方」（八・131）に、「學問須是大進一番、方始有益。」など。

『朱子讀書法』巻一「熟讀精思」に、本條の「方入規矩」までとほぼ同じ表現が見える。但し、その後半は、讀書法篇上の26條の前半に同じで、兩條が一つにまとまった形で記録される。

【18】

不可終日思量文字、恐成硬將心去馳逐了。亦須空閑少頃、養精神、又來看。淳。

〔譯〕

一日中、文章の意味をあれこれ考えるのはよくない、心を無理やり追い立てることになりかねないからだ。しばらくは何もしないで、活力を養い、それから讀み出すべきである。陳淳。

〔校勘〕

朝鮮古寫本「讀書法上」（九葉裏）所收。異同なし。

〔注〕

「空閑」は、のんびりとすること。「持守」（一二・202）に、「今於日用間空閑時、收得此心在這裏截然、這便是喜怒哀樂未發之中、便是渾然天理。」とある。

「精神」は、上篇98條の注を參照。

「恐成」は、「～の恐れがある」。

此恐只是先生見處、今使祖道便要如此、恐成猖狂妄行、踏乎大方者矣。（「訓門人四」一一六・2799）

【19】

讀書閑暇、且靜坐、教他心平氣定、見得道理漸次分曉。季札錄云、庶幾心平氣和、可以思索義理。這箇却是一身總會處。且如看大學「在明明德」一句、須常常提醒在這裏。他日長進、亦只在這裏。人只是一箇心做本、須存得在這裏、識得他條理脈絡、自有貫通處。賜。季札錄云、問、伊川見人靜坐、如何便歎其善學。曰、這却是一箇總要處。又云、大學「在明明德」一句、當常常提撕。能如此、便有進步處。蓋其原自此發見。人只一心爲本。存得此心、於事物方知有脈絡貫通處。

〔譯〕

讀書の合間には、しばし靜坐して、心を靜め氣を安定させれば、道理がだんだんはっきり分かるようになる。李季札の記錄に云う、「心が靜まり氣が安定すれば、義理を思索することができる。」これこそ、最も肝心なところだ。たとえば、『大學』の「明德を明らかにするに在り」の句を讀んで、絶えずそれを心しておかねばならない。將來大きく進歩するにも、もっぱらここにかかっている。人はひたすら一つの心を本にして、それをそこに保てば、筋道におのずと貫通するところがあるのが分かる。林賜。李季札の記錄に云う、「伊川先生は、人が靜坐しているのを見て、なぜその人の學問が優れていると感嘆したのですか」と訊ねたところ、先生が言われるには、「これこそ最も肝心なところだ。」また言われた、大學の「明德を明らかにするに在り」の一句は、常に心しておくべきだ。そうできれば進歩する。本原はそこから現われるのだ。人は、ただ一つの心を本とするのだ。その心を保ってこそ、物事において筋道の貫通する所が分かる。

〔校勘〕

朝鮮古寫本　缺

〔注〕

「靜坐」は、第10條參照。

「總會處」は、「訓門人五」（一一七・2821）に、「淳又曰、聖人千言萬語、都是日用間本分合做底工夫。只是立談之頃、要見總會處、未易以一言決。曰、不要說總會。如博我以文、約我以禮、博文便是要一一去用工、何曾說總會處。又如深造之以道、欲其自得之也、深造以道、便是要一一用工、到自得、方是總會處。……學者固是要見總會處。而今只管說箇總會處、如與點之類、只恐孤單沒合殺、下梢流入釋老去、如何會有詠而歸底意思。」とある。

「在明明德」は、「大學之道、在明明德、在親民、在止於至善。」という『大學』冒頭のことば。『語類』「大學一上」には、この句に關する論が多く見られる。例えば、「明明德、明只是提撕也。」（一四・261）、「大學在明明德一句、當常常提撕。能如此、便有進步處。蓋其原自此發見。人只一心爲本。存得此心、於事物方知有脈絡貫通處。」（同上）などは李季札の記録だが、本條所引の李季札所錄とほぼ同じ内容である。

「提醒」は、「提撕」と同じで、注意を喚起すること。「持守」（一二・209）に、「但此事甚易、只如此提醒、莫令昏昧、一二日便可見效、且易而省力。」、「自論爲學工夫」（一〇四・2612）に、「讀書須讀到不忍捨處、方是見得眞味。……蓋人心之靈、天理所在、用之則愈明。只提醒精神、終日著意、看得多少文字、窮得多少義理。徒爲懶倦、則精神自是憒憒、只恁昏塞不通、可惜。」とみえる。

【20】

大凡讀書、且要讀、不可只管思。口中讀、則心中閑、而義理自出。某之始學、亦如是爾、更無別法。節。

〔譯〕

およそ讀書するときには、まずは讀むのが大切で、考えるばかりではいけない。口に出して讀めば、心が落ちつき、義理はおのずから現われ出る。わたしが學び始めた時も、こうしたのだ。他に方法などない。甘節。

〔校勘〕

朝鮮古寫本　節→方子、甘節同。

【21】

學者讀書、須要斂身正坐、緩視微吟、虛心涵泳、切己省一作體察。又云、讀一句書、須體察這一句、我將來甚處用得。又云、文字是底固當看、不是底也當看、精底固當看、粗底也當看。震。

〔譯〕

「學ぶ者が讀書するときには、居ずまいを正してきちんと坐り、ゆったり文字を追いながら靜かに吟じ、心を空っぽにして深く味わい、わが身に引きつけて省（一に「體」に作る）察せねばならない。」またおっしゃった、「書の一句を讀む時、その一句を自分がどのような局面で用いるかを、わが身のこととして省察せねばならない。」またいわれた、「文章は、正しいものはもちろん讀まねばならないが、正しくないものも讀まねばならない。精密なものは當然讀まねばならないが、大ざっぱなものも讀まねばならない。」鍾震。

〔校勘〕

朝鮮古活字本　這一句→此一句。

朝鮮古寫本　缺。但し、「讀書法上」の第一條に、「過聞先生教人讀書之法有曰、斂身正坐、緩視微吟、虛心涵泳、切己省察。」と記される。記録者は王過。

〔注〕

本條前段に見られる「虚心涵泳」「切己省（體）察」は、「斂身正坐」「緩視微吟」という身體状況と對比的に述べられるが、讀書における重要な心構えとして朱子の書齋にこの四句が揚げられていたことが、『朱子讀書法』一「綱領」に記される。「先生書於讀書之所曰、斂身正坐、緩視微吟、虚心涵泳、切己體察、寛着期限、緊着課程。研精覃思、以究其所難知。平心易氣、以聽其自得。」また、「虚心涵泳」と「切己體察」は、『朱子讀書法』の類目名ともなっていることを注意しておきたい。

「緩視」は、そのままの形での用例は見當たらないが、「緩」自體は心が落ちついた状態をいう語であることを踏まえ、「穏やかにながめる」意に譯出した。「緩緩」という例を『語類』の中から擧げておく。

且放下此一段、緩緩尋思、自有超然見到處。（「大學二　經下」一五・303～4）

底本は「省察」を、「體察」と作るテキストのあることを注する。本條には、「省察」「體察」の雙方が見られるが、兩者はともに「體認省察」の義を代表する語であって、意味に大きな差はない。例えば、學問の進め方を問われての朱子の以下の答えは、「體認省察」の意をよく表わしている。「不過是切己、便的當。此事自有大綱、亦有節目。常存大綱在我、至於節目之間、無非此理。體認省察、一毫不可放過。」（「總論爲學之方」八・140）。なお、「涵泳」の語については、上篇5條の注を參照されたい。

本條の「讀一句書～甚處用得」と同じ言が、『朱子讀書法』巻二「切己體察」に見える。

本條以下數條にわたっては、「虚心」「切己」の二項目について繰り返し説かれる。

〔記録者〕

鍾震　字は春伯、宗一先生と稱す。潭州湘潭縣の人、「師事年攷」264。

【22】

讀書須是虛心切己。虛心、方能得聖賢意、切己、則聖賢之言不爲虛説。

〔譯〕

讀書するには、心を虚しくして己れに引きつけること。心を虚しくしてこそ、聖賢の考えが分かるようになるし、己れに引きつければ、聖賢のことばも空論とはならない。［記録者名を缺く］

〔校勘〕

朝鮮古寫本　缺

【23】

看文字須是虛心。莫先立己意、少刻都錯了。又曰、虛心切己。虛心、則見道理明。切己、自然體認得出。僴。

〔譯〕

「文章を讀むには心を虚しくせねばならない。決して先に自分の考えを立ててはいけない、それではすぐにすべてだめになる。」またいわれた。「心を虚しくして己れに引きつけること。心を虚しくすれば、道理がはっきりと見える。己れに引きつければ、自然に身をもって理解できるようになる。」蔡僴。

〔校勘〕
「都錯了」を、底本は「多錯了」に作るが、諸本に従い改めた。記録者は朝鮮古寫本に従い、底本の「擧」を「懇」に改めたが、朝鮮刊本は「時擧」に作る。それに據るなら「潘時擧」となる。兩者は師事期を同じくする。

〔注〕
「少刻」は、しばらくしての意で、上篇31條に見えた「少間」に同じ。
前條と同じく、「虚心」「切己」の重要性を、それぞれの異なる效用を對比して述べる。すなわち、「虚心」によって道理に近づき、「切己」によってそれを具體的に把握することができる、と論ずる。

〔記録者〕
蔡懇　字は行夫、端安府平陽縣の人。「師事年攷」128、203。

【24】
聖人言語、皆天理自然、本坦易明白在那裏。只被人不虚心去看、只管外面捉摸。及看不得、便將自己身上一般意思説出、把做聖人意思。淳。

〔譯〕
聖人のことばは、すべて天理自然で、そこにあるままに本來分かりやすく明らかなものだ。ただ、人が虚心にそれを見ようとせず、よそ事ばかりを探っているのだ。そして、讀んで分からなければ、自分程度の考えを述べ立てて、聖人の考えとしてしまうのだ。陳淳。

〔校勘〕

朝鮮古寫本　自己身上→自己上。淳→缺。

〔注〕

「坦易明白」は、すっぱりと明らかで裏のないことをいう。「學者議論工夫、當因其人而示以用工之實、不必費辭。使人知所適從、以入於坦易明白之域、可也。」（「總論爲學之方」八・146）。「坦然明白」も同樣で、「知至則道理坦然明白、安而行之。」（「大學二　經下」一五・302）、「聖人之言坦易明白、因言以明道、正欲使天下後世由此求之。」（「論文上」一三九・3318）などのごとく、聖人の言や道理についていうことも多い。

「外面」は、ここでは單に外側をいうのではなく、聖人の教えの本質からそれたものを指す。同趣旨の發言としては、「總論爲學之方」（八・132）の「學問是自家合做底。不知學問、則是欠闕了自家底。知學問、則方無所欠闕。今人把學問來做外面添底事看了」や、「訓門人四」（一一六・2805）の、「看外面有甚事、我也不管、只恁一心在書上、方謂之善讀書」など、しばしば見出される。また、後出の42條も參照のこと。

「捉摸」は、探ることをいう口語。

凡人便是生知之資、也須下困學、勉行底工夫、方得、蓋道理縝密、去那裏捉摸。若不下工夫、如何會了得。（「總論爲學之方」八・135）

「把做」は、「～として見なす、取り扱う」の意。「把作」と作るものも同じ。「把～作～」というかたちに由來する「人多作吾聖人道德。太史公智識卑下、便把這處作非細看、便把作大學中庸看了。」（「老氏　老莊列子」一二五・2992）は、兩者が同時にあらわれる例である。

本條から32條までは、重點的に「虛心」の重要さを說く。

【25】

聖賢言語、當虛心看。不可先自立説去撐拄、便喎斜了。不讀書者、固不足論、讀書者、病又如此。淳。

〔譯〕

聖賢のことばは、心を虚しくして讀むこと。先に自分が説を立ててそれにしがみついていてはいけない、それではゆがんでしまう。書物を讀まない者は、もとより論外だが、書物を讀む者には、このような缺點がある。陳淳。

〔注〕

「撑（＝撐）拄」は、本來「突っ張る、支える」の意であるが、ここでは「固執する、こだわる」意となる。

舜弼爲學、自來不切己體認、却只是尋得三兩字來撐拄、亦只説得箇皮殼子。（「訓門人五」一一七・2810）

「喎斜」は、「歪斜」に同じく、ゆがむ意。

如破斧詩、恁地説也不錯、只是不好。説得一角不落正腔窠、喎斜了。（「訓門人五」一一七・2821）

本條と同じ言は、『朱子讀書法』巻二「虛心涵泳」に見える。

【26】

凡看書、須虛心看、不要先立説。看一段有下落了、然後又看一段。須如人受詞訟、聽其説盡、然後方可決斷。泳。

〔譯〕

およそ書物を読むときには、心を虚しくすること。先に説を立ててはいけない。一段を讀んで納得したら、それから次の一段に進むのだ。例えば訴訟を受けるときに、言い分をすっかり言わせてから、判決を下すことができるようなものだ。湯泳。

〔校勘〕

朝鮮古寫本　詞訟→人詞訟。

〔注〕

「下落」は、上篇第64條・76條、また下篇8條に既出の「着落」に同じく、「落ちつくところ」の意。特に下篇8條の「逐句逐字各有着落、方始好商量」と、『朱子讀書法』三「循序漸進」に、「答宋容之書」を引いての「先要虚心平氣、熟讀精思、令一字一語皆有下落、諸家注解一一貫通、然後可以較其是非、以求聖賢立言之本意」とを比較すれば、その同義性は明らかである。

〔記錄者〕

湯泳　字は叔永、鎭江府丹陽縣の人。「師事年攷」44。

【27】

看前人文字、未得其意、便容易立說、殊害事。蓋既不得正理、又枉費心力。不若虚心靜看、卽涵養・究索之功、一擧而兩得之也。時擧。

〔譯〕

先人の書物を讀むとき、その言わんとするところがまだ分からないうちに、安易に自說を立ててしまうのは、極めてよくない。正しい理も分からない上に、精力も浪費してしまうからだ。心を虛しくしてじっくり讀めば、「涵泳（味わう）」と「究索（追求する）」の働きを、一度に二つながらものにすることができる、これがいちばんだ。潘時擧。

〔校勘〕

朝鮮古寫本　缺

〔注〕

「枉費」は、下篇第15條に既出。

「涵養」は、上篇第98條に既出。下篇第21條「涵泳」ともほぼ同じ意味で用いられる。

「究索」は、道理を追及することをいう。「書用你自去讀、道理用你自去究索」（「力行」一參・223）など。

朱子は、本條で述べる「涵泳」（「涵養」）と「究索」（「窮究」「窮理」など）を、讀書の上で不可缺な車の兩輪と考えていた。このような考え方は左に擧げるように、『語類』では主に卷九「論知行」で重點的に表明される。

涵養中自有窮理工夫、窮其所養之理。窮理中自有涵養工夫、養其所窮之理。兩項都不相離。（「論知行」九・149）

擇之問、且涵養去、久之自明。曰、亦須窮理。涵養、窮索、二者不可廢一、如車兩輪、如鳥兩翼。（「論知行」九・150）

この「涵養」は、「程子謂、涵養須用敬、進學則在致知」（「持守」一二・215）とあるように、密接に結びつく概念である「敬」で表現されることもある。

學者工夫。唯在居敬・窮理二事。此二事互相發。……譬如人之兩足、左足行、則右足止、右足行、則左足止。（「論知行」九・150）

主敬、窮理雖二端、其實一本。（「論知行」九・150）

後出44條には、「涵泳」を「玩索」と言い換えてはいるが、やはり同趣旨の言が記録されているので、參照されたい。

本條とほぼ同じ言は、『朱子讀書法』巻二「虛心涵泳」に見える。

【28】

大抵義理、須是且虛心隨他本文正意看。必大。

〔譯〕

およそ義理は、まずは心を虛しくしてその文の本筋に沿って讀むことだ。吳必大。

〔校勘〕

朝鮮古寫本　缺

〔注〕

「正意」は、「本來的主旨」という意でとらえた。本條と同じ吳必大の「論語一　語孟綱領」に見える「學者觀書、且就本文上看取正意。不須立說別生枝蔓。」（一九・435）も、「枝葉」と對比的に「正意」を語るのが參考となる。

『朱子讀書法』巻四「虛心涵泳」に同じ言が記録される。

〔記錄者〕

吳必大　字は伯豐。興國軍の人。「師事年攷」109。

【29】

讀書遇難處、且須虛心搜討意思。有時有思繹底事、却去無思量處得。敬仲。

〔譯〕

讀書して難しいところに出くわせば、しばらくは心を虛しくしてその意味を探ること。常に思索していることがあれば、思いもよらぬところで分かるものだ。游敬仲。

〔注〕

「時有思繹」は、程伊川の「時復思繹、浹洽於中、則說矣」という『論語』學而篇「學而時習之、不亦說乎」に對する注語を想起させる。この語は、朱子の『論語集注』や「論語二　學而篇上」（二〇・448～）にもしばしば引かれる。また上篇5條の注を參照されたい。

本條と同じ言は、『朱子讀書法』卷二「虛心涵泳」に見える。

【30】

問、如先生所言、推求經義、將來到底還別有見處否。曰、若說如釋氏之言有他心通、則無也。但只見得合如此爾。再問、所說「尋求義理、仍須虛心觀之」、不知如何是虛心。曰、須退一步思量。次日、又問退一步思量之旨。曰、從來不曾如此做工夫、後亦自難說。今人觀書、先自立了意後方觀、盡率古人語言入做自家意思中來。如此、只是推廣得自家意思、如何見得古人意思。須得退步者、不要自作意思、只虛此心將古人語言放前面、看他意思倒殺向何處去。如此玩心、方可得古人意、有長進處。且如孟子說詩、要「以意逆志、是爲得之」。逆者、等待之謂也。如前途等待一人、未來時且須耐心等待、將來自有來時候。他未來、其心急切、又要進前尋求、却不是「以意逆志」、是以意捉志也。如此、只是牽率古人言語、入做自家意中來、終無進益。大雅。

〔譯〕

問、「先生のおっしゃるように、經義を推し求めてとことんまでいくと、いずれ他に見えてくるものが有るのでしょうか。」答、「もしも佛教でいう『他心通』が有るかというのなら、それはない。ただ見えるように見えるということだ。」さらに問うて、「『義理を追求するにも、虛心に考えなくてはならない』とおっしゃいますが、いったいどのようなことが虛心なのですか」というと、「一歩下がって考えることだ」と答えられた。次の日、また一歩下がって考えることの意味を問うたところ、「今までそのような努力をしたことがないのなら、後から說明はしにくいね。いまの人は書物を讀むのに、まず思惑を立ててから讀むので、古人のことばをみな自分の考えの中に引き込もうとする。それでは、自分の考えを推し廣げるばかりで、どうして古人の考えが理解できよう。一歩下がるべきだ、というのは、自分勝手に考えをでっちあげるのではなく、ただ心というものを虛しくして、古人のことばを前に置き、その考えがどこにひたすら向かおうとするのかを見るのだ。このように心を玩《あそ》ばせてこそ、古人の意が分かり、大きく進步することができるのだ。例えば、孟子は『詩』を說くのに、「意を以て志を逆《むか》う。是れ之を得たりと爲す」ようにせねばならぬという。逆は待つと言うことだ。誰かを待って、まだ來ないうちは、我慢して待っていれば、いずれやってくるものだ。まだ來ないうちに、心が焦って、自分から探しに行こうとするなら、それは「意を以て志を逆」えるのではなく、「意を以て志を捉え」ているのだ。これでは、古人のことばを引っぱってきて、自分の考えにはめ込もうとするだけで、結局何にもならない。余大雅。

〔校勘〕

底本は、「後亦自難説」を「後亦是難説」に作るが、諸本に従い本文を改めた。

朝鮮古寫本「將來～虛心觀之」と、「如何是虛心」（「問、如何是虛心」に作る）以下は別條として記録される。

「問、如先生所言、推求經義」「不知」「次日」缺。牽率→細字雙行。

〔注〕

「他心通」は、六神通の一つで、衆生の心中を洞察する神通力を指す。他心智ともいう。『無量壽經』上（大正藏一二―268a）に、「設我得佛、國中人天、不得見他心智、下至不知百千億那由他諸佛國中衆生心念者、不取正覺。」と見える。

「盡率」の「率」は、末尾に見える「牽率」と同じく「引っ張る」の意。「盡」は强めの副詞。

「殺向」は、介詞の「向」に程度の激しいことを表す副詞「殺」がついたもの。ここでは「ひたすら向かう」と譯した。

「玩心」は、心の集中するままにすること。早くは『漢書』嚴助傳に「玩心神明、秉執聖道」と用例が見える。

「以意逆志、是爲得之」は、『孟子』萬章篇上「故説詩者、不以文害辭、不以辭害志。以意逆志、是爲得之」からの引用。この『孟子』の語を、朱子は讀書法を諭す際にしばしば持ち出す。幾つか例を擧げておく。

以意逆志、此句最好。逆是前去追迎之之意、蓋是將自家意思去前面等候詩人之志來。又曰、謂如等人來相似。今日等不來、明日又等、須是等得來、方自然相合。不似而今人、便將意去捉志也。（「孟子八　萬章上」五八・1359）

董仁叔問、以意逆志。曰、此是教人讀書之法。自家虛心在這裏、看他書道理如何來、自家便迎接將來。而今人讀書、都是去捉他、不是逆志。（同上）

【31】

某嘗見人云、大凡心不公底人、讀書不得。今看來、是如此。如解說聖經、一向都不有自家身己、全然虛心、只把他道理自看其是非。恁地看文字、猶更自有牽於舊習、失點檢處。全然把一己私意去看聖賢之書、如何看得出。賀孫。

〔譯〕

わたしはかつてある人がこう言うのを聞いたことがある。「およそ心が公正でない人は、書物を読んでもだめだ」と。今考えると、その通りだ。聖人の書を解釋するには、とにかく自分自身を持たずに、心をすべて虛しくして、聖人の道理でその是非をありのままに見ることだ。このように文章を讀んでいても、やはり古くからのやり方におのずと引きずられて、確かめるべきところを見逃してしまうことがある。全く自分の恣意で、聖賢の書物を讀んでいて、どうして理解できようか。葉賀孫。

〔注〕

「一向」は、「一味」に同じく、「ひたすら」の意。

「點檢」は、上篇第96條に既出。

「舊習」は、古くからなじんだやり方を言う。「人若要洗刷舊習都淨了、却去理會此道理者、無是理。只是收放心、把持在這裏、便須有箇眞心發見、從此便去窮理」(「持守」一二・202)のような用例が見える。

【32】

或問、看文字爲衆説雜亂、如何。曰、且要虛心、逐一説看去。看得一説、却又看一説。看來看去、是非長短、皆自分明。譬如人欲知一箇人是好人、是惡人、且隨他去看。隨來隨去、見他言語動作、便自知他好惡。又曰、只要虛心。又云、濯去舊聞、以來新見。

〔譯〕

ある人が尋ねた、「文章を讀んでいて、諸説に惑わされてしまったらどうしましょう。」答えておっしゃるには、「まず心を虛しくして、一つの説ごとに讀んでいくのだ。一つわかれば次の一つを讀む。何度も繰り返し讀んでいけば、是非や優劣がすべて自然とはっきりしてくる。例えば、ある人がよい人なのか悪い人なのかを知りたければ、まず彼につき從って觀察するのだ。ずっとつき從って彼の言動を見ておれば、おのずといい人か悪い人かは分かってくる。」またいわれた、「とにかく心を虛しくするのだ」と。またおっしゃった、「古い知識を洗い流し、新たな理解を得るようにせよ。」〔記録者名を缺く〕

〔校勘〕

朝鮮古寫本　缺

〔注〕

「濯去舊聞、以來新見」は、張載の「義理有疑、則濯去舊見、以來新意。」（『張子全書』七學大原下、また『近思錄』格物窮理など）にもとづいた言。「讀書法下」の第73條（一一・186）にも、先入観にとらわれず讀書することの大切さを説く中で、「橫渠云、濯去舊見、以來新意。此説甚當。若不濯去舊見、何處得新意來。」と述べる。「學三　論知行」（九・155）等にもこのことばが引かれる。

【33】

觀書、當平心以觀之。大抵看書不可穿鑿、看從分明處、不可尋從隱僻處去。聖賢之言、多是與人說話。若是嶢崎、却教當時人如何曉。節。

〔譯〕

書物を讀むには、心靜かに讀むこと。なべて書物を讀むときには、あれこれほじくってはいけない。はっきりしたところから讀むべきで、分かりにくいところから探って行ってはいけない。聖賢のことばは、たいてい人に語りかけたものだ。もしややこしければ、當時の人にどうして分からせることができよう。甘節。

〔注〕

「平心」は、心を靜めることをいう。讀書法上52條に既出。

「嶢崎」は、くねくね曲がっていることをいう雙聲の語。「嶢踦」「踦蹊」「踦奇」「踦欹」なども同じ。「讀書法下」88條（一一・188）に、「讀書只就一直道理看、剖析自分曉、不必去偏曲處看。易有箇陰陽、詩有箇邪正、書有箇治亂、皆是一直路逕、可見別無嶢崎」とあるものや、「訓門人三」（一一五・2778）に、朱子に入門したばかりの徐寓に、學問の進め方を簡潔に說く場面での、「此事本無嶢崎、只讀聖賢書、精心細求、當自得之」などの例が擧げられる。

本條以降では、心を靜め、ゆったりとした精神狀態で讀書することの重要性を集中的に論ずる。

【34】

觀書、須靜著心、寛著意思、沈潛反覆、將久自會曉得去。儒用。

〔譯〕

書物を讀むには、まず心を平靜に保ち、氣持ちをゆったりとさせ、深く味わい反芻すれば、そのうちおのずからわかっていく。李儒用。

〔校勘〕

朝鮮古寫本「讀書法上」所收（九葉裏）。

〔注〕

「靜著心、寛著意思」の「著」は、現代語の持續態に通ずる用法であるが、これは、宋元代に顯著に發展した用法で、ここでの例はそれを反映する。

「沈潛」は、上篇64條に既出。また、上篇11條に見える「深沈」も、同趣旨で用いられる語の一つである。

「反覆」は、上篇34條に既出。同條では、「反覆玩味」という形で用いられるが、本條は、「反覆」の二字でも「反芻し味わう」意味で用い得ることがわかる好例である。

「~得去」は、「~のように進展していく」意。「去」は現代中國語の方向補語の用法に近いが、「得」はここでは可能補語を形成する助字ではない。「訓門人九」に曾祖道の記録として、「也須靜著心、寛著意、沈潛反覆、終久自曉得去。」（一二一・2933）と、ほぼ同じ句が見える。

また、本條と同じ言が『朱子讀書法』巻二「虛心涵泳」に見える。

〔記錄者〕

李儒用　字は仲秉、練溪と號する。「師事年攷」（東方學報）168による。

【35】

放寛心、以他說看他說。以物觀物、無以己觀物。道夫。

〔譯〕

心をゆったりと保ち、その人の説によってその人の説を讀むのだ。物によって物を見るのであって、己れによって物を見るのではない。楊道夫。

〔校勘〕

朝鮮古寫本「讀書法上」所收（十葉表）。

〔注〕

「放寛心」は、上篇30條に「放寛着心」の形で既出。

【36】

以書觀書、以物觀物、不可先立己見。

〔譯〕

書物によって書物を讀み、物によって物を見るのであって、先に己れの考えを立ててはいけない。［記錄者名を缺く］

〔校勘〕
朝鮮古寫本　缺

【37】
讀書、須要切己體驗、不可只作文字看、又不可助長。方。

〔譯〕
書を讀むには、自分に引きつけて體得すべきであって、單に書かれたものとして見るのではいけないし、勝手にふくらませてもいけない。楊方。

〔校勘〕
朝鮮古寫本「讀書法上」所收（七葉表）。方→方子。

〔注〕
「體驗」は、身をもって理解すること。上篇第35條の注を參照のこと。
「助長」は、現代中國語では良いことの發展を助ける意にも用いられるが、本條は、『孟子』公孫丑上の、苗を引っ張って早く成長させようとして結局枯らしてしまった宋人の寓話での用法と同じく、淺はかな人爲を加える意味で用いている。

〔記錄者〕
楊方　字は子直。長汀縣の人。「師事年攷」117。

【38】

學者當以聖賢之言反求諸身、一一體察。須是曉然無疑、積日既久、當自有見。但恐用意不精、或貪多務廣、或得少爲足、則無由明耳。祖道。

〔譯〕

學ぶ者は、聖賢のことばをわが身のこととしてふりかえり、一つ一つ體得せねばならない。はっきりと疑いのない狀態で、日かずを重ねれば、必ず見えてくるものがある。しかし、心づかいが雑であったり、多く廣くと欲張ったり、ちょっと分かっただけで滿足してしまうようでは、理解できるわけがない。曾祖道。

〔校勘〕

朝鮮古寫本「讀書法上」所收（七葉裏）。

〔注〕

「反求諸身」は、『孟子』公孫丑上や同離婁上の「反求諸己」、『中庸』第十四章「射者似乎君子、失諸正鵠、反求諸其身。」による語で、「切己」の言い替えとして用いられる。つまり、「反求諸身、一一體察」は、これまでも繰り返し述べられ、朱子の書齋に掲げられた標語の一つである「切己體察」のことと理解できる。

また、關連する內容の例として、『朱子讀書法』四「虛心涵泳」の條を擧げておく。

又曰、取孟子・子思之言、虛心平看、且勿遽增他說、只以訓詁字義、隨句略解、然後反求諸心、以驗其本體之實爲如何、則其是非可以立制。

【39】

讀書、不可只專就紙上求理義、須反來就自家身上以手自指。推究。秦漢以後無人說到此、亦只是一向去書册上求、不就自家身上理會。自家見未到、聖人先說在那裏。自家只借他言語來就身上推究、始得。淳。

〔譯〕

書物を讀むのに、紙の上だけで義理を求めるのではいけない。必ずこの身に引きつけて――といって自分を指さす――追求せねばならない。秦漢以後、誰もそこまで言わなかったし、ひたすら書物の上に義理を求めるばかりで、自分の身に引きつけて取り組んではこなかった。自分がまだ分かっていないことを、聖賢が先にそこで言っているのだ。そのことばを借りてわが身に引きつけ追求してこそよい。陳淳。

〔校勘〕

朝鮮古寫本「讀書法上」所收（十九葉裏）。始得→如得。

〔注〕

「推究」は、推しはかりきわめるの意。『語類』では、

畢竟古人推究事物、似亦不甚子細。（「理氣下　天地下」一・20）

今人皆無此等禮數可以講習、只靠先聖遺經自去推究、所以要人格物主敬、便將此心去體會古人道理、循而行之。

（「大學二　經下」一五・287）

などの用例が見られる。

本條では、「以手自指」という語で朱子の動作を説明する、いわばト書きのような役割の細注が見える。『語類』に

附される細注には、異本を示すもの、内容の概要を示すもの、關連する他者の記錄を資料として附するものがその大半であるが、まれに本條のような例も見える。

本條と同じ言が『朱子讀書法』卷二「虛心涵泳」に見える。

【40】

今人讀書、多不就切己上體察、但於紙上看、文義上說得去便了。如此、濟得甚事。「何必讀書、然後爲學」。子曰、「是故惡夫佞者」。古人亦須讀書始得。但古人讀書、將以求道。不然、讀作何用。今人不去這上理會道理、皆以涉獵該博爲能、所以有道學俗學之別。因提案上藥囊起、曰、如合藥、便要治病、終不成合在此看。如此、於病何補。文字浩瀚、難看、亦難記。將已曉得底體在身上、却是自家易曉易做底事。解經已是不得已、若只就注解上說、將來何濟。如畫那人一般、畫底却識那人。別人不識、須因這畫去求那人、始得。今便以畫喚做那人、不得。寓。

〔譯〕

近頃の人は書物を讀んでも、たいていは己れに引きつけて體得しようとせず、文字面で讀み、文章が通ずればそれでよしとしてしまう。こんなことで何になろう。「どうして書物を讀むことだけが學問になるのでしょうか」という問いに、孔子は、「だから口のうまい者を憎むのだ」と言われた。古人もまた讀書してはじめて分かったのだ。しかし古人の讀書は、道を求めるためのものだった。でなければ、讀書して何になろう。今の人は、そんな風に道理に取り組もうとせず、何でもあれこれと廣く知るのを良しとしているが、道學と俗學との違いはここにある。そこで机の上の藥囊を取り上げていわれるには、「たとえば藥を調合するのは病を治すためで、まさか調合してそのまま見ていろ、というわけではあるまい。それでは、病氣には何のききめもない。文章は膨大に存在し、讀むのも大變なら、覺えるのも大變だ。すでに分かったことから身につけていけば、自分でも分かりやすいしやりやすくなる。經典の注解を行なうのは、やむを得ないことだが、もしも注釋に從って說くだけなら、一體何になろう。たとえば、似顏繪を描くようなもので、描いた人は相手を知っていても、他人は知らないから、その繪を手がかりにしてその人を搜しに行こうとするところに意味があるのだ。いまその繪を本人と見なすのでは、だめだろう。徐寓。

〔校勘〕

朝鮮古寫本「讀書法上」所收（二葉表）。冒頭から「子曰」までは十九葉裏、「是故惡夫佞者」以下は二葉表に置かれる。

〔注〕

「是故惡夫佞者」という孔子の語は、『論語』先進篇の「子路曰、有民人焉、有社稷焉、何必讀書、然後爲學。子曰、是故惡夫佞者。」による。

「該博」は、物知りであることをいうが、このように、物知りであることを重視しない朱子の態度は、隨所で表明される。一例を擧げると、「中庸二　第十八章」（六三・1555）で、『左傳』の禮に關する記述に間違いが多いと述べた後の、「某嘗言左氏不是儒者、只是箇曉事該博、會做文章之人。若公穀二子却是箇不曉事底儒者、故其說道理及禮制處不甚差、下得語恁地鄭重」という發言が、「曉事該博」への朱子の評價がどのようであったかをよく物語っている。

「終不成」は、まさか〜ではあるまいという意の「不成」の前に、強めの副詞「終」が加わったもの。「大學一　經上」（一四・279）に、「知止、如人之射、必欲中的、終不成要射做東去、又要射做西去」という用例が見える。「不成」に關しては、「讀書法上」第4條の注を參照。

「讀書法下」の104條以降には、注解についての專論が見えるが、そこで「解經」は、「讀書法下」（117條・193）に、

「解經謂之解者、只要解釋出來。將聖賢之語解開了、庶易讀。」とあるように、經を理解する助けに過ぎない、とされる。そして、本條と同樣、文義から離れて注解の方を第一義とする見方を朱子は批判する。例えば、「經之有解、所以通經。經既通、自無事於解、借經以通乎理耳。理得、則無俟乎經。」（「讀書法下」109條・192）や、「讀書、須從文義上尋、次則看注解。今人却於分義外尋索。」（「讀書法下」115條・193）など。

「喚做～」は、～と呼びなす意。「性理二　性情心意等名義」（五・82）の「性卽理也。在心喚做性、在事喚做理。」という例がわかりやすい。

本條では「俗學」と「道學」が對比的に述べられる。「俗學」が任官のための受驗勉强など世俗の學問を言うと考えられるのに對して、「道學」は道理を追求する眞の學問を指し、「聖人之學」としてやはり「俗學」と對立させる箇所も見える。例えば、「聖人之學與俗學不同、亦只爭這些子。聖賢教人讀書、只要知所以爲學之道。俗學讀書、便只是讀書、更不理會爲學之道是如何。」（「論語二　學而篇上」二〇・447）など。

また、本條のように讀書を藥に喩える例は『語類』には頻繁に見られ、既出のものでは、上篇6條や23條にも見える。

【41】

或問讀書工夫。曰、這事如今似難說。如世上一等人說道不須就書册上理會、此固是不得。然一向只就書册上理會、不曾體認着自家身己、也不濟事。如說仁義禮智、曾認得自家如何是仁、自家如何是義、如何是禮、如何是智、須是着身己體認得。如讀「學而時習之」、自家曾如何學、自家曾如何習。「不亦說乎」、曾見得如何是說。須恁地認、始得。若只逐段解過去、解得了便休、也不濟事。如世上一等說話、謂不消得讀書、不消理會、別自有箇覺處、有箇悟處、這箇是不得。若只恁地讀書、只恁地理會、又何益。賀孫。

〔譯〕

ある人が讀書の努力について尋ねた。いわれるには、「このことは、今の時世ではどうやら説明しにくいようだね。世間のある種の人たちのように、書物の上で取り組まなくてもよい、などという向きもあるが、これはもちろんあやまりだ。といってひたすら書物の上で取り組むばかりで、自分に結びつけて體得しようとしないのでは、やはり何にもならない。仁義禮智を語るにも、自分はいかにして仁たるか、いかにして義たるか、いかにして禮たるか、いかにして智たるかを、すべてわが身に引きつけて體得せねばならない。「學んで時に之を習う」の條を讀むには、自分はこれまでどのように學び、どのように習ってきたのか、「亦た説《よろこ》ばしからずや」では、どのように「說び」を經驗してきたか、といったふうに考えてこそよい。ただ段を逐って解釋していって、解釋できたらそれでおしまいというのでは、何にもならない。世間には、讀書する必要などないし、取り組む必要もない、別に氣づき悟るところはあるもんだ、という考え方があるが、それではだめだ。そんな風に讀書して、そんな風に取り組んでいっても、一體何になるというのか。葉賀孫。

〔校勘〕

朝鮮古寫本　「讀書法上」所收（六葉裏）。有箇覺處、有箇悟處→有个覺處、有个悟處。這箇→這固。

明刊本　覺處→覺悟處。

〔注〕

「不消」は、「不用」に同じく、「～する必要はない」の意。

「別自有箇覺處、有箇悟處、這箇是不得」は、先の第30條で見えた、「若說如釋氏之言有他心通、則無也」と同じく、讀書をせずに悟りは別にあるのだ、と考えるあり方を否定する。なお、この「別有～」という句法は、「別有～」を強めた言い方で、意味の主體は「別」にある。『語類』にしばしば見られる「本自～」「獨自～」と同様の用法と考えてよい。

なお、ここで引かれる『論語』學而篇冒頭の語についての專論は巻二十「論語二」に見える。

【42】
學須做自家底看、便見切己。今人讀書、只要科擧用、已及第、則爲雜文用、其高者、則爲古文用、皆做外面看。淳。

〔譯〕
學問は、自分のこととして考えてこそ切實なものとなる。いまの人が讀書するのは、ひたすら科擧のため、及第したとなると雜文を作るため、いいところが古文を作るため、どれも外面のこととして考えている。陳淳。

〔校勘〕
朝鮮古寫本　「讀書法上」所收（六葉表）。
朝鮮古活字本・明刊本　古文→古人。

〔注〕
「做外面看」は、よそ事として見なすという意味。「外面」については、前出24條の注を參照。
及第した後の「雜文」とは、公的事務文などを指すと思われる。具體的には、『朱子讀書法』二「虛心涵泳」に、「言科擧時文之弊、後生纔把書起來讀、便先要討新奇意思、準擬作時文用、下梢弄得熟了。到做官、或立朝、雖於朝廷大典禮、也只胡亂捻合出來用、不知被理會得底、一拶則百雜碎矣。」とあるように、官についた後で作成する公式文書などを指すのであろう。なお、『朱子讀書法』のこの記述は、上篇97條に該當するが、そこでは「纔討得新奇、便準擬作時文使、下梢弄得熟、只是這箇將來使。雖是朝廷甚麼大典禮、也胡亂信手捻合出來使、不知一撞百碎」（一〇・175）となっている。

【43】

讀書之法、有大本大原處、有大綱大目處、又有逐事上理會處、又其次則解釋文義。雉。

〔譯〕

讀書の方法としては、まず大本根本のところがあり、大綱大目のところがあり、さらにことがらごとに取り組むところがあって、さてそれから文義を解釋するのだ。呉雉。

〔注〕

「大本大原」は、おおもと。「大本原」「大根本」「大原本」なども、すべて同じ。ここで論じられるような、讀書は大きいところから小さいところへ段階的に攻めるもの、という考えは、たとえば、「總論爲學之方」（八・131〜）の「學須先理會那大底。理會得大底了、將來那裏面小底自然通透。今人却是理會那大底不得、只去搜尋裏面小小節目。」など、隨所に記錄される。「總論爲學之方」（八・144）の「大本不立、小規不正。」や、「論治道」（一〇八・2678）の、「天下事有大根本、有小根本。正君心是大本。」、また「天下事自有箇大根本處、每事又各自有箇緊要處。」（同上）、なども同じである。

「大綱大目」は、大命題、大綱目。「總論爲學之方」に、「或問、爲學如何做工夫。曰、不過是切己、便的當。此事自有大綱、亦有節目。常存大綱在我、至於節目之間、無非此理。體認省察、一毫不可放過。理明學至、件件是自家物事、然亦須各有倫序。」（八・140）とある。ここからも判るとおり、「綱目」は、「讀書法上」第13條にも見えた「節目」という概念の上位にあたる。次もその一例。

一代帝紀、更逐件大事立箇綱目、其間節目疏之於下、恐可記得。（「讀書法下」一一・196）

〔記錄者〕

吳雉　字は和中。建寧府建陽縣の人。「師事年攷」284など。

【44】

玩索、窮究、不可一廢。升卿。

〔譯〕

深く味わうこと、とことん窮めることは、どちらもおろそかにできない。黃升卿。

〔校勘〕

朝鮮古寫本　窮究→考究。

〔注〕

前出27條と同じく、義理と本源を融合させ深く會得するための「玩索」「涵泳」と、道理を追求する「窮究」「究索」が讀書の上での兩輪であることを述べる。

【45】

或問讀書未知統要。曰、統要如何便會知得。近來學者、有一種則舍去册子、却欲於一言半句上便要見道理、又有一種則一向汎濫不知歸着處、此皆非知學者。須要熟看熟思、久久之間、自然見箇道理四停八當、而所謂統要者自在其中矣。履孫。

〔譯〕

ある人が讀書しても要諦がわからない、と尋ねた。それに答えていわれるには、「要諦なんておいそれと分かるわけがない。近頃の學生には、書物を捨て去って、片言隻句の中に道理を見つけたがる者がいるかと思えば、手當たり次第に讀み散らして、方向を見失ってしまう者があるが、どちらも學問を知っているとはいえない。じっくり讀んで深く思いをめぐらしさえすれば、いずれそのうちに、自然に道理がストンと腑に落ちるというもので、いわゆる要諦も自らとその中にある。」潘履孫。

〔校勘〕

朝鮮古寫本　缺

朝鮮刊本　歸着→歸著。四停→四亭。

〔注〕

「統要」は、『二禮分門統要』（『宋史』藝文志・經類・禮類）など宋代では書名にも用いられるが、他の時代に用例は少ない。

「一言半句」は、「片言隻句」のこと。「周宰才質甚敏、只有些粗疏、不肯去細密處求、說此便可見。載之簡牘、縱說得甚分明、那似當面議論、一言半句、便有通達處。所謂『共君一夜話、勝讀十年書』。若說到透徹處、何止十年之功也。」（「訓門人五」一一七・2809）という用例が見える。

「汎濫」は、手當たり次第に廣く淺く書物をあさること。上篇62條に既出。

「歸着」は、文字どおり「落ちつき先、歸着點」を言う。

　性只是理。氣質之性、亦只是這裏出。若不從這裏出、有甚歸着。」（「性理一　人物之性氣質之性」四・67）

「四停八當」の「停當」という語は、「渾然在中、恐是喜怒哀樂未發、此心至虛、都無偏倚、停停當當、恰在中間。」（「中庸一　第一章」六二・1510）などからわかるとおり、妥當であることをいう一種の雙聲語で、それが「四～八～」に挾まれることにより、すべてが妥當なところに落ちつくという意味となる。


【46】

凡看文字、專看細密處、而遺却緩急之間者、固不可。專看緩急之間、而遺却細密者、亦不可。今日之看、所以爲他日之用。須思量所以看者何爲。非只是空就言語上理會得多而已也。譬如拭桌子、只拭中心、亦不可、但拭四弦、亦不可。須是切己用功、使將來自得之於心、則視言語誠如糟粕。然今不可便視爲糟粕也、但當自期向到彼田地爾。方子。

〔譯〕

凡そ文章を讀むとき、細密なところばかりを讀んで、緩急の間に在るところをおろそかにするのはもちろんいけない。逆に緩急の間に在るところばかりを讀んで、細密なところをおろそかにするのもまたよろしくない。今讀書するのは、いつかそれを役立てるためである。讀むのは何に役立てるのかをよく考えるべきだ。ただやたらとことばの上で取り組むというのではない。机を拭く時に、眞ん中を拭くだけではいけないし、へりを拭くだけでもまたいけないようなものだ。ともかくおのれに引きつけて努力し、それを自らの心に會得させてしまえば、ことばはまったくしぼり粕同然に見えてくるものだ。しかし、今の段階でことばをすぐさましぼり粕と見てはいけない、ただその境地に到るのを期すべきだ。李方子。

〔校勘〕

朝鮮古活字本　桌子→卓子。

朝鮮古寫本　「讀書法上」所收（十七葉裏）。細密處→細密者。

明刊本　緩急之間者→緩急之間。固不可→不固不可。

〔注〕

「細密」は、前條45條の「一言半句」の例として擧げた「訓門人五」（一一七・2809）にも見えるように、「粗疏」に對立する概念。また、「總論爲學之方」（八・144）では、「愈細密、愈廣大」や「開闊中又着細密、寬緩中又着謹嚴」といった言が記録される。

「緩急之間」は、本條では「細密」の對立語として用いられているが、後出の第111條（一一・192）には同じ李方子の記録によって、「看注解時、不可遺了緊要字。蓋解中有極散緩者、有緩急之間者、有極緊要者。其下一字時、直是稱輕等重、方敢寫出」という例があり、そこでは「散緩」と「緊要」の中間的なものとして用いられる。本條ではそのような三項對立の用法を重視し、「緩急之間」を、一見して重要でも散漫でもない、曖昧な中間的な部分を指すものと考えた。

「四弦」は、中心に對して緣・周邊を意味する。

「糟粕」は、『莊子』天道篇の、「然則君之所讀者、古人之糟粕已矣」の意を踏まえると考えられるが、讀書自體をしぼり粕と見なす道家的な考え方とは異なり、朱子はまず道理を讀書により吸收せねばしぼり粕とはならないと考える。

「田地」は、場所、境地の意。

『朱子讀書法』一「熟讀精思」には、次のように見える。

看文字、專看細密、而遺却緩急之間、固不可。專看緩急之間、而遺却細密、亦不可。須是切己用工、將來自得之於心、則視言語誠如糟粕矣。然今不可便視爲糟粕也。但當自期向到彼田地耳。

また、これにつづく次の條は、そのまま「桌子」の比喩に相當する內容になっている。

看文字、專看四邊而遺却緊要處、固不可。專看緊要而遺却四邊、亦不可。

【47】

學者有所聞、須便行、始得。若得一書、須便讀便思便行、豈可又安排停待而後下手。且如得一片紙、便求一片紙上道理行之、可也。履孫。

〔譯〕

學ぶ者は、道を聞いて悟れば、すぐに實踐に移すようであってこそよい。書物一部を得れば、すぐに讀み、すぐに考え、すぐに實踐すべきで、あれこれ段取りを整え時機を待ってそれから着手するのではいかん。たとえ一枚の紙でも、その一枚の紙に書かれた道理を求めすぐに實踐するのがよいのだ。潘履孫。

〔校勘〕

底本は、「便求一片紙」を「便來一片紙」に作るが、諸本に従い、本文を改めた。

朝鮮古寫本「讀書法上」所收（五葉裏）。

〔注〕

「所聞」の目的語は文中に明示されないが、『論語』里仁篇の「朝聞道、夕死可矣」、また、同じく先進篇の「冉有問、聞斯行諸。子曰、聞斯行之」を參照し、特に後者については、「聞」と「行」が緊密に結びつくことを述べる點で本條の踏まえるところであると考え、「道理」と判斷した。

「安排」は、上篇第48條の注を參照のこと。

「下手」は、着手すること。「停待」は「等待」に同じ。躊躇してすぐにとりかからない事を戒める例としては、「今人做工夫、不肯便下手、皆是要等待。如今日早間有事、午間無事、則午間便可下手、午間有事、晩間便可下手、却須要待明日。」（「總論爲學之方」八・135）などがある。

【48】

讀書便是做事。凡做事、有是有非、有得有失。善處事者、不過稱量其輕重耳。讀書而講究其義理、判別其是非、臨事卽此理。可學。

〔譯〕

讀書とはつまり事を行なうことである。およそ事を行なうには、是と非、得と失があるものだ。うまく事に處する人は、その事の軽重をはかるだけなのだ。書物を讀んで義理を究め、その是非を判別する、事に臨んではこの道理だ。
鄭可學。

〔校勘〕

朝鮮古寫本　凡做事→凡故事。

〔注〕

「稱量輕重」は、比べ推し量ること。「伊川以權只是經、蓋每日事事物物上稱量箇輕重處置、此權也、權而不離乎經也。」（「論語十九　子罕篇下」三七・994）など。また、前出46條の「緩急之間」の注で擧げた「讀書法下」（一一・192）の例にある「稱輕等重」も同じ意味である。

「講究」は、上篇第65條に既出。

【49】

眞理會得底、便道眞理會得。眞理會不得底、便道眞理會不得。眞理會得底固不可忘、眞理會不得底、須看那處有礙、須記那緊要處、常勿忘。所謂「智者利仁」、方其求時、心固在此、不求時、心亦在此。淳。

〔譯〕

ほんとうに分かったものは、ほんとうに分かったと言うがよい。ほんとうに分からなかったものは、ほんとうに分からなかったと言うがよい。ほんとうに分かったものは、忘れようがない。ほんとうに分からなかったものも、どこに障害があるかを見極め、どこが肝心なのかをしっかり憶えて、常に忘れないようにしなくてはならん。「智者は仁を利《むさぼ》る」というように、求めている時は、心はそこにあるものだが、求めていない時にも、心がそこにあるようにせよ。陳淳。

〔校勘〕

朝鮮古寫本「眞理會得底固不可志、眞理會不得底」を缺く。

〔注〕

「智者利仁」は、『論語』里仁篇の「子曰、不仁者不可以久處約、不可以長處樂、仁者安仁、知者利仁。」にもとづく。集注は「利、猶貪也」と注する。

【50】

學得此事了、不可自以爲了、恐怠意生。如讀得此書、須終身記之。壽昌。

〔譯〕

學んでこの事を會得したとしても、自分でそれでよしと思ってはいけない、怠け心が生まれるだろう。この書物を讀んで理解できたなら、終身それを銘記すべきである。吳壽昌。

〔校勘〕

朝鮮古寫本　缺

【51】

讀書推類反求、固不害爲切己、但却又添了一重事。不若且依文看、逐處各自見箇道理。久之自然貫通、不須如此費力也。

〔譯〕

讀書する際、いちいち類を推してわが身にふりかえり求めるのは、もちろん「自分のために切實なもの」とならないではないが、一つ手間がかかる。まずは文章に沿って讀みながら、要所要所でそれぞれ自然と道理が見えてくるのがよい。しばらくすれば、おのずとすっきり分かるものだから、そんなに勞力を費やさずともよい。［記錄者名を缺く］

〔校勘〕

朝鮮古寫本　缺

〔注〕

「反求」は、讀書法下38條を參照。

「費力」は、勞力を費やすこと。

若只管去摸索、費盡心力、只是摸索不見。若見得大底道理分明、有病痛處、也自會變移不自知、不消得費力。

（「總論爲學之方」八・131）

「一重事」の「重」は、量詞で、「層」に同じ。上篇第80條の「須是今日去了一重、又見得一重、明日又去了一重、又見得一重。去盡皮、方見肉、去盡肉、方見骨、去盡骨、方見髓、使麄心大氣不得」が參考になる。

【52】

學者理會文義、只是要先理會難底、遂至於易者亦不能曉。學記曰「善問者如攻堅木、先其易者、後其節目。」所謂「攻瑕則堅者瑕、攻堅則瑕者堅。」不知道理好處又却多在平易處。璘。

〔譯〕

學ぶ者は、文義にとりくむ際に、もっぱら難しいところからとりくもうとするので、易しいところまで分からなくなる。『學記』には、「問い上手は、堅い木を加工するようにするものだ。しやすいところを先にし、節目のところは後にする」とある。つまり「瑕《もろ》いところを削れば、堅いものももろくなり、堅いところを削れば、もろいものも堅くなる」というわけだ。（いまの學ぶ者は）すばらしい道理はしばしば平易なところにある、ということが分かっていないのだ。滕璘。

〔校勘〕

朝鮮古寫本　缺

〔注〕

『學記』の引用は、「善問者如攻堅木、先其易者、後其節目。」（『禮記』學記）を指す。「禮四　小戴禮」（八七・2251～2）に、「『善問者如攻堅木、先其易者』、而後其難。今人多以難中有道理、而不知通其易、則難自通、此不可不曉。」など、『學記』のこの箇所についての議論が見えるが、そのどれもが道理を講究する際の心構えに關連づけての發言である。

また、「攻瑕」以下は、『管子』制分篇「故用兵者、……攻堅則瑕者堅、乘瑕則堅者瑕。」にもとづく。

讀書は易しいところから着手すべきことは、『朱子讀書法』一「循序漸進」でもしきりに説かれる。「今人讀書、且從易解處去讀。如大學・中庸・論・孟四書、道理粲然、人只是不去看。若理會得此四書、何書不可讀、何理不可究、何事不可處也。」「看文字、且要看其平易正當處、孔子教人句句是朴實頭。」「因曰、看文字、且先看明白易曉者。」

【53】
只看自家底。不是自家底、枉了思量。燾。

〔譯〕
ともかく自分のこととして讀むのだ。自分のことでなければ、思案のむだになる。呂燾。

〔校勘〕
朝鮮古寫本　缺

〔注〕
「枉」は、「無駄にする」の意。下篇15條及び27條を參照。

【54】
凡讀書、且須從一條正路直去。四面雖有可觀、不妨一看、然非是緊要。方子。

〔譯〕
讀書は、とにかく一本の正道をまっすぐ進むことだ。周圍に目を引くことがあっても、ちょっと眺めるぐらいはともかく、それは肝心なことではない。李方子。

〔注〕
本條と同趣旨の主張は、「學七　力行」（一三・223）にも、「學者如行路一般、要去此處、只直去此處、更不可去路上左過右過、相將一齊到不得」と見える。また、「讀書法上」60條の「又曰」以下は、本條と同じ教えを記録したものである（記録者は蕭佐）。

【55】
看書不由直路、只管枝蔓、便於本意不親切。淳。

〔譯〕
書物を讀むのに正道によらず、枝葉のことばかりにかかずらわっていれば、本筋がしっくりこなくなる。〔陳淳〕

〔注〕
この條は『朱子讀書法』四「虛心涵泳」にも見える。「枝蔓」は、本質以外の餘計な枝葉の部分をいう。上篇49條の「生枝節」についての注に擧げた「枝蔓」の用例は、本條の內容にも關連するので參照されたい。

【56】

看文字不可相妨。須各自逐一著地頭看他指意。若牽窒著、則件件相礙矣。端蒙。

〔譯〕

文章を讀むのには、他に引っ張られてはいけない。必ず一つずつ着實にその內容を讀んでいくのだ。引きずられてしまえば、いちいち理解の妨げとなる。程端蒙。

〔校勘〕

朝鮮古寫本　缺

〔注〕

「著地頭」は、「着實に、足を地につけて」といった意味。「聖人於小處也區處得恁地盡、便是一以貫之處。聖人做事著地頭」（「論語十三　雍也篇二」三二・779）など。

「牽窒」は、「引きずり滞る」の意。

〔記録者〕

程端蒙（一一四三―一一九一）　字は正思。饒州德興縣の人。「師事年攷」73。

【57】

看文字、且逐條看。各是一事、不相牽合。

〔譯〕
文章を讀むには、とにかく條ごとに讀むこと。それぞれ別ものであり、互いに勝手に結びつけないこと。［記錄者名を缺く］
〔校勘〕
朝鮮古寫本　缺

【58】
讀書要周遍平正。夔孫。

〔譯〕
讀書は、行き屆いて公正でなくてはならない。林夔孫。
〔注〕
「周遍」（周徧も同じ）は、周到であることをいう。
天地間只是這箇道理流行周徧。（「論知行」九・156）

【59】
看文字不可落於偏僻、須是周匝。看得四通八達、無些窒礙、方有進益。又云、某解語孟、訓詁皆存。學者觀書、不

可只看緊要處、閑慢處要都周匝。今説「求放心」、未問其他、只此便是「博學而篤志、切問而近思、仁在其中矣。」「博學而篤志、切問近思」、方是讀書、却説「仁在其中」、蓋此便是「求放心」也。人傑。

〔譯〕

文章を讀むには、偏りがあってはならず、廣く全體を見なくてはいけない。全體を見通して、何の滞るところもないようにしてこそ進歩する。またいわれた、「私の『論語』・『孟子』の注解には、訓詁はみな備わっている。學ぶ者が書物を讀むときには、肝心なところばかりではなく、何でもないところも全て廣く讀まねばならない。いま、（『孟子』に）「その放心を求む」と言って、他のことを問題にしないのは、それが、つまり（『論語』の）「博く學び篤く志し、切に問うて近く思う、仁は其の中に在り」ということなのだ。「博く學び篤く志し、切に問うて近く思う」、これこそ讀書であり、「仁は其の中に在り」と言うのは、それがつまり「放心を求める」ことだからだ。萬人傑。

〔校勘〕

朝鮮古活字本　礙↓碳。其他↓其它。

朝鮮古寫本　缺

底本は、「切問近思」を、本條文中の引用に揃え「切問而近思」に作る。『論語』の本文としてはそれが正しいが、諸本が「切問近思」に作るのに從い、底本を改めた。

〔注〕

「偏僻」は、かたよっていることをいう語で、「問、大學、譬音改僻、如何。曰、只縁人心有此偏僻。」（「大學三傳八章釋終身齊家」一六・351）の用例が見える。

「周匝」は、「偏僻」と反對語で、隅々まで行きわたっていることをいう。「地却是有空闕處。天却四方上下都周匝

無空闕、逼塞滿皆是天。」（「理氣上　大極天地上」一・6）など。

「四通八達」は、全面的に通曉していること。

然聖賢之言活、當各隨其所指而言、則四通八達矣。（「中庸三　第二十五章」六四・1581）

「窒礙」は、流れが滯ることをいう。「滯礙」も同じ。「近方見得、讀書只是且恁地虛心就上面熟讀、久之自有所得、亦自有疑處。蓋熟讀後、自有窒礙不通處」（「讀書法下」76條・186）や、「如禮樂射御書數、一件事理會不得、此心便覺滯礙。惟是一一去理會、這道理脉絡方始一一流通、無那箇滯礙」（「論語十六　述而」三四・866）など。

「閑慢處」は、どうでもいいような所というような意味であるが、「緊要處」と對比的に述べられているので、本條の趣旨としては、さして重要にも見えぬ箇所ということになる。同様の用例としては、「訓門人五」（一一七・2830）の、「緊要便讀、閑慢底便不讀。精底便理會、粗底便不理會。」が擧げられる。このような、重要なものと必ずしも重要とは見えぬものとの對比は、前出46條に既出。

「今說求放心、未問其他」は、『孟子』告子篇上の「學問之道無他、求其放心而已矣」を踏まえた言い方で、「博學而篤志～」は、『論語』子張篇の語である。それぞれ下篇10條の注及び下篇15條の注を參照されたい。これは、『孟子』の側から『論語』に近づき、また一方で『論語』によって『孟子』を理解しようとしている箇所として興味深い。

「博學而篤志」は、「讀書法下」15條を參照。

本條の冒頭から「方有進益」までとほぼ同じ文が、『朱子讀書法』巻一「熟讀精思」に見える。

【60】

看文字、且依本句、不要添字。那裏元有縫罅、如合子相似、自家只去抉開。不是渾淪底物、硬去鑿。亦不可先立說、牽古人意來湊。且如「逆詐、億不信」與「先覺」之辨、「逆詐」、是那人不曾詐我、先去揣摩道、那人必是詐我、「億不信」、是那人未有不信底意、便道那人必是不信。「先覺」、則分明見得那人已詐我、不信我。如高祖知人善任使、亦是分明見其才耳。淳。

〔譯〕

文章を讀むときには、まずは本文通りに讀んで、餘計な文字をつけ加えないことだ。そこにはもともと隙間があるもので、小箱のように、こちらから開けてやりさえすればよい。混沌としたものに、無理やり目鼻を鑿つわけではない。また、先に說を立てておいて、古人の考えを無理にはめ込んでいくのではいけない。例えば、（『論語』にいう）「詐りを逆《むか》え、不信を億《おも》んぱかる」ことと「先ず覺る」こととの違いはというと、「詐りを逆え」るのは、人が自分を騙してもいないのに、先回りして「あいつはきっと騙す」と憶測することだし、「不信を億んぱかる」のは、人が嘘をつくつもりのないうちから、「きっと嘘をつく」と思いこむことである。「先ず覺る」というのは、人が自分を騙し、人が嘘を言っているのをはっきり見拔くことである。例えば、漢の高祖が人材を見極めて巧みに人を使ったのは、その才能をはっきり見拔いていたからなのだ。陳淳。

〔校勘〕

朝鮮古活字本　硬去鑿→便去鑿。
朝鮮古寫本　必是不信→必是不信我。高祖→〇〇《ママ》。知人善任使→知人任使。
朝鮮刊本　硬去鑿→便去鑿。

〔注〕

底本は、記錄者名を缺くが、諸本に從い、「淳」を補った。

「合子」は、「盒子」に同じで、身と蓋から成る小箱のこと。「據曆家說有五道、而今且將黃赤道說、赤道正在天之中、如合子縫模様、黃道是在那赤道之間。」（「理氣下　天地下」二・12）など。また、このような、小箱と隙間に類似した比喩は、上篇の13條から15條にかけて見える。

「渾淪」は上篇15條に既出、注を參照されたい。本來この語は「渾沌」と非常に近い意味を有する疊韻語であるが、本條では「鑿つ」という行爲と一組で用いられており、『莊子』應帝王篇の、日每に七竅を鑿たれて死んだ「渾沌」の寓話をより顯著に思い起こさせる例である。

「逆詐」以下の語は、『論語』憲問篇の「不逆詐、不億不信、抑亦先覺者、是賢乎。」にもとづく。

漢高祖が人を任用する力があったという記事としては、「此三者（張良・蕭何・韓信）、皆人傑也。吾能用之。」（『史記』高祖本紀）などが擧げられる。

なお、底本では記錄者名を缺くが、〔校勘〕に記した通り、朝鮮古寫本・古活字本・刊本に從い陳淳とした。

【61】

讀書若有所見、未必便是。不可便執着。且放在一邊、益更讀書、以來新見。若執着一見、則此心便被此見遮蔽了。譬如一片淨潔田地、若上面纔安一物、便須有遮蔽了處。聖人七通八達、事事說到極致處。學者須是多讀書、使互相發明、事事窮到極致處。所謂「本諸身、徵諸庶民、考諸三王而不繆、建諸天地而不悖、質諸鬼神而無疑、百世以俟聖人而不惑。」直到這箇田地、方是。語云、「執德不弘。」易云、「寬以居之。」聖人多說箇廣大寬洪之意、學者要須體之。廣。

〔譯〕

讀書して何か覺るところがあっても、それはまだ正しいとは限らず、こだわってはいけない。しばらくそれは傍らに置いて、さらに讀書を重ね、新しい考えを得るようにするのだ。もしも一つの考えにこだわれば、この心はそれに覆われてしまう。例えば、まっさらな土地の上に一つでも何か物を置けば、覆われた場所ができてしまう。聖人は全體にくまなく通じ、一つ一つのことがらをその極致まで述べている。學ぶ者は、多くの書物を讀んで、道理が互いに明らかになるようにし、一つ一つのことがらを極致まで窮めることだ。いわゆる、「これを身に本づけ、これを庶民に徴し、これを三王に考えて繆《あやま》らず、これを天地に建てて悖《もと》らず、これを鬼神に質して疑い無く、百世以て聖人を俟《ま》って惑わず」である。この境地にまで至ってこそよいのだ。『論語』には、「德を執ること弘からず」という。『易』には、「寛《ひろ》やかにし以てこれに居る」という。聖人は、この廣く伸びやかな心をさかんに述べているのだから、學ぶ者は、それをしっかり體得せねばならない。輔廣。

〔校勘〕

朝鮮古活字本　不惑→不感。直到這箇田地→宜到這箇田地。

朝鮮古寫本　這箇→這个。不弘→不洪。說箇→說个。

朝鮮刊本　執着→執著。寛洪→寛弘。

〔注〕

「以來新見」は、前出32條にも見えた横渠の「濯去舊見、以來新意」に基づく。

「七通八達」は、前出59條の「四通八達」と同意語と考えてよいであろう。

「所謂」以下の引用は、『中庸』第二十九章が「君子之道」を說いた條。當該箇所である「中庸三　第二十九章」（六四・1593）のみならず、朱子は「所謂建諸天地而不悖、質諸鬼神而無疑、百世以俟聖人而不惑。何憂之有。」（「論

語十九　子罕篇下」三七・983）や、「考諸三王而不謬、百世以俟聖人而不惑、猶釋子所謂以過去未來言也。」（「中庸三　第二十七章」六四・1591）など、随所でこの語を引用する。

『論語』の引用は、子張篇の「子張曰、執德不弘、信道不篤、焉能爲有、焉能爲亡。」に基づき、朱子は「有所得而守之太狹則德孤。」と注する。『易』は、乾卦の文言「君子學以聚之、問以辨之、寬以居之、仁以行之。」の語である。

【62】

看書、不可將自己見硬參入去。須是除了自己所見、看他册子上古人意思如何。如程先生解「直方大」、乃引孟子、雖是程先生言、畢竟迫切。節。

〔譯〕

書物を讀むときに、自分の考えを無理に持ちこんではいけない。自分の考えはおいて、その書物の中で古人の考えがどうかを見るのだ。程先生が「直方大」を解するのに、なんと『孟子』を引いておられるのなどは、程先生の言ではあるが、やはり性急だ。甘節。

〔注〕

「直方大」は、『易』坤「六二、直方大、不習无不利也。象曰、六二之動、直以方也」のこと。それに對する程伊川の解とは、『周易程氏傳』巻一で、「直方大、孟子所謂至大至剛以直也。在坤體、故以方易剛、猶貞加牝馬也」とあるように、『孟子』公孫丑上の「至大至剛以直」と『易』とを結びつける考えをいう。この程伊川の解釋について、朱子は、「至大至剛」で斷句し、「以直」は下句につなげて「以直養而無害」とすべきだと主張して、「……只是順聖賢

語意、看其血脈通貫處爲之解釋、不敢自以己意説道理也」（「孟子二　公孫丑上之上」五二・1248〜49）という。

「迫切」は、性急でゆとりのないこと。上篇30條に既出の「切迫」に同じ。

【63】

看文字先有意見、恐只是私意。謂如粗厲者觀書、必以勇果強毅爲主、柔善者觀書、必以慈祥寛厚爲主。書中何所不有。人傑。

〔譯〕

文章を讀むのに先入觀があると、恣意的な讀みになってしまう。つまり、氣の荒い者が書物を讀めば、きっと勇猛果敢をもっぱらにするであろうし、氣の優しい者が讀めば、きっと慈愛寛大をもっぱらにするであろう。書物の中には何でもあるのだから。萬人傑。

〔注〕

「粗厲」は、おおざっぱで荒いこと。

毅父問遠暴慢章。曰、此章暴慢・鄙倍等字、須要與他看。暴、是粗厲。慢、是放肆。蓋人之容貌少得和平、不暴則慢。暴是剛者之過、慢是寛柔者之過。（「論語十七　泰伯篇」三五・913）

「柔善」という語の理解には、右に引いた「寛柔」や、「如今人多將顏子做箇柔善底人看。殊不知顏子乃是大勇、反是他剛果得來細密、不發露。」（「孟子二　公孫丑上之上」五二・1244）で、「大勇」と對比的に用いられるのが參考となる。

【64】

凡讀書、先須曉得他底言詞了然後、看其說於理當否。當於理則是、背於理則非。今人多是心下先有一箇意思了、却將他人說話來說自家底意思。其有不合者、則硬穿鑿之使合。廣。

〔譯〕

書物を讀むには、まずそのことばをすっかり理解してから、その說が理に適っているかどうかを見るのだ。理に適っていれば正しく、背いていれば間違いだ。今の人はある先入觀を抱いて、自分の考えを人の言葉で說こうとしがちだ。うまくそぐわないところは、無理にこじつけて合わせようとする。輔廣。

〔校勘〕

朝鮮古寫本　箇→个。

〔注〕

「心下」は、心中・胸中に同じ。

……若心下有些子不安穩、便不做。到得更有一項心下習熟底事、却自以爲安。外來卒未相入底、却又不安。（「學三　論知行」九・156）

本條で「他人說話」というのは、直接的には經書のことばを指し、その前の先入觀（先有一箇意思）は「自家」を代表する。經書に向かう姿勢を戒める。

『朱子讀書法』巻二「虛心涵泳」に、「今人」以下と同趣旨の文が見える。

今人讀書、多是心下先有箇意思了、却將聖賢言語來湊他意思。其有不合、則便穿鑿之使合。

【65】

學者不可用己意遷就聖賢之言。德明。

〔譯〕

學ぶ者は、自分の考えを聖賢の言にこじつけてはいけない。廖德明。

〔校勘〕

朝鮮古寫本　缺

〔注〕

「遷就」は、無理に合わせること。「將就」と同義。早く漢の賈誼「治安策」（『漢書』巻四十八賈誼傳）に用例が見える。

〔記錄者〕

廖德明　字は子晦、南劍州順昌縣の人。「師事年攷」17。

【66】

讀書、如問人事一般。欲知彼事、須問彼人。今却不問其人、只以己意料度、謂必是如此。揚。

〔譯〕

書物を讀むのは、世事を問うのと同じだ。あることを知ろうとするなら、當事者に聞くべきだ。近頃はその人に聞かずに、自分の考えでおしはかり、きっとそうに違いない、と思うばかりだ。包揚。

〔校勘〕

朝鮮古寫本　缺

〔注〕

「料度」は、推し量ること。

……不須料度他淺深、徒費心思也。（「論語二十二　先進篇下」四〇・1030）

【67】

看人文字、不可隨聲遷就。我見得是處、方可信。須沈潛玩繹、方有見處。不然、人說沙可做飯、我也說沙可做飯、如何可喫。謙。

〔譯〕

人の文章を讀んで、附和雷同してはいけない。自分で正しいと認めてこそ、信じられる。深く味わい考えをめぐらして、始めて分かるのだ。でなければ、人が砂もごはんになると言うのを、自分もそうできると言ってみたって、食べられるわけはあるまいが。廖謙。

〔注〕

「隨聲」は、自らの定見をもたずに附和雷同することをいう。「隨聲附和」ともいう。

「沈潛玩繹」は、深く考え反芻することをいう。上篇49條の「紬繹」や同64條の「沈潛玩索」などと非常に近い意味のことば。

【68】

大凡讀書、不要般涉。但溫尋舊底不妨、不可將新底來攙。道夫。

〔譯〕

およそ讀書にするには、あれこれ目移りしてはいけない。古いものをじっくり讀みなおすのはよいとして、新しいものでかきまわしてはいけない。揚道夫。

〔校勘〕

朝鮮古寫本「讀書法上」所收（十四葉裏）。

〔注〕

「般涉」は、廣く漁ること。「讀書須純一、如看一般未了、又要搬涉、都不濟事。」（「自論爲學工夫」一〇四・2611）

「溫尋」は、じっくり反芻すること。「只看近思錄、今日問箇、明日復將來溫尋、子細熟看。」（「訓門人三」一一五・2776）。因みに、この二條は本條と同じ楊道夫の記録である。

「攙」は、まぜあわせること。「如今人見人說得一話好、未待人了、便將話來攙他底、則是掩善。」（「論語十六・述而篇」三四・902）

また、本條と同じ言が『朱子讀書法』巻三「循序漸進　每書誦讀考索之序」に見えるが、そこでは「攙」を「搶」に作る。

【69】
文字不可硬說、但當習熟、漸漸分明。

〔譯〕
文章は、無理にこじつけて解釋してはいけない。何度も讀んでしっくりくるようにすれば、徐々に分かってくるものだ。［記錄者名を缺く］

【70】
凡看聖賢言語、不要迫得太緊。振。

〔譯〕
聖賢の言葉を讀むのに、急《せ》くのは禁物。吳振。

〔校勘〕
朝鮮古寫本　缺

〔注〕
「迫」は、性急にことを進めようとすることで、62條の「迫切」と同義。

〔記錄者〕
呉振　字は子奇。慶元府鄞縣の人。「師事年攷」263。

【71】

大凡看文字要急迫不得。有疑處、且漸漸思量。若一下便要理會得、也無此理。廣。

〔譯〕
文字を讀むのに、急いではだめだ。疑問が生じれば、まずはゆっくりと考えること。讀んですぐに結果を出そうとしても、それは無理というものだ。輔廣。

〔注〕
「急迫」は、上篇第23條の注を參照のこと。また、「大學三　傳九章　釋家齊國治」（一六・359）にも「這箇道理、却急迫不得、待到他日數足處、自然通透。」と見える。下篇62條の「迫切」、70條の「迫」も同じ。

【72】

看文字、須是退歩看、方可見得。若一向近前迫看、反爲所遮蔽、轉不見矣。力行。

〔譯〕

文章を讀むには、退いて讀んでこそ分かってくるものだ。ひたすら先へ先へと讀めば、かえって視界がさえぎられて、いっそう分からなくなってしまう。王力行。

〔校勘〕

朝鮮古寫本　冒頭に「誨力行曰」有り。

〔注〕

「遮蔽」は、下篇61條に既出。

「一向」は、下篇31條に既出。

【73】

學者觀書、病在只要向前、不肯退步看。愈向前、愈看得不分曉。不若退步、却看得審。大概病在執着、不肯放下。正如聽訟、心先有主張乙底意思、便只尋甲底不是、先有主張甲底意思、便只見乙底不是。不若姑置甲乙之說、徐徐觀之、方能辨其曲直。橫渠云、「濯去舊見、以來新意」。此說甚當。若不濯去舊見、何處得新意來。今學者有二種病、一是主私意、一是舊有先入之說、雖欲擺脫、亦被他自來相尋。𥄻。

〔譯〕

學ぶ者が書物を讀む際の悪弊は、先に進もうとするばかりで、退いて讀もうとしないことだ。先に進もうとすればするほど、いよいよ分からなくなる。それよりも、一歩退く方がはっきり分かるのだ。だいたい、こだわって手放そうとしないのがよくない。ちょうど、裁判で、乙の言い分を通そうとする氣があれば、もっぱら甲の不正をさがそうとし、甲の言い分を通そうとする氣があれば、もっぱら乙の不正が目に入るようなものだ。それよりも、甲と乙の言い分はしばらく置いて、ゆっくり見渡してこそ、その理非曲直が見わけられるようになる。横渠先生は、「古い考えを洗い流し、新たな理解を得よ」と言われた。まったくその通りだ。古い考えを洗い流さなければ、どこに新たな理解が得られよう。いまの學ぶ者には二つの惡弊がある。一つは自分の考えに固執すること、もう一つはもとからの先入觀があることで、そこから抜け出そうとしても、ついつい引き寄せられてしまう。黃榦。

〔校勘〕

朝鮮古寫本　一是主私意→一是主意思。

〔注〕

「執着」は、下篇61條に既出。

學問を訴訟にたとえる例は、しばしば見られるが、近くは下篇26條で、本條と同じく、先入見をぬぐい去り、言い分を虛心に聞いてから裁くことと讀書とを結びつける言が記錄される。本條で引用される張載（横渠）の言は、『經學理屈』「學大原下」などに見える語。下篇32條の注を參照のこと。

なお、『朱子讀書法』卷四「虛心涵泳」には、本條とほぼ同じ言が見えるが、ちょうど「正如聽訟」から「何處得新意來」までの訴訟のたとえの箇所が省略されている。

【74】

學者不可只管守從前所見。須除了、方見新意。如去了濁水、然後清者出焉。力行。

〔譯〕

學ぶ者は、古い考えにしがみつくばかりではいけない。それを取り除いて、始めて新しい理解が生まれる。ちょうど濁った水を流し去ってから、清水が湧き出るようなものだ。王力行。

【75】

到理會不得處、便當「濯去舊見、以來新意」、仍且只就本文看之。伯羽。

〔譯〕

分からないところに出くわしたら、「古い考えを洗い流し、新たな理解を得る」ようにして、そのまま本文に従って讀むこと。童伯羽。

〔校勘〕

朝鮮古寫本　伯羽（記錄者名）→蜚卿。

〔注〕

「仍且」は、そのまましばらく、の意。

【76】

某向時與朋友說讀書、也教他去思索、求所疑。近方見得、讀書只是且恁地虛心就上面熟讀、久之自有所得、亦自有疑處。蓋熟讀後、自有窒礙不通處、是自然有疑、方好較量。今若先去尋箇疑、便不得。又曰、這般也有時候。舊日看論語、合下便有疑。蓋自有一樣事、被諸先生說成數様、所以便着疑。今却有集注了、且可傍本看教心熟。少間或有說不通處、自見得疑、只是今未可先去疑着。賀孫。

〔譯〕

「わたしは、かつて友人と讀書の法を論じて、やはり深く考え疑問を探すようにせよ、といった。近頃分かってきたが、讀書は、とにかくこうして虚心に本文を熟讀するに盡きる。そのうちにおのずと納得するところもあるし、疑問も出てくるものだ。熟讀すれば、おのずとつっかえて通じない所が出てくるが、それは當然の疑問であり、そここそが考えどころだ。まず疑問をあさるようではだめだ。」またいわれた。「こういうやり方にも時機がある。昔は、『論語』を讀んでいた時、すぐに疑問が生じた。というのも、一つの事柄なのに、諸先生がいろいろに解いておられるために、疑問が生じたわけだ。いまはわたしの『集注』があるので、まずは本文に從ってじっくり讀んでいけばよい。いずれ説明のつかないところが出てきて、自然と疑問がわいて來るものだから、まず疑ってかかるようではいけない。」葉賀孫。

〔校勘〕

朝鮮古寫本「讀書法上」所收。冒頭から「一樣事」までが四葉裏、「被諸先生」から末尾までが二十葉表に見える。

箇→个。

〔注〕

「向時」は、「かつて」の意。「一則向時看與如今看、明晦便不同。」（「學三　論知行」九・154）の用例が見える。
「也教他去思索」の「也」は、現代語の副詞「還（是）」に同じく、ここでは轉折の語氣を傳える。
「窒礙」は、つかえ滯ること。下篇59條の注を參照のこと。
「較量」は、つきつめて考えること。

好底是天理、不好底是人欲。然須是較量所以好處、如何様做方好、始得。（「訓門人五」一一七・2824）

「合下」は、當初の意。上篇2條の注を參照のこと。
「疑着」は、疑いを抱くこと。この條から80條までは、學問の上で疑問にめぐり合うことがいかに大切かを述べる。朱子は、疑問を解決していくことによって少しずつ道理に近づくことができる、と考えていた。
「讀書只是且恁地虛心就上面熟讀、久之自有所得、亦自有疑處。」と同趣旨の言が、『朱子讀書法』巻二「虛心涵泳」に要約された形で次のように見える。

讀書須虛心熟讀、久之自有所得、亦自有所疑、今先尋討箇疑便不是。

【77】

看文字、且自用工夫、先已切至、方可舉所疑、與朋友講論。假無朋友、久之自能自見得。蓋蓄積多者忽然爆開、便自然通、此所謂「何天之衢亨」也。蓋「蓄極則通」、須是蓄之極、則通。鐺。人傑録云、讀書須是先看一件了、然後再看一件。若是蓄積處多、忽然爆開來時、自然所得者大。易所謂「何天之衢亨」、是也。

〔譯〕

文章を讀むには、ともかく自分で努力して、しっくりくるまで切實なものにしてこそ、疑わしいところを取り上げて、友人と議論することができる。かりに友人がいなくても、いずれおのずと分かってくるものだ。多く蓄積してきたものが、ある時ふとはじければ、おのずと通ずるのであり、これがいわゆる「何ぞ天の衢《みち》の亨《とお》る」ということだ。「蓄極まれば則ち通ず」というように、蓄積が極まれば通ずるのだ。黄榦。萬人傑の記錄にいう、「讀書はまず一つを讀み終わってから次に移ること。蓄積が多くなれば、ふとそれがはじけた時に、得るものもおのずから大きい。易に「何ぞ天の衢の亨る」というのが、このことなのだ。

〔校勘〕

朝鮮古寫本　冒頭から細字の「再看一件若」までが十四葉裏、その後が十三葉表に續く亂丁有り。自能自見得→亦能自見得。蓋蓄積多者→蓋蓄積者多。人傑錄云→按萬人傑錄同而略、今附云。また、「人傑錄」の「讀書～是也」と全く同文が、「讀書法上」（十一葉表）に獨立して立てられる。

〔注〕

「爆開」は、突然はじける、また發生することをいう。

　陽氣伏於陰氣之內不得出、故爆開而爲雷也。（「張子書二」九九・2535）

「何天之衢亨」は、『易』大畜六五の「象曰、六五之吉、有慶也、上九、何天之衢、亨。」（注に「處畜之極、畜極則通。大畜以至於大亨之時、何辭也。何畜乃天之衢亨」）を踏まえる。

「切至」は、漢代以來多くの用例が有るが、そもそも「切實」と音も意味も近い語。適切でぴったりしていることをいう。

【78】

讀書無疑者、須教有疑。有疑者、却要無疑、到這裏方是長進。道夫。

〔譯〕

讀書して、疑問がなければ、疑問がわいてくるようにする。疑問が出てくれば、今度は疑問がないようにする。そこまで至ってこそ、進歩することができる。楊道夫。

〔注〕

「長進」は、上篇15條に既出。

【79】

問、看理多有疑處。如百氏之言、或疑其爲非、又疑其爲是、當如何斷之。曰、不可强斷、姑置之可也。人傑。

〔譯〕

問う、「理を考えているとよく疑問がわいてきます。諸子百家のことばなどは、間違いではないかと思うこともあれば、正しいかと思うこともあります。どのように判断すればよろしいでしょう。」おっしゃった、「無理に判断するな。そのままにしておけばよい。」萬人傑。

〔注〕

「看理」は、「論語十八　子罕篇上」（三六・951）の「聖人只看理當爲便爲、不當爲便不爲、不曾道我要做、我不要做。」を參照。

「百氏」は、諸子百家を指す。用例は古く、『漢書』敍傳下に「緯六經、綴道綱、總百氏、贊篇章。」と見える。

【80】

人之病、只知他人說可疑、而不知己說之可疑。試以詰難他人者以自詰難、庶幾自見得失。必大。

〔譯〕

人にありがちな缺點は、ただ他人の說を疑わしいと思うばかりで、自分の說を疑わしいとは思わないことだ。ためしに他人への批判を自分に向けてみれば、正しいところと間違っているところがおのずと分かるだろう。吳必大。

〔校勘〕

朝鮮古寫本　缺

【81】

因求講學言論傳之、答曰、聖賢之言、明如日月。又曰、人有欲速之病。舊嘗與一人讀詩集、每略過題一行。不看題目、却成甚讀詩也。又嘗見龔實之轎中只着一册文字看、此其專靜也。且云、尋常出外、轎中着三四册書、看一册厭、又看一册、此是甚功夫也。方。

〔譯〕

ついでに講學や議論のあり方を傳授くださるよう求めると、おっしゃった。「聖賢のことばは、日月のように明らかなものだ。」またいわれた、「人にはせっかちに分かろうとする缺點がある。昔、ある人に詩集を讀んでやっていたが、その人は、いつも題目の行をいい加減にとばして讀んだ。題目を讀まずに、詩を讀むもないものだ。それから、龔實之が轎の中でひたすら一冊の書物に讀みふけっているのを見たことがあるが、これこそ專念し集中するということだ。そして、『ふだん出かける時に、三四冊の書物を轎の中に持ち込んで、一冊に讀み飽きたら、次の一冊と讀んでいくのでは、努力も何もあるまい、』といっていた。」揚方。

〔校勘〕

朝鮮古寫本　缺

朝鮮古活字本　功夫→工夫。

朝鮮刊本　不看題目→不看題自。甚功夫也→甚二夫也。

〔注〕

「專靜」は、下篇8條に既出。

「詩集」とあるが、ここは『詩經』を指すであろう。

龔實之は、名は茂良、實之は字である。興化軍の人。『宋史』巻三八五に傳が見え、そこには、しばしば朱子を任用するよう奏上したことが記される。以下に抄出する。

茂良奏、朱熹操行耿介、屢召不起、宜蒙錄用。除祕書郎。羣小乘間讒毀、未幾、手詔付茂良、謂、虛名之士、恐壞朝廷。熹迄不至。……茂良沒數年、朱熹從其子得副本讀之、則事雖恢復、而其意乃極論不可輕擧、猶平生素論也、深爲之歎息云。……

「着一册」の「着」は、現代語の「帶有」に同じ。

なお、本條では、「且云」以下を、「又曰」「答曰」とは異なる「云」という語を用いていることから龔實之の言として譯出したが、ここを朱子の評語として讀むことも、可能であろう。

「聖賢」と「日月」を對比的に述べる例としては、『論語』子張篇の「君子之過也、如日月之食焉、過也人皆見之、更也人皆仰之」や、同篇の「仲尼日月也、無得而踰焉」が擧げられる。

【82】

因僉出文字、偶失僉子、遂不能記。云、舊有人老不識字、然隔年瑣瑣出入、皆心記口數之。既爲寫下、覆之無差。蓋其人忠寔、又專一無他事、所以記得。今學者不能記、又往往只靠着筆墨文字、所以愈忘之也。方。

〔譯〕

文章を抜き出そうとしたが、たまたま短册を無くしてしまって、憶えられなかった。そこでおっしゃるには、「昔、目に一丁字無い人がいたが、前の年の細かい出納を、すべて暗記しそらんじていた。書き出しておいて、もう一度復唱させてみても違いはなかった。たぶん、その人はまじめで、そのことに餘念なく打ち込んだので、憶えることができたのだ。今の學ぶ者は憶えられない上に、すぐ筆記に頼るので、いよいよ忘れてしまうのだ。」揚方。

〔校勘〕

朝鮮古寫本　缺

朝鮮刊本　忠寔→忠實。

〔注〕

「僉子」は、「簽子」に同じで、文字を記す札のこと。「簽子」の『語類』での用例としては、「先生至嶽麓書院、抽簽子、請兩士人講大學、語意皆不分明」(「外任」一〇六・2655)があるが、この場合は「くじ」を意味する。

「隔年」は、去年の古い暦を指す「隔年曆」という語を連想すればわかるように、去年のことをいう。

「數」は、「誦」に同じ。上篇60・61條の注を參照のこと。

「出入」は、收支のこと。用例は古くから見えるが、『漢書』王陵傳の「天下錢穀一歳出入幾何」は分かりやすい例であろう。

本條で述べられる、記錄に賴ることと同種の弊害を論ずる條としては、上篇66・67條に、寫本を作らずに印刷された本を用いるようになってから學問が衰微したという言が見える。

【83】

先生戲引禪語云、一僧與人讀碑、云、賢讀著、總是字、某讀著、摠是禪。潙山作一書戒僧家整齊。有一川僧最磊苴、讀此書、云、似都是說我。善財五十三處見善知識、問皆如一、云、我已發三藐三菩提心、而未知如何行菩薩行、成菩薩道。

〔譯〕

先生がたわむれに禪のことばを引いておっしゃった、「ある僧が人に碑文を讀んでやっていうには、『あなたが讀めばすべて字だが、わたしが讀めばすべて禪だ。』潙山《いざん》が僧侶に規律を正しくさせようとして訓戒を書いた。ある四川出身のいたって汚らしい僧がこの書を讀み、『なんだかみんなわしのことみたいじゃのう』といった。善財童子は五十三ヵ所で善知識に出會い、いつも判で押したように、『我は已に三藐三菩提心を發すれども、未だ如何にして菩薩を行ない、菩薩道を成すかを知らず』とたずねた。」〔記錄者名を缺く〕

〔校勘〕

朝鮮古寫本　缺

朝鮮古活字本　潙→溈。

底本は、「揔是禪」を「總是禪」に作るが、諸本に従い本文を改めた。

〔注〕

潙山は、唐の潭州（湖南省長沙）潙山の靈祐禪師（七七一～八五三）。福州長谿（福建省霞浦縣）の人。百丈懷海禪師の門下で、門弟の仰山慧寂と並んで潙仰宗の祖とされる。『景德傳燈錄』九、『宋高僧傳』十一（『大藏經』五〇史傳部二）、『祖堂集』十六、『五燈會元』九、に傳がある。『潙山語錄』『潙山警策』が傳わっている。ここに引かれる潙山禪師の話は、原據未詳。

「藞苴」の「藞」は、「藞」に同じ。大ざっぱなさま。「孟子五」（五五・1312）に、「禹塗山之會、執玉帛者萬國。當時所謂國者、如今溪洞之類。如五六十家、或百十家、各立箇長、自爲一處、都來朝王、想得禮數大段藞苴」。また、しどけなく、だらしないこと。「祖傳禪人求讚」（「大慧普覺禪師語錄」一二、大正藏四七・861c）に、「藞苴全似川僧、蕭灑渾如浙客」。明・岳元聲『方言據』（『學海類篇』）に、「藞苴、人不端潔、賴取人物曰藞苴。黄魯直云、中州人謂蜀人放誕、不遵軌轍曰藞苴」。「藞磋」と書くこともある。黄庭堅「五祖演禪師眞贊」（『豫章集』十四）に、「誰言川藞磋、具相三十二」。これらの例によれば、當時、ことに蜀（四川）の人を目して、「藞苴」ということがあったらしい。

善財童子（Sudhana Śreṣṭhidāraka）は、『華嚴經』入法界品に現れる求道の菩薩。發心して、南方に求法の旅に赴き、五十三人の善知識（人を正しい佛教の道理に導く高德者）を歷訪して教えを請い、最後に普賢菩薩に出會って、法界に入ることを願うに至る。善財童子の旅は、佛道修行の段階を示すものとされる。朱熹が引用する善財童子のことばは、入法界品にくり返し現れるが、次はその一例。「爾時善財童子、入普莊嚴園、周遍觀察、見休捨優婆夷、坐於妙座、往詣其所、頂禮其足、遶無數匝。白言、聖者、我已先發阿耨多羅三藐三菩提心、而未知菩薩云何學菩薩行、云何修菩薩道」（八十巻本『華嚴經』六四、大正藏一〇・343c）。『語類』では、以下の箇所でも善財童子について言及される。

爲是言者、曾不如佛家善財童子曰、我已發菩提心、行何行而作佛。（「訓門人六」一一八・2838）

他說治生產業、皆與實相不相違背云云、如善財童子五十三參、以至神鬼神仙士農工商技藝、都在他性中。（「釋氏」一二六・3023）。

「三藐三菩提」は、anuttarā samyaksaṃbodhiḥ の音寫である「阿耨多羅三藐三菩提」のことで、無上等正覺、無上正遍知などと意譯され、この上ない完全な悟りの意。

【84】

問讀諸經之法。曰、亦無法、只是虛心平讀去。淳。以下讀諸經法。

〔譯〕

諸經を讀む方法を問うと、おっしゃった。「方法などない。ひたすら虛心に落ちついて讀んでいくことだ。」陳淳。以下諸經を讀む方法について。

〔校勘〕

朝鮮古寫本「讀書法下」巻頭第一條に置かれる。淳（記錄者名）→淳、義剛同。

朝鮮古活字本・朝鮮刊本・明刊本　問讀諸經→問諸讀經。
〔注〕
「平讀」は、心を落ちつかせて讀むこと。

『朱子讀書法』巻二「虛心涵泳」に、「陳安卿問、讀諸經之法。先生曰、無法。只是刷靜了那心後、平看去。若不曉得、又且放下、待他意思好時、又將來看。」とあるのが本條に該當する。「安卿」は本條の記錄者陳淳の字である。


【85】

學不可躐等、不可草率、徒費心力。須依次序、如法理會。一經通熟、他書亦易看。閎祖。

〔譯〕
學問は順序を抜かしてはいけないし、おおざっぱでもいけない。それでは心力を浪費するだけだ。必ず順序を守り、決まりどおり取り組むこと。一つの經に精通すれば、他の書も分かりやすくなる。李閎祖。
〔注〕
「躐等」は、順序をとばすことであるが、本條のこのことばは、『禮記』學記の「幼者聽而弗問、學不躐等也。」を踏まえる。

「草率」は、いい加減でおおざっぱなこと。「經書須逐句理會、至如史書易曉、只看大綱、如何。曰、較之經書不同、然亦自是草率不得。」（「周子之書　通書」九四・2404）や「謂器之看時、病於草率。」（「自論爲學工夫」一〇四・2613）

などの用例がある。

「徒費心力」は、下篇27條に既出の「枉費心力」と同義で、精力を虚しく費やすこと。

〔記録者〕

李閎祖　字は守約、號は綱齋、邵武軍光澤縣の人。「師事年攷」101。

【86】

聖人千言萬語、只是說箇當然之理。恐人不曉、又筆之於書。自書契以來、二典三謨伊尹武王箕子周公孔孟都只是如此、可謂盡矣。只就文字間求之、句句皆是。做得一分、便是一分工夫、非茫然不可測也、但患人不子細求索之耳。須要思量聖人之言是說箇甚麼、要將何用。若只讀過便休、何必讀。明作。

〔譯〕

聖人の千言萬語は、もっぱら一つの當然の理を說いたものである。人がわからないのをおそれて、さらに書物に著したのだ。文字ができて以來、二典・三謨・伊尹・武王・箕子・周公・孔子・孟子のことばなどすべてそうであり、道理は盡くされているといえよう。文章の中に求めていけば、一句一句みな道理だ。一分を得るには、一分の努力、漠然として見通しがつかぬようなものではない。ただ人が細心に探求しようとしないのが問題だ。聖人のことばが何をいわんとし、何のためのものかをよく考えること。讀んだらおしまいというのでは、讀む必要はない。周明作。

〔校勘〕

朝鮮古寫本「讀書法上」所收（十七葉裏）。箇→个。「周公」の二文字缺。

〔注〕

「聖人千言萬語」は、『二程遺書』一の次のことばが多分に意識されていよう。

聖賢千言萬語、只是欲人將已放之心、約之使反復入身來、自能尋向上去、下學而上達也。

これはまた『近思錄』存養篇にも見える。「學六　持守」（一二・202）では、明道のことばとして引かれ、「孟子九　告子上」（五九・1411～1413）にはこの「聖賢千言萬語」と『孟子』の「求放心」をめぐる議論が數條にわたって展開されているように、朱熹の學問論で大きな意味を持つ。「總論爲學之方」（八・131）にも、「聖賢千言萬語、教人且從近處做去。」と見える。さらに程伊川「答朱長文書」（また『近思錄』爲學大要篇）の次のことばも、この條での朱熹の主張に基本的に合致するものといえよう。

聖賢之言、不得已也。蓋有是言、則是理明、無是言、則天下之理有闕焉。如彼耒耜陶冶之器、一不制、則生人之道有不足矣。聖賢之言、雖欲已、得乎。

一方、『語類』でのこの語は「一理」つまり唯一絶對の道理に對比させて用いられていることが多い。「論語二十三　顏淵篇上」（四一・1043）には、本條と同じ周明作の筆記で、「且如聖賢千言萬語雖不同、都只是說這道理。」という語が見える。

「二典」は、『尚書』の堯典・舜典。三謨は、同じく大禹謨・皋陶謨・益稷謨。二典・三謨から孔・孟に至るまでは、儒學のいわゆる道統をいう。朱熹「中庸章句序」に、

夫堯・舜・禹、天下之大聖也。以天下相傳、天下之大事也。以天下之大聖、行天下之大事、而其授受之際、丁寧告戒、不過如此。則天下之理、豈有以加於此哉。自是以來、聖聖相承、若成湯・文・武之爲君、皋陶・伊・傅・周・召之爲臣、既皆以此而接夫道統之傳、若吾夫子、則雖不得其位、而所以繼往聖、開來學、其功反有賢於堯舜者。

また「可謂盡矣」は、同じく「中庸章句序」に、「堯之一言、至矣盡矣」とあるのを連想させる。

本條の末尾をさらに簡潔にした内容の言が、『朱子讀書法』巻二「切己體察」に、「大抵讀書、須要看那道理是作何用。若只讀過便休、何必讀。」と見える。

〔記録者〕

周明作　字は元興、建陽の人。「師事年攷」105。

【87】

讀六經時、只如未有六經、只就自家身上討道理、其理便易曉。敬仲。

〔譯〕

六經を讀むときには、六經がまだ存在しないかのようにして、ひたすら自分の身に引きつけて道理を求めるようにすれば、道理は分かりやすくなる。游敬仲。

〔校勘〕

朝鮮古寫本　「讀書法上」所收（七葉裏）。

〔注〕

『朱子讀書法』巻二「切己體察」に、本條とほぼ同じ言が、前條所引箇所直前に次のように見える。

讀六經、只就自家身上討道理、便易曉。

【88】

讀書只就一直道理看、剖析、自分曉、不必去偏曲處看。易有箇陰陽、詩有箇邪正、書有箇治亂、皆是一直路逕、可見別無嶢崎。寓。

〔譯〕

書物を讀むには、とにかくまっすぐ道理にもとづいて讀み、解きほぐせば、おのずから明らかになるのだから、ことさら分かりにくいところについて讀む必要はない。『易』は陰陽を説き、『詩』は邪正を説き、『書』は治亂を説いており、すべてみなまっすぐな筋道で、曲がりくねったところなど何もない。徐寓。

〔校勘〕

朝鮮古寫本　箇→个。

〔注〕

「易有箇陰陽」以下に關連する發言を『語類』中に探すと、次のような例が擧げられる。

易字義只是陰陽。(「易一　綱領上之上」六五・1605)

只是「思無邪」一句好、不是一部詩皆「思無邪」。(「詩一　綱領」八〇・2065)

或問讀尙書。曰、不如且讀大學。若尙書、却只說治國平天下許多事較詳。(「尙書一　綱領」七八・1982)

「剖析」は、分析し解きほぐすこと。「後面傳又立八件、詳細剖析八件意思。」(「大學二　經下」一五・308) などの用例が見える。

「嶢崎」は、下篇33條の注を參照されたい。

「偏曲」は、込み入って分かりにくいことをいうが、古くは『荀子』正論に「上偏曲則下比周矣。」とあるように、不公正であることを表わす。

なお、本條と相通ずる言として、下篇54條の「凡讀書、且須從一條正路直去。」が擧げられる。

節。

【89】

人惟有私意、聖賢所以留千言萬語、以掃滌人私意、使人人全得惻隱羞惡之心。六經不作可也、裏面着一點私意不得。

節。

〔譯〕

人には私意というものがあるから、聖賢は千言萬語の教えを遺して、その私意を拭い去り、一人一人に惻隱、羞惡の心を身につけさせようとした。六經は書かれなくてもよいが、心にほんのちょっとの私意もあってはいけないのだ。

甘節。

〔校勘〕

朝鮮古寫本「讀書法上」所收（四葉表）。

〔注〕

「惻隱羞惡之心」は、いうまでもなく、『孟子』公孫丑篇上の「孟子曰、人皆有不忍人之心。……惻隱之心、仁之端也。羞惡之心、義之端也。辭讓之心、禮之端也、是非之心、智之端也。」を踏まえる。

「掃滌」は、一掃する、拂拭するの意。學ぶには、先入見を洗い流さねばならない、という主張は、この下篇73條から75條に既に見られたものである。

【90】

許多道理、孔子恁地說一番、孟子恁地說一番、子思又恁地說一番、都恁地懸空掛在那裏。自家須自去體認、始得。賀孫。

〔譯〕

多くの道理は、孔子がこういい、孟子がこういい、子思がこういっていても、そのままではみな宙にぶら下がっているようなものだ。それらを自分で體得しようとしてこそ意味がある。葉賀孫。

〔校勘〕

朝鮮古寫本「讀書法上」所收（六葉表）。

〔注〕

「懸空」は、上篇51條に既出。本條と同様、道理はしっかり身に引き寄せ根づかせない限り空虚なままであることを述べた箇所としては、「學七　力行」（一三・223）の「若不去實踏過、却懸空妄想、便和最下底層不曾理會得。」が擧げられる。

【91】

爲學須是先立大本。其初甚約、中間一節甚廣大、到末梢又約。孟子曰、「博學而詳說之、將以反說約也」。故必先觀論孟大學中庸以考聖賢之意、讀史以考存亡治亂之迹、讀諸子百家以見其駁雜之病。其節目自有次序、不可踰越。近日學者多喜從約、而不於博求之。不知不求於博、何以考驗其約。如某人好約、今只做得一僧、了得一身。又有專於博上求之、而不反其約、今日考一制度、明日又考一制度、空於無用處作工夫、其病又甚於約而不博者。要之、均是無益。可學。

〔譯〕

學問するには、まず大本を立てること。學問の道ははじめはごく簡約で、眞ん中あたりで廣大になり、終わりの方はまた簡約になる。孟子は、「博學にして之を詳説するは、將に以て反って約を說かんとすればなり」という。だから、まず『論語』『孟子』『大學』『中庸』を讀んで、聖賢の心を考え、次に史書を讀んで存亡治亂の跡を考え、さらに諸子百家を讀んで、その雜駁の弊害を見極めねばならない。この項目立てにはおのずと順序があって、飛び越えてはいけないのだ。近頃の學ぶ者は、たいてい簡約を好んで、博く學ぼうとしない。博く學ぼうとせずに、簡約の何たるかが分かろうか。簡約好きの某人《なにがし》は、出家してわが身ひとつの道理を悟っているさ。また逆に、ひたすら博く學ぶばかりで、簡約に戻ることもできず、今日一つの制度について考えたかと思えば、明日は別の制度について考えるような人もいる。無用のところに無駄な努力を費やして、その弊害は、簡約だけで博く學ばない人よりも一層ひどい。つまり兩方ともだめなのだ。鄭可學。

〔校勘〕

朝鮮古活字本・朝鮮刊本・明刊本　考騐→考驗。空於無用處→空於用處。

朝鮮古寫本　踰越→越過。考騐→考驗。

底本及び朝鮮古活字本・朝鮮刊本・明刊本は、「空於無用處」を「空於用處」に作るが、朝鮮古寫本に從い本文を改めた。

〔注〕

『孟子』の引用は、離婁篇下の「孟子曰、博學而詳說之、將以反說約也。」、博と約を對比させて捉える考え方は、『論語』雍也篇の「博學於文、約之以禮。」や子罕篇の「博我以文、約我以禮。」に代表される。この二項に關する議論を『語類』の中から一つ擧げておく。

問、博學而詳說之、將以反說約也、如何。曰、約自博中來。旣博學、又詳說、講貫得直是精確、將來臨事自有箇頭緒。才有頭緒、便見簡約。若是平日講貫得不詳悉、及至臨事只覺得千頭萬緒、更理會不下、如此則豈得爲約。（「孟子七　離婁下」五七・1345〜46）

いわゆる四書を、ここでは論語・孟子・大學・中庸の順に配置しているが、四書の讀むべき順序は大學・論語・孟子・中庸であること、朱熹は「大學一・綱領」の冒頭で再三にわたって說く。また『語類』で四書を論じた篇の次序もこの通りであることにも注意されたい。

學問須以大學爲先、次論語、次孟子、次中庸。（一四・249）

某要人先讀大學、以定其規模、次讀論語、以立其根本、次讀孟子、以觀其發越、次讀中庸、以求古人之微妙處。大學一篇有等級次第、總作一處、易曉、宜先看。論語却實、但言語散見、初看亦難。孟子有感激興發人心處。中庸亦難讀、看三書後、方宜讀之。（同）

先看大學、次語・孟、次中庸。（同）

「駁雜」の語が諸子の書を評する語として用いられるが、「戰國漢唐諸子」には「家語雖記得不純、却是當時書。」（一三七・3252）、「管子之書雜」（同）、「賈誼之學雜。他本是戰國縱橫之學、只是較近道理、不至如（張）儀・（蘇）秦・蔡（澤）・范（睢）之甚爾。」（同・3257）など、近似する批評が見える。

「無用處」を「用處」に作るテキストも多いが、それによるなら「役立てようとばかりに無駄な努力を費す」の意になる。

本條では、「某人」をある人と解釋したが、あるいは、批判の對象として、そもそもかなり具體的な實名が入っていた可能性がある。もちろん「誰か」を特定することはできないが。また、「某人」を一人稱の語として理解することもでき、その場合は、「もしわたしが簡約の一點張りであったなら、いまごろは僧にでもなってわが身一つの道理を悟ろうとしているわい」というような譯になろう。

【92】

學者只是要熟、工夫純一而已。讀時熟、看時熟、玩味時熟。如孟子詩書、全在讀時工夫。孟子毎章說了、又自解了。蓋他直要說得盡方住、其言一大片、故後來老蘇亦拖他來做文章說。須熟讀之、便得其味。今觀詩、既未寫得傳、且除了小序而讀之。亦不要將做好底看、亦不要將做惡底看、只認本文語意、亦須得八九。僩。

〔譯〕

學ぶ者はひたすらしっくりくるように、ひたむきに努力すること。口に出して讀むにも、考えて讀むにも、味わって讀むにもしっくりするまでやる。『孟子』『詩』『書』などは、すべて讀むときの努力にかかっている。孟子は各章で、說きに說いて自分で解說している。彼はいいたいことをいい盡くしてようやく止むから、そのことばが大きな實體を有している。だから後に老蘇はそいつをもってきて文章を書いたのだ。熟讀してこそ味わいがわかる。いま『詩』を讀むのに、毛傳も書かれていない狀態で、小序などは取っぱらってよむこと。良いものとして讀まなくてもよいし、悪いものとして讀むこともない。ひたすら本文の語意にそっていけば、八九割がたは分かるものだ。黄㽦。

〔校勘〕

朝鮮古活字本・明刊本「老蘇亦拖他來」の「他」と「來」の間に空格有り。

朝鮮古寫本「讀書法上」所收（三葉表）。拖→把。

〔注〕

本條で述べる讀み方、『孟子』は熟讀すべし、『詩』は小序などは無視すべし、と同趣旨の訓語を說いた箇所を以下に列擧する。

孟子要熟讀、論語却費思索。孟子熟讀易見、蓋緣是它有許多答問發揚。（「論語一　語孟綱領」一九・432）

看孟子、與論語不同、論語要冷看、孟子要熟讀。論語逐文逐意各是一義、故用子細靜觀。孟子成大段、首尾通貫、熟讀文義自見、不可不逐一句一字上理會也。（同）

詩小序全不可信。（「詩一　綱領」八〇・2074）

問、詩傳甚撤去小序、何也。曰、……某由此見得小序大故是後世陋儒所作。（「詩一　綱領」八〇・2078）

今欲觀詩、不若且置小序及舊說、只將元詩虛心熟讀、徐徐玩味、候彷彿見箇詩人本意、却從此推尋將去、方有感發。……某向作詩解、文字初用小序、至解不行處、亦曲爲之說。後來覺得不安、第二次解者、雖存小序、間爲辨破、然終是不見詩人本意。後來方知、只盡去小序、便自可通。於是盡滌舊說、詩意方活。（「詩一　論讀詩」八〇・2085）

學者當興於詩。須先去了小序、只將本文熟讀玩味、仍不可先看諸家注解。看得久之、自然認得此詩是說箇甚事。（「詩一　論讀詩」八〇・2085）

蘇洵の逸話は、彼の「上歐陽內翰第一書」に見える。上篇65條の注を參照のこと。

なお、本條の冒頭から蘇洵の引用を經て「便得其味」までと同じ言が、『朱子讀書法』卷三「熟讀精思」に見える。

【93】

人做功課若不專一、東看西看、則此心先已散漫了、如何看得道理出。須是看論語、專只看論語、看孟子、專只看孟子。讀這一章、更不看後章、讀這一句、更不得看後句。這一字理會未得、更不得看下字。如此、則專一而功可成。若所看不一、汎濫無統、雖卒歲窮年、無有透徹之期。某舊時文字、只是守此拙法、以至於今。思之、只有此法、更無他法。僩。

〔譯〕

勉強する時に、集中しないで、あれこれよそ見をしているようでは、この心がまず散漫になってしまい、道理など理解のしようがない。『論語』を讀むなら、ひたすら『論語』、『孟子』なら、ひたすら『孟子』を讀むこと。この一章を讀んでいる時には、次の章を讀んではいかんし、この一句を讀んでいる時には、次の句を讀んではいかん。この一字がわからないうちに、次の字を讀んではならん。こうすれば、集中できて努力が實を結ぶのだ。あれこれとりとめなく讀んでいったのでは、いくら年月を重ねても、すっきり分かる時はあるまい。わたしは昔から讀書に際して、ただこの愚直な方法を守って、これまでやってきた。いま考えても、やはりこの方法だけで、他にはない。沈僩。

〔校勘〕

朝鮮古寫本「讀書法上」所收（十五葉表）。更不看後章→更不得看後章。讀這一句→說這一句。卒歲→九十歲。舊時文字→舊時看文字。

〔注〕

「散漫」は、けじめのない様を形容する語である。例えば、朱子は「理氣下　天地下」（二・31）で治水を論じ、「漢人之策、令兩旁不立城邑、不置民居、存留些地步與他、不與他爭、放教他寛、教他水散漫、或流從這邊、或流從那邊、不似而今作堤去圩他。」という。また本條と同じように、心の状態を形容する例も多く、「此心散漫放肆、打一聳動時、便在這裏、能使得多少力。」（「論語八　里仁篇上」二六・654）や、「諸友只有箇學之意、都散漫、不恁地勇猛、恐度了日子。」（「訓門人九」一二一・2924）など。

「汎濫」は、上篇62條、下篇45條に既出。

「守此拙法」からは、陶淵明「歸園田居」の「開荒南野際、守拙歸園田。」の句が思い起こされる。巧拙を問題にせず、愚直に取り組むこと。

「功課」は、古く『韓非子』に見えるが、それは功績を顯彰する意味で用いられており、本條のように、毎日の學習という意味での用法は、恐らく佛家での日課、日々のお勤めとしての「功課」に由來するであろう。

【94】

凡讀書、須有次序、且如一章三句、先理會上一句、待通透、次理會第二句第三句、待分曉、然後將全章反覆紬繹玩味。如未通透、却看前輩講解、更第二番讀過。須見得身分上有長進處、方爲有益。如語孟二書、若便恁地讀過、只一二日可了。若要將來做切己事玩味體察、一日多看得數段、或一兩段耳。又云、看講解、不可專徇他說、不求是非、便道前賢言語皆的當。如遺書中語、豈無過當失實處、亦有說不及處。又云、初看時便先斷以己意、前聖之說皆不可入。此正當今學者之病、不可不知。寓。

〔譯〕

「書物を讀むのには順序がある。例えば、一章三句であれば、まず最初の一句に取り組み、よく納得できてから、第二句第三句に取り組み、それがよく分かってから、全體を繰り返し反芻し味わうのだ。もしも納得がいかなければ、先人の注解を讀んで、またもう一度讀む。自分の身に大きく進歩したところが分かってこそ、役に立つ。『論語』『孟子』などは、そんなふうに讀みとばすのなら、一日二日で讀みおわるだろう。しかし、わが身に引きつけて深く味わい體得しようと努力するなら、一日にせいぜい數段、場合によれば一、二段讀めればいいところだ。」さらにおっしゃった。「講解を讀むにも、全面的にその說に從って、是非を追究せず、先賢のことばはみな正しいなどといってはいけない。程先生の『遺書』の中の語にしても、妥當でないところもないわけじゃないし、不十分なところだってある。」また、次のようにもおっしゃった。「初めて讀むときに、自分の考えで先に斷定してしまうと、先賢の說は何も入ってこなくなる。これこそいまの學ぶ者の悪弊であり、よくわきまえておかねばならない。」徐寓。

〔校勘〕

朝鮮古寫本「讀書法上」所收（七葉裏）。次序→汝序。先理會上句→先理會上一句。

底本は「徇」を「狥」に作るが、諸本に從い、改めた。

〔注〕

「一章三句」は、經書一般の文章を指すというよりも、直接的には、「葛覃三章章六句」や「桃夭三章章四句」など、『詩』の構成を思わせる言い方である。

「通透」は、すっかり分かること。上篇5條に既出。

「紬繹」は、上篇49條の注を參照のこと。

「體察」は、下篇の21條を參照のこと。

「的當」は、適切なこと。「總論爲學之方」（八・140）にも、「或問、爲學如何做工夫。曰、不過是切己、便的當。」とある。

「講解」は、學問を解き講じることであるが、「看講解」というふうに、讀まれるものとして用いているからには、例として擧げられる『程氏遺書』などの語録の類の書物を指すのではないか、と考えられる。

なお、一段ずつこつこつ進まねばならない、という前條および本條の主張は、上篇48條以下で集中的に論じられている。


【95】

人只讀一書不得、謂其傍出多事。禮記左傳最不可不讀。揚。

〔譯〕
人は、一つの書物も讀みきれずに、いろいろなことが出てくるのでなどという。『禮記』『左傳』は何より讀まないわけにはいかない。包揚。
〔校勘〕
朝鮮古寫本「讀書法上」所收（十二葉裏）。
〔注〕
『禮記』『左傳』は、經書の中でも大部な「大經」であり、まさしく「傍出多事」の内容であるといってよい。朱子

は、この「大經」を擧げて、學習項目が膨大であることを敬遠しようとする向きを戒めている。「春秋　綱領」（八三・2151）でも、朱子は「左傳一部載許多事、未知是與不是。但道理亦是如此、今且把來參考」と述べ、記事の雜多さを認めた上で、やはり學ばねばならぬことを說いている。

【96】

看經書與看史書不同。史是皮外物事、沒緊要、可以劄記問人。若是經書有疑、這箇是切己病痛。如人負痛在身、欲斯須忘去而不可得。豈可比之看史、遇有疑則記之紙邪。僩。

〔譯〕

經書を讀むのと史書を讀むのとは違う。史書は外的な事柄を扱っていて、大したことではないから、メモを取って人に聞けばよい。しかし、經書を讀んで疑問が生じれば、これはわが身にとって切實な痛みだ。人は自分のからだに痛みがあれば、しばし忘れようとしてもできないものだ。史書を讀むのに、疑問が生じたら紙に書いておけばよいのとくらべものになろうか。沈僩。

〔校勘〕

朝鮮古寫本「讀書法上」所收（五葉裏）。遇有→過有。箇→个。

〔注〕

「皮外物事」は、外面的な現象として現れることがらをいう。

「斯須」は、「須臾」と同じく、ごく短い時間のこと。

只變易顏色亦得、但覺說得太淺。斯須之間、人誰不能、未知他果有誠敬之心否。……（「論語三　學而篇中」二一・500）

「劄記」はメモを取ること。下篇130條以下に史書を讀む心得を述べる箇所が見えるが、140條で史書を讀む際メモを取ることに言及している。

【97】

浩曰、趙書記云、自有見後、只是看六經語孟、其他史書雜學皆不必看。其說謂買金須問賣金人、雜賣店中那得金銀、不必問也。曰、如此、卽不見古今成敗、便是荊公之學。書那有不可讀者。只怕無許多心力讀得。六經是三代以上之書、曾經聖人手、全是天理。三代以下文字有得失、然而天理却在這邊自若也。要有主、覷得破、皆是學。浩。

〔譯〕

わたくし（浩）が、「趙書記は、道理が見えてきたら、ただひたすら六經と『論語』『孟子』だけを讀み、その他の史書や雜書などはみな讀まなくてよい、といっています。これは、金を買うには金商人に聞け、雜貨屋で金銀が買えるわけはないから、聞く必要はない、ということですね。」というと、いわれた。「そんなふうでは、古今の成敗の道理はわからず、それこそ、王荊公の學問だ。讀んでいけない書物などあろうか。ただそんなにたくさん讀めるほどの力がないのじゃないか。六經は三代以前の書物で、聖人の手を經ているから、すべて天理である。三代以下の文章には得失があるが、そうはいっても天の理は、そこにそのまま存している。ちゃんと主體性をもって見拔くことができれば、すべて學問なのだ。」邵浩。

〔校勘〕

朝鮮古寫本　缺

〔注〕

「趙書記」が誰を指すかは不明。『語類』において「趙書記」の名稱は本條を含め、巻四「性理一　人物之性氣質之性」および巻六十二「中庸一　綱領」の計三ヵ所に見えるが、そのすべてが同じ邵（郭）浩の筆記によるものである。それにより恐らく彼と同時期に朱子に師事した者と思われるが、「書記」と稱しうる人物は見當たらない。

本條で「史書」と並稱される「雜學」は、具體的には諸子の書などを指すのであろう。前出の91條でやはり諸子の書が「雜駁」と評されているのに通ずる考え方である。

「荊公」は、王安石のこと。「本朝四　自熙寧至靖康用人」（一三〇・3095～3103）では、王安石の人物・學問を繰り返し論じるが、全體的にはあまり好意的評價はしていないものの、後世のように完全に否定し去るのではなく、思想行動に見るべきところがないではないが、見識が狹く、道理の究明が不徹底で力量が伴わない、という類の評が目立つ。

「只怕」は、推量の意。「恐怕」に同じ。

「三代」以降の文章を讀むことについては、「訓門人二」（一一三・2740）でも、「三代以下書、古今世變治亂存亡、皆當理會。」と見える。

「有主」は、次の程子のことばを意識したものか。「問、程子謂有主則虛、又謂有主則實。曰、有主於中、外邪不能入、便是虛。有主於中、理義其實、便是實。」（「程子之書二」九六・2466）

〔記録者〕

邵浩　不明。「師事年攷」164。『宋元學案』補遺巻六十九は郭浩の誤りとする。

【98】

向時有一截學者、貪多務得、要讀周禮、諸史、本朝典故、一向盡要理會得許多沒緊要底工夫、少刻身己都自恁地顚顚倒倒沒頓放處。如喫物事相似、將甚麼雜物事、不是時節、一頓都喫了、便被他撐腸拄肚、沒奈何他。賀孫。

〔譯〕

むかしある書生たちがあれこれ欲張って、『周禮』や諸史、本朝典故まで讀もうとして、大切でもないことにただもう精力を費やしたあげく、やがて、自分自身もそのままどっちつかずになって、落ちつくところを失ってしまった。ものを食べるのと同じで、何やかやの雑多なものを、時節もわきまえず、一氣に食べれば、腹が突っ張って、どうしようもなくなるだけだ。葉賀孫。

〔校勘〕

朝鮮古寫本　「讀書法上」所收（五葉表）。

朝鮮古活字本・明刊本　「沒緊要底工夫」の「要」と「底」の間に一字の空格あり。

〔注〕

「截」は、量詞。一まとまりのものを指す。「性理三　仁義禮智等名義」（六・106）に「仁與義是柔軟底、禮智是堅實底。仁義是頭、禮智是尾。一似説春秋冬夏相似、仁義是陽底一截、禮智是陰底一截。」とあるのが參考になる。

「顚顚倒倒」は、どっちつかずの状態をいう語。「初看、惻隱便是仁、若恁地殘賊、便是不仁。羞惡是義、若無廉恥便是不義。辭遜是禮、若恁地爭奪、便是無禮。是非是知、若恁地顚顚倒倒、便是不知。」（「孟子三　公孫丑上之下」

五三・1282）などの用件がある。

「撑腸拄肚」は、腹に突っ張るの意で、學問が消化不良の「一截學者」を形容する。同様な用法のものでは、胡宏（胡五峰）一派を評した「毅而不弘、如胡氏門人、都恁地撑腸拄肚、少間都沒頓著處。」（「論語十七　泰伯篇」三五・929）や、陳傅良への「至如君擧胸中有一部周禮、都撑腸拄肚、頓著不得。」（「陳君擧」一二三・2960）など、ともに本條と同じ葉賀孫によって記録されている。上篇40條～43條は、欲張って多くを讀もうとする「貪多」の弊害と、己の力を見きわめて讀書することの重要性を主張している點で本條と共通する。

本條では、『周禮』と史書、典禮制度が並列されているが、『周禮』は、それが官の職掌を述べる點で結びつけられたのであろう。『周禮』に關する朱子の考え方は、「禮三　周禮總論」（八五・2203）で、「『周禮』とは何か」と問われ、「不敢教人學。非是不可學、亦非是不當學。只爲學有先後、先須理會自家身心合做底、學周禮却是後一截事」とあるように、初學がまず學ぶべき必修の學問と考えてはいなかったことがわかる。

【99】

看經傳有不可曉處、且要旁通。待其浹洽、則當觸類而可通矣。人傑。

〔譯〕

經や傳を讀んでわからないところがあれば、とにかく全體から廣く理解するようにすること。理解がすみずみまで行き渡れば、どこからでも分かるようになる。萬人傑。

〔注〕

「旁通」「觸類」は、『易』繫辭上乾卦文言「六爻發揮、旁通情也。」、「引而申之、觸類而長之。」に基づくが、ここでは、「いたるところ」という意で用いられる「觸地」「觸處」などの口語語彙の用法を斟酌し、「あらゆるもの」の意に譯出した。

【100】

經旨要子細看上下文義、名數制度之類、略知之便得、不必大段深泥、以妨學問。

〔譯〕

經の本旨は、子細に前後の文義を讀み込まねばならないが、名數制度の類は、ひととおり知識を得ればよいのであり、あまり深入りして學問の妨げにならぬようにすること。〔記錄者名を缺く〕

〔注〕

「深泥」の「泥」は「なずむ」の意で、去聲に讀まれる。

【101】

理明後、便讀申韓書、亦有得。方子。以下雜論。

〔譯〕

理が明らかになってから、申・韓の書物を讀めば、得るところもある。李方子。以下、雜論。

〔校勘〕

朝鮮古寫本　巻十「讀書法上」所收。以下雜論↓缺。

〔注〕

「申韓」は、申不害と韓非子を指す。兩者を並列する例は、「史記云、申子卑卑、施於名實。韓子引繩墨、切事情、明是非、其極慘礉少恩、皆原於道德之意。」（「戰國漢唐諸子」一三七・3253）や、「凡人著書、須自有箇規模、自有箇作用處。或流於申韓、或歸於黃老、或有體而無用、或有用而無體、不可一律觀。」（同　3255）が擧げられる。

「雜論」という語は、諸子の學問を指す。下篇92條の「駁雜」の注を參照のこと。

【102】

諸先生立言有差處、如横渠知言。當知其所以差處、不宜一切委之。所以自廣其志、自進其知也。

〔譯〕

諸先生の理論には食い違うところもあるので、例えば横渠先生の『知言』。それがなぜ食い違っているのか理解すべきで、そのまま鵜呑みにしてはならない。それがみずから志を大きくし、知を進めることになる。［記録者名を缺く］

〔校勘〕

朝鮮古寫本　缺

〔注〕

「差」は、食い違う、という意味で、後出第107條の「差互」に同じ。

細字の部分に「横渠知言」とあるが、『知言』は張載の著書ではなく、胡宏の著書にその名が見える。底本の「横渠」の下に附された賀瑞麟の校語には「賀疑渠下有闕」とあり、胡宏の『知言』と並列されていたであろう横渠の著作が脱落した可能性を示唆する。胡宏の『知言』と並稱される横渠の著書としては、『正蒙』があり、『語類』にもしばしば兩者が同列に論じられる。例えば、「向呂伯恭初讀知言、以爲只有二段是、其後却云、極妙、過於正蒙。」（「中庸一　章句序」六二・1487）や、「東萊云、知言勝似正蒙。」（「程子門人　胡康侯」一〇一・2582）、また、「伯恭云、知言勝正蒙。」（同、2583）も同じ主旨のことばである。さらに、この兩者に對する評價としては、「羅氏門人」（一〇三・2602）に「正蒙知言之類、學者更須被他汨殁。」がある。なお、朱熹の著述に『知言疑義』がある。

「立言」は、書物を著わして説を立てること。『左傳』襄公二十四年に「大上有立德、其次有立功、其次有立言」と、また『中庸章句』第一章に、「子思述所傳之意以立言。」という。

【103】

讀書理會道理、只是將勤苦捱將去、不解得不成。「文王猶勤、而況寡德乎。」今世上有一般議論、成就後生懶惰。如云「不敢輕議前輩」、「不敢妄立論」之類、皆中怠惰者之意。前輩固不敢妄議、然論其行事之是非、何害。固不可鑿空立論、然讀書有疑、有所見、自不容不立論。其不立論者、只是讀書不到疑處耳。將精義諸家説相比並、求其是、便自有合辨處。璘。

〔譯〕

書物を讀んで道理にとりくむには、ひたすらこつこつと努力していけば、できないはずがない。「文王でさえ努力したのだから、徳の少ない者はなおさら」なのだ。今世間によくある議論が、若者の怠け心を生んでいる。やれ「先達を輕々しく論じるわけにいかない」だの、「みだりに理論をたてるわけにはいかない」だのというのは、みな怠け者の意に添うものだ。先達のことを妄りに議論するわけにいかないのはもちろんだが、その事跡の是非を論じるのに、なんの不都合があろう。根據のない論をでっち上げるべきでないのは當然だが、書物を讀んで疑問が生じ、分かったところがあれば、おのずと論を立てないわけにはいかなくなる。論を立てないのは、書物を讀んで疑問をもつまでになっていないというだけだ。『精義』の諸家の説を較べあわせて、正しいものを追求していけば、おのずからはっきりするところがある。滕璘。

〔校勘〕

朝鮮古活字本・朝鮮刊本・明刊本　捱→睚。

朝鮮古寫本　缺

〔注〕

「捱將去」は、こつこつ積み上げていくこと。すでに上篇48條に、「逐旋捱去」とみえる。

「不成」は、上篇4條および、下篇40條に既出であるが、句末の用例としては本條が初出である。

「文王猶勤」は、『左傳』宣公十一年の「詩曰、文王既勤止。文王猶勤、況寡徳乎」をいう。

「精義」は、二程子らによる經書への注釋書を指すが、朱子自身も、四十三歳の時に、『語孟精義』を建陽にて出版している。ただ、「論語一　語孟綱領」（巻十九）をみると、單に「精義」といえば、多くの場合、前者を指している。たとえば、「且如精義中、惟程先生説得確當。」、「精義中、尹氏説多與二程同、何也。」（一九・442）など。

「比竝」は、比べ見ること。「他高者自高、低者自低、何須去比竝。」（「論語十五　雍也篇四」三三・845）の例がわかりやすい。また、本條と重なり合う內容のものとしては、「讀書、須痛下工夫、須要細看。心粗性急、終不濟事。如看論語精義、且只將諸說相比竝看、自然比得正道理出來。」(「論語一　語孟綱領」一九・441) が擧げられる。

「合辨處」は、「見極めるべきところ」。

説道和悅、終不成一向放倒了。到合辨別處也須辨別、始得。(「論語二十　鄉黨篇」三八・999)

「鑿空」は、下篇7條の注參照。

【104】

因言讀書法、曰、且先讀十數過、已得文義四五分、然後看解、又得三二分、又却讀正文、又得一二分。向時不理會得孟子、以其章長故也。因如此讀。元來他章雖長、意味却自首末相貫。又問讀書心多散亂。曰、便是心難把捉處。知得此病者、亦早少了。向時擧中庸「誠者物之終始、不誠無物」、說與直卿云、「且如讀十句書、上九句有心記得、心不走作、則是心在此九句內、是誠、是有其物、故終始得此九句用。若下一句心不在焉、便是不誠、便無物也。」明作。

以下論看注解。

〔譯〕

讀書の方法に話が及んで、おっしゃった。「まずは十數回讀み、四、五割がた文義をつかんで、それから注解を讀むと、さらに二、三割分かるようになり、もう一度本文を讀めば、また一、二割分かるようになる。以前『孟子』が身につかなかったのは、その章が長いせいだった。そこで、このように讀んだ。『孟子』の章は長いとはいえ、そもそも內容は首尾一貫しているのだ。」また、讀書の際に、心がふらふらしがちなことを問うと、おっしゃった。「それがつまり心の制御しがたいところだ。この難しさのわかる者も、とっくに少なくなってしまった。いつか『中庸』の「誠なる者は物の終始、誠ならざれば物無し」を擧げて、直卿（黃榦）にいったものだ。「たとえば、十句の書を讀んで、上九句を憶え込み、心が脇道にそれなければ、心はこの九句の中に存在している。これが誠であり、その物が有るということだ。だから終始この九句を生かすことができる。しかし、もしも次の一句で心がそこになければ、そこで「誠ならず」、つまり「物無し」ということになるのだ」と。」周明作。以下、注解の讀み方を論ず。

〔校勘〕

朝鮮古活字本・刊本・明本「他」をすべて「它」に作る。

朝鮮古寫本　因言讀書法、曰→因言讀書法、先生曰。「然後看解」から「因如此讀元」までが雙行にて記される。以下論看注解→缺。

また、朝鮮古寫本のこのテキスト（九州大學圖書館藏朝鮮古寫徽州本）では、巻十一第六葉から第十七葉までの丁づけと條の配列がちょうど逆順になっているが、これは影印本出版時の亂丁で、すなわち、第五葉の末尾より第十七葉に飛び、以下、第十六葉第十五葉とさかのぼって第六葉に至ってから、第十八葉に返ることとなる。本條は、第七葉最終條に位置しており、従って、第七葉から第六葉に逆さまにまたがる形で見える。

〔注〕

「因言讀書法」の句は、「陸氏」（一二四・2978）にも、「因言讀書法、云云」と類似の表現が見られる。

「把捉」はしっかり自分のものとして離さないこと。

　孟子云、「操則存、舍則亡。」人才一把促、心便在這裏。（「學三　論知行」九・151）

『中庸』の引用は、第二十五章の「誠者自成也。而道自道也。誠者物之終始、不誠無物。是故君子誠之爲貴。誠者非自成己而已也、所以成物也。成己、仁也、成物、知也。性之德也、合外内之道也、故時措之宜也。」をいう。「中庸

三　第二十五章」には、關連して次のような言が見える。

誠者、物之終始、徹頭徹尾。（六四・1577）

誠者、物之終始、猶言體物而不可遺。此是相表裏之句。從頭起至結局、便是有物底地頭、著一些急不得。（同・1577）

誠者、物之終始、不誠無物。誠者、事之終始、不誠、比不曾做得事相似。且如讀書、一遍至三遍無心讀、四遍至七遍方有心讀、八遍又無心、則是三遍以上與八遍、如不曾讀相似。（同・1578）

誠者、物之終始、不誠無物、如讀書、半版以前心在書上、則此半版有終有始。半版以後、心不在焉、則如不讀矣。（同・1579）

「心不在」は、上篇71條、下篇7・11條に既出。また、「心不在焉（心ここに在らず）」は、『大學』にみえる。『大學章句』では、「傳之七章」に「心不在焉、視而不見、聽而不聞、食而不知其味」とある。

直卿は、弟子黃榦（一一五二～一二二一）の字。「師事年攷」30。

「走作」は、これまでにも何回か見えている。下篇4條の注を參照。

「心不在」であれば「無物」、つまり「何物も手にしないに等しい」というのは、『論語』學而篇の「君子不重則不威、學則不固。主忠信」に對して程子が注した「人道惟在忠信、不誠則無物、且出入無時、莫知其鄉者、人心也、若無忠信、豈復有物乎」を踏まえる。「論語三　學而篇中」には、「若做到九分、這一分無誠意、便是這一分無物」（二一・503）、「且如讀書十遍、初四遍心在、後六遍心不在、只是口頭讀過、便只第一遍至第四遍是始是終、第六遍後、便只似不曾讀一般、便無物也」（同504）と、關連する語は多い。

また、本條の前半部分（「又得一二分」まで）とほぼ同じ言が、『朱子讀書法』卷三「熟讀靜思」に見える。

【105】

「大凡人讀書、且當虚心一意、將正文熟讀、不可便立見解。看正文了、却着深思熟讀、便如己説、如此方是。今來學者一般是專要作文字用、一般是要説得新奇、人説得不如我説得較好、此學者之大病。譬如聽人説話一般、且從他説盡、不可勦斷他説、便以己意抄説。若如此、全不見得他説是非、只説得自家底、終不濟事。」久之、又曰、「須是將本文熟讀、字字咀嚼教有味。若有理會不得處、深思之、又不得、然後却將注解看、方有意味。如人飢而後食、渴而後飲、方有味。不飢不渴而强飲食之、終無益也。」又曰、「某所集注論語、至於訓詁皆子細者、蓋要人字字與某着意看、字字思索到、莫要只作等閑看過了。」又曰、「讀書、第一莫要先立箇意去看他底、莫要才領略些大意、不耐煩、便休了。」祖道。

〔譯〕

「およそ人が書物を讀むには、まずは心を虚しくして、ひたむきに本文を熟讀し、すぐに解釋を立てたりしないこと。本文を讀みおわったら、さらに深く考えつつ熟讀して、それが自分のことばのようになる、それでこそよい。近頃の學ぶ者の中には、もっぱら文章を作るのに役立てようとする連中や、目新しいことを言って、人よりうまくしゃべっていると思う連中がいるが、これらは學ぶ者の大きな缺點だ。たとえば、人の話を聞く時に、しばらくはその人の言い分を十分にしゃべらせ、途中で腰を折ったり、話を横取りしてはいけないのと同じだ。そんなふうでは、話の是非すら皆目見て取れず、自分のことを主張するばかりで、まるで話にならない。」しばらくしてさらにおっしゃった。「本文を熟讀し、一字一字を咀嚼して味わいが出てくるようにすること。身につかないところが有れば、深く考え、それでもまだ分からなければ、そこで注解を讀むと、はじめて味わいが分かる。腹がすいてから食べ、喉が渇いてから飲んでこそおいしいのだ。腹もへらず、喉も渇かないのに無理に飲んだり食ったりしても、むだなだけだ。」さらにいわれた。「私の『論語集注』が、訓詁にいたるまですべて詳しくしたのは、人が私と共に注意して一字一字を讀み、その一字一字についてしっかり考え、いいかげんに讀み過ごさないようにして欲しいからだ。」またいわれた。「書物を讀むには、とにかく先入見を持って讀まないこと。大筋がわかったところで、あきてしまい、投げ出さないこと。」曾祖道。

〔校勘〕

朝鮮古活字本　すべて「他」を「它」、「着」を「著」に作る。字字咀嚼教有味→字字咀嚼敬有味。また、「便以己意抄説」では、底本は「便以己意見抄説」に作るのだが、朝鮮古活字本・朝鮮古寫本・朝鮮刊本、さらに明刊本ともに「便以己意抄説」に作るのによって、底本を改めた。

朝鮮古寫本　便以己意抄説→以己意抄説。「無益也」の後に細字雙行で「自又曰以下李儒用錄同」が入る。箇→个。

〔注〕

「虚心」については、下篇21條～24條に集中して教えが見える。「一意」は、集中すること。

「見解」は、『臨濟錄』「示衆」一に「今時學佛法者、且要求眞正見解。」と見え、三浦國雄氏は、本來は佛教語であろう、とする（吉川幸次郎・三浦國雄著『朱子集』九五頁、講談社學術文庫本一三一頁）。

「勦斷」は、中斷することをいう。關連する語として、「勦説」があり、それでは、人の話を中斷させる意味になる。「上騁辯必勦説而折人以言。」（『資治通鑑』唐徳宗建中四年）への胡三省の注に、「此所謂勦説者、以人言未竟、勦絶其説而伸己之説也。」とある。また、人の言説を剽竊する意でも用いられ、『禮記』曲禮上の「毋勦説、毋雷同」への鄭玄注に、「勦、猶擥也。謂取人之説、以爲己説。」と見える。

「抄説」は、人の説をかすめ取って自説とすること、抄襲。この語と、右の「勦斷」の用法には、重なり合う部分が多い。ともに、他人の言説の腰を折り、それを横取りする意で用いられている。

「不濟事」は、上篇20條の注を參照のこと。

「意味」は、上篇49條に既出。同注を參照のこと。

「着意」は、事を爲すに心することをいう。

要窮理、須是着意。不着意、如何會理會得分曉。（「學三　論知行」九・152）

讀書法を食事に譬えるのは、『語類』にしばしば見られる手法であるが、これまでにも、上篇16條や44條・50條など、數多い例を見てきた。本條のように、時機をわきまえて食べることを題材とした例としては、「學二　總論爲學之方」（八・134）の「這箇物事要得不難。如飢之欲食、渴之欲飮、如救火、如追亡、似此年歲間、看得透、活潑潑地在這裏流轉、方是。」や、既出の下篇98條が擧げられる。

また、本條と同樣、氣のきいたことを言うために學問することを戒めた言としては、「學二　總論爲學之方」の「……今人只憑一己私意、瞥見些子說話、便立箇主張、硬要去說、便要聖賢從我言語路頭去、如何會有益。此其病只是要說高說妙、將來做箇好看底物事做弄。如人喫飯、方知滋味、如不曾喫、只要攤出在外面與人看、濟人濟已都不得。」（八・140）がある。

「第二」は、「決して」の意。

「領略」は、大筋を了解する意。

又恐他只說到這裏、入深也更有在、若便領略將去、不過是皮膚而已。又不入思慮、則何緣會進。須是把來橫看豎看、子細窮究。都理會不得底、固當去看。便是領略得去者、亦當如此看。看來看去、方有疑處也。（「訓門人一」一一三・2743）

【106】

學者觀書、先須讀得正文、記得注解、成誦精熟。注中訓釋文意、事物、名義、發明經指、相穿紐處、一一認得、如自己做出來底一般、方能玩味反覆、向上有透處。若不如此、只是虛說議論、如舉業一般、非爲己之學也。曾見有人説詩、問他關雎篇、於其訓詁名物全未曉、便說、「樂而不淫、哀而不傷。」某因說與他道、「公而今說詩、只消這八字、更添『思無邪』三字、共成十一字、便是一部毛詩了。其他三百篇、皆成渣滓矣。」因憶頃年見汪端明說、「沈元用問和靖、『伊川易傳何處是切要。』尹云、『「體用一源、顯微無間」此是切要處。』」後舉似李先生、先生曰、「尹說固好。然須是看得六十四卦、三百八十四爻都有下落、方始說得此話。若學者未曾子細理會、便與他如此說、豈不誤他。」某聞之悚然、始知前日空言無實、不濟事、自此讀書益加詳細云。此一段、係先生親書示書堂學者。

〔譯〕

學ぶ者が書物を讀むには、まず本文を讀みこみ、注解を憶えこみ、しっくりくるまで口に出して唱えること。注の中の、文意、事物、名義の解說、經の意味を明らかにし、それらを通じさせる要のところを、一つ一つ見極めて、自分の書いたもの同然になってこそ、よくよく味わうことができ、先の方への見通しが得られるようになる。そうでなくて空虛な議論ばかりしていては、受驗勉强と同じで、自分のための學問にはならない。かつて詩を論じている人に、「關雎」篇について問うたところ、訓詁・名物などについてはなんにも知らずに、「樂しみて淫せず。哀しみて傷《やぶ》らず」と答えたので、私はいってやった。「あなたはいま『詩』を論じて、たった八字ですませましたね。それに『思無邪』の三字を加えれば、あわせて十一字になって、それが『毛詩』のすべてというわけですね。その他の三百篇はみなしぼり粕になりますすね。」そこで思い出すのは、いつか汪端明がいわれた、「沈元用が尹和靖に、伊川の『易傳』ではどこが肝心か、と問うたところ、尹は、『體用一源、顯微間無し』こそが肝心だと答えた」という話だ。後に私が李先生に向かってこのことを話題にしたところ、先生は「尹の說はもちろん正しい。だが、六十四卦、三百八十四爻がみな得心できてこそ、そういえるのだ。學ぶ者がまだ細かな點までとりくんでいないうちに、そう說き聞かせたのでは、彼を誤らせることになるんじゃないか」とおっしゃった。私はそれを聞いてはっとした。そして始めてそれまでいっていたのは中身の無い役立たずのことと悟り、以後いっそう綿密に讀書するようになった。この一段は、先生みずからが教室の學生に書き示してくださったものである。

〔校勘〕

朝鮮古活字本　渣滓→査滓。和靖→和靜。

朝鮮古寫本　缺

〔注〕

「曾見有人說詩」以下は、「偶讀謾記」（『晦庵文集』巻七十一雜著）に、ほとんど同じ內容の文が見える。また『晦庵先生語錄大綱領』巻八第八條にも、李閎祖錄として同文が見えるという（石立善「『晦庵先生語錄大綱領』攷」、『中國思想史研究』二八、一三三〜四頁、二〇〇六年）。本條は記錄者名を缺くが、李閎祖もしくは同時期に師事した者の記錄と見なすことができよう。

「認得」は、「體認」にほぼ同じ。體得する、味わいとる。「體認」は下篇41條に既出。

「向上」は、先に向けての意。

今之學者、直與古異、今人只是强探向上去、古人則逐步步實做將去。（「學二　總論爲學之方」八・139）

「學業」は、科擧受驗のための勉强を指す。「以科擧爲爲親、而不爲爲己之學、只是無志。以學業爲妨實學、不知曾妨飲食否、只是無志也。」（「學七　力行」一三・246）とあるように、次の注に述べる「己の爲の學問」と對比的にとらえられることが多い。

「非爲己之學」は、『論語』憲問の「古之學者爲己、今之學者爲人。」を踏まえる。

「樂而不淫、哀而不傷」は、『論語』八佾篇の「子曰、關雎、樂而不淫、哀而不傷。」を指す。また、「思無邪」は、『論語』爲政の「子曰、詩三百、一言以蔽之、曰思無邪。」を踏まえる。いずれも、『詩』に對する『論語』の評をそのまま受け賣りしていることを示す。

「消這八字」の「消」は、「用」に同じ。

汪端明は、汪應辰（一一一八～一一七六）のこと。『宋元學案』巻四十六に「玉山學案」がある。それによると、汪應辰は、字は聖錫、信州玉山の人、文定公、玉山先生と稱される。端明殿學士として知平江府となる。朱子と學問の交流があり、『玉山文集』には「與朱元晦」が収められ、朱子はために祭文を遺している。また、汪應辰が福州知縣であったとき、召されて敷文閣學士となり、その後任に朱子を推薦したとある。

沈元用は、沈晦（一〇八四～一一四九）のこと。『宋元學案』巻二十七「和靖學案」に「和靖門人」として記される。元用は字。

尹和靖の答えに見える程氏の言は、『程氏易傳』易傳序「至微者理也、至著者象也。體用一源、顯微無間」を指す。また、尹和靖は、尹焞（一〇七一～一一四二）、字は彦明。程伊川の弟子。『宋元學案』巻二十七に「和靖學案」がみえ、『語類』にも「程子門人　尹彦明」（一〇一・2575～2578）の章が立てられる。そこからは、程子の言いつけを墨守して學問に勵む、尹焞の篤實な姿が浮かび上がる。

李先生は、李侗（一〇九三～一一六三）のこと。字は愿中、南劍の人、朱子の師。『宋元學案』巻三十九「豫章門人」に詳しい傳が見え、『語録』の「羅氏門人　李愿中」（一〇三・2600～2604）にも多くの關連する言が引用される。

「舉似」は、取り上げて話題にすること。「舉向」に同じ。

明道云、欲令如是觀仁、可以得仁之體。先生再三擧似、曰、這處極好看仁。（「論語十五　雍也篇四」三三・851）

また、『宋元學案』巻二十七「和靖學案」所收の沈晦傳には、本條のこの部分が引かれるが、そこでは、「擧似」を「擧問」に作る。

「渣滓」は、「かす」や「おり」の意、「査滓」も同じ。「天地初間只是陰陽之氣。這一箇氣運行、磨來磨去、磨得急了、便挼許多渣滓、裏面無處出、便結成箇地在中央。」（「理氣上　太極天地上」一・6）や、「地者、氣之渣滓也。所以道、輕清者爲天、重濁者爲地。」（同上）

「悚然」は、ぎくっとすること。

因擧小南和尚少年從師參禪、一日偶靠倚而坐、其師見之、叱曰、得恁地無脊梁骨、小南悚然、自此終身不靠倚坐。（「訓門人九」一二一・2946）

「下落」は、下篇26條參照。

條末の「……云」は、恐らく記錄者の立場から書き加えられたものであろう。本條と同じ言を記錄する『朱子讀書法』巻一「熟讀靜思」には、その「云」を缺いている。

【107】

凡人讀書、若窮得到道理透處、心中也替他快活。若有疑處、須是參諸家解熟看。看得有差互時、此一段終是不穩在心頭、不要放過。敬仲。

〔譯〕

およそ讀書するに、道理が明らかになるまでつきつめられれば、心の中もそれですっきりする。疑問の箇所があれば、諸家の注解を參照して熟讀すること。諸説の食い違いが見えてくると、その一段が始終心の中で落ちつかなくなるが、決して手放してはいけない。游敬仲。

〔校勘〕

朝鮮古活字本　他→它。

〔注〕

「替他」について、底本の細字注に、饒本では「替地」に作ることを指摘する（朝鮮古寫本・朝鮮古活字本は底本に同じ、但し古活字本は「替它」に作る）。一方、本條と同じ言が『朱子讀書法』巻一「熟讀靜思」に見えるが、そこでは同じ箇所を「潛地」に作る。これも、饒本の「替地」を解し難いための訂正であろうが、「替」は、近代漢語では現代北京語の「給」と近い用法を有することがある。ここは受身の用法、つまり「～のために～させられる」と解することが可能である。

「快活」は、讀書法上49條の注參照。

「差互」は、食い違うこと。

問、程門諸公親見二先生、往往多差互。如游定夫之説、多入於釋氏。龜山亦有分數。（「程子門人　總論」一〇一・2556）

「放過」は、放り出すこと。

某問、明性須以敬爲先。曰、固是。但敬亦不可混淪説、須是毎事上検點。論其大要、只是不放過耳。大抵爲己之學、於他人無一毫干預。聖賢千言萬語、只是使人反其固有而復其性耳。（「學二　總論爲學之方」八・133）

【108】
凡看文字、諸家説有異同處、最可觀。謂如甲説如此、且撏扯住甲、窮盡其詞。乙説如此、且撏扯住乙、窮盡其詞。兩家之説既盡、又參考而窮究之、必有一眞是者出矣。學蒙。

〔譯〕
およそ文章を讀むのに、諸家の説に異同の有るところこそ、讀みごたえがある。つまり、甲の説がこうなら、しばらく甲の説をつかまえて、その主張を徹底的につきつめる。乙の説がこうなら、しばらく乙の説をつかまえて、その主張を徹底的につきつめるのだ。兩者の説がつきつめられたら、さらに互いを照らし合わせて追究すれば、必ず一つの眞實が出てくるはずだ。林學蒙。

〔校勘〕
朝鮮古活字本・古寫本　參考→參攷。
朝鮮古寫本　學蒙（記錄者名）→公謹　また、104條に述べた理由により、本條は第六葉（〜如此且）から第十八葉（撏止住〜）に分斷して記錄される。

〔注〕
「撏扯」は、取り出すこと。「撏撦」も同じ。
朝鮮古寫本で記錄者とされる「公謹」は、「李文子」のこと。「師事年攷」によると、本條の記錄者林學蒙とは、一一九四年、兄李方子と共に朱子の講筵に列なっている。
『朱子讀書法』巻一「熟讀靜思」に、本條とほぼ同じ言が記錄される。

〔記錄者〕

林學蒙　字は正卿、福州永福縣の人。「師事年攷」266。

【109】

經之有解、所以通經。經既通、自無事於解。借經以通乎理耳。理得、則無俟乎經。今意思只滯在此、則何時得脫然會通也。且所貴乎簡者、非謂欲語言之少也、乃在中與不中爾。若句句親切、雖多何害。若不親切、愈少愈不達矣。某嘗說、「讀書須細看得意思通融後、都不見注解、但見有正經幾箇字在、方好。」大雅。

〔譯〕

經に注解があるのは、經に通ずる手段だ。經に通じたら、注解には用がなくなる。經を手がかりにするのは理に通ずるためなのだ。理がつかめたら、經に賴るまでもなくなる。いま考えがずっとそこに滯ったままでは、いつはらりと會得することができよう。また簡潔さで大切なのは、ことばを少なくしようとすることではなく、的を射ているかどうかということだ。一句一句がぴたりと所を得ていれば、ことばが多くても構わない。所を得ていなければ、ことばが少なければいよいよ分からなくなる。わたしはかつていったことがある。「書物を讀むには細心に讀んで、意味がよく納得できるようになると、注解は一切目に入らず、ただ經の本文の數文字がそこに見えてくる。それでこそよいのだ」と。余大雅。

〔校勘〕

朝鮮古寫本　但見有正經幾箇字在→但見有正經幾个字。

〔注〕

「脱然」は、目から鱗が落ちるような状態をいう。「忽然」とほぼ同義。「一物格而萬理通、雖顏子亦未至此。但當今日格一件、明日又格一件、積習既多、然後脱然有箇貫通處。」(「大學五 或問下 傳五章」一八・391）など。

「親切」は、ぴったりすること。『語類』には數多くの用例が見える。

「有幾箇字在」は、「多少」を言うのではなく、そのものずばり過不足ないことを示す。

なお、本條の、注解は經に通ずるための手段、經は理に通ずるための手段と捉える考え方は各所で表明されるが、「胡氏門人 張敬夫」において、張南軒の『孟子』論の文章があまりうまくないことを受け、理が明らかになれば十分なのだ、と語る次の例がわかりやすいであろう。

……要之、經之於理、亦猶傳之於經。傳、所以解經也、既通其經、則傳亦可無。經、所以明理也、若曉得理、則經雖無、亦可。(「胡氏門人 張敬夫」一〇三・2607)

【110】

句心。方子。

〔譯〕

句心だ。李方子。

〔注〕

『語類』中で最も短い條。「句」は、前條を始めこれまでの用例から判斷しても、經や注の文章を指すから、「句心」は、詩文における「文心」という語に近いのではないかと考えられる。『文心雕龍』序志篇に「夫文心者、言爲文之用心也」といい、ここも、經・注を讀む際の心構えを論ずるものと理解される。次の111條の注記、文字一つ一つに輕重を判斷すべし、というのも、それに通ずる。

【111】

看注解時、不可遺了緊要字。蓋解中有極散緩者、有緩急之間者、有極緊要者。某下一字時、直是稱輕等重、方敢寫出。上言句心、卽此意。方子。

〔譯〕

注解を讀む時には、肝心な文字を見落としてはならない。注解の中には、極めて散漫なもの、緩急の間に有るもの、極めて重要なものがある。私が一つの文字を選ぶ時には、よくよくその輕重を勘案して、はじめて筆を取る。先に「句心」とおっしゃったのは、このことだ。李方子。

〔注〕

「散緩」「緩急之間」「緊要」の三項に關しては、下篇46條の注を參照のこと。このように、朱子は經や注の文章に、緩急の差があることをしばしば述べるが、その具體的な例を擧げた箇所としては、「易三　綱領下」（六七・1655）に、「聖人作易、有說得極疏處、甚散漫。如爻象、蓋是汎觀天地萬物取得來闊、往往只髣髴有這意思、故曰、不可爲典要。又說得極密處、無縫罅、盛水不漏、如說『吉凶悔吝』處是也。」などが擧げられる。ちなみに、この記錄者も李方子である。

また、『朱子讀書法』卷一「熟讀靜思」にも、ほとんど同じ言が見えるが、そこでは「看集注、不可遺了緊要字。

蓋中有極散緩者、有緩急之間者、有極緊要者。某釋經時、毎下一字直是秤輕等重、然後寫出。」とあり、「看註解」が「看集注」となっている。

なお、「朱子二　論自注書」に、本條と同じ李方子の記録による「某釋經、毎下一字、直是稱等輕重、方敢寫出」(一〇五・2626)という條が見え、本條の後半部分に重なり合う。

【112】

且尋句内意。方子。

〔譯〕

まずは句中の意を探れ。李方子。

〔注〕

『朱子讀書法』巻二「虛心涵泳」に、本條と後出の119條とを繋げた「且尋句内意、隨文解義」という形で含む一條が見える。

大抵讀書須是虛心、方得。聖賢說一字是一字。自家只平著心去秤停他、都使不得一毫杜撰、只順他去。某向來亦杜撰說、只不濟事。今方見得分明、始知聖人一言一字不吾欺、只今六十一歳、方理會得恁地。若或去年死也、則枉了。自今夏來覺見得、纔是聖人說話、也不少一箇字、也不多一箇字、恰恰地都不用一些穿鑿。莊子言、吾與之虛而委蛇。既虛了又要隨他曲折恁地去。今且與公說箇樣子、久之自見得。今人大抵偪塞滿胸有許多伎倆、如何便得他虛、亦大是難。某所以讀書、自覺得力者只是不先立議論。且尋句内意、隨文解義。今人讀書、多是心下先有箇意思了、却將聖賢言語來湊他意思、其有不合則便穿鑿之使合。

この記録の冒頭から「又大是難」までは、「自論爲學工夫」（一〇四・2621～2622）にほぼ等しい條を有し、傍點を施した九字の後に續く、「今人讀書、多是心下先有一箇意思了、却將聖賢言語來湊他意思、其有不合則便穿鑿之使合。」は、既出の下篇64條の後半とほぼ同じ語である。「自論爲學工夫」の記録者は楊道夫、下篇64條の記録者は廖德明であり、『朱子讀書法』の記録が、これらの關連する條を一つにまとめたものであることは確かであろうが、後出119條の「隨文解義」という語の記録は本條と同じ李方子であるので、意味の上からも、本條と119條とが本來一つの記録であった可能性は否定できない。

【113】

凡讀書、須看上下文意是如何、不可泥著一字。如揚子、「於仁也柔、於義也剛。」到易中、又將剛來配仁、柔來配義。如論語、「學不厭、智也、教不倦、仁也。」到中庸又謂、「成己、仁也、成物、智也。」此等須是各隨本文意看、便自不相礙。淳。

〔譯〕

およそ書物を讀むには、必ず前後の文意がどうかを見るべきで、一字に拘泥してはならない。例えば『揚子法言』の「仁におけるや柔、義におけるや剛」は、『易』では、剛を仁に配し、柔を義に配している。『論語』の「學びて厭わざるは、智なり、教えて倦まざるは、仁なり」は、『中庸』では、「己を成すは、仁なり。物を成すは、智なり」となっている。これらはそれぞれ本文の意に從って讀みさえすれば、おのずと矛盾はなくなる。陳淳。

〔校勘〕

朝鮮古寫本　上下文意→上下之意。

朝鮮古活字本・明刊本　泥著→泥着。

〔注〕

「泥著」は、こだわること。「問、敬鬼神而遠之。曰、此鬼神是指正當合祭祀者。且如宗廟山川、是合當祭祀底、亦當敬而不可褻近泥著。才泥著、便不是。」（「論語十四　雍也篇三」三二・818）。

「揚子」の引例は、揚雄『法言』君子篇の「或問、君子之柔剛。曰、君子於仁也柔、於義也剛」を指す。『易』は、説卦傳の「昔者聖人之作易也、將以順性命之理、是以立天之道、曰陰與陽。立地之道、曰柔與剛。立人之道、曰仁與義。」を指す。

本條で『論語』として引用される言は、實際は『孟子』公孫丑篇上の子貢のことばであるが、その語は『論語』述而篇の「子曰、默而識之、學而不厭、誨人不倦、何有於我哉。」を踏まえるものである。『朱子讀書法』巻二「虛心涵泳」の本條に該當する部分では、『孟子』として引用する。

『中庸』の引用は、第二十五章の文。

【114】

問、「一般字、却有淺深輕重、如何看。」曰、「當看上下文。」節。

〔譯〕

「同じ文字でも、深淺輕重の違いが有りますが、どのように讀めばよいでしょう」と問うと、いわれるには、「前後の文を讀みなさい」。甘節。

〔校勘〕

朝鮮古寫本　問→節問。

〔注〕

本條と次條は、理解のため前後の文脈を讀むことを勸めるが、この主張は、上篇87條の教えにも通ずる。

【115】

讀書、須從文義上尋、次則看注解。今人却於文義外尋索。蓋卿。

〔譯〕

書物を讀むには、まず文義に沿って探り、それから注解を讀むのだ。このごろの人ときたら、文義から外れて探っている。襲蓋卿。

〔校勘〕

朝鮮古寫本　次則→其次則。文義外→文義。

〔注〕

「尋索」は、探り求めること。「砥初見、先生問、曾做甚工夫。對以近看大學章句、但未知下手處。曰、且須先操存涵養、然後看文字、方始有浹洽處。若只於文字上尋索、不就自家心裏下工夫、如何貫通。」（「訓門人七」一一九・2871）。

「朱子讀書法」巻二「虛心涵泳」に本條と同じ言が記錄される。

【116】

傳注、惟古注不作文、却好看。只隨經句分說、不離經意、最好。疏亦然。今人解書、且圖要作文、又加辨說、百般生疑。故其文雖可讀、而經意殊遠。程子易傳亦成作文、說了又說。故今人觀者更不看本經、只讀傳、亦非所以使人思也。大雅。以下附論解經。

〔譯〕

傳や注では、古注のみが作文をしていないが、讀みごたえがある。もっぱら經の句ごとに說きわけていて、經の內容から離れていないのが、何よりよい。疏についても同じだ。近頃の人は經書に注解を施すのに、作文してやろうとし、さらに議論を加えるので、あれこれと疑わしいところが生じる。だからその文は讀むには讀めても、經の內容からはほど遠くなってしまうのだ。程子の『易傳』でもやはり作文になっていて、說きに說いている。だから近頃の者が讀むと、經の本文をちっとも讀まずに、傳ばかりを讀んでいるが、それでは人に考えさせることにはならない。余大雅。以下、經に解を施すことについての附論。

〔校勘〕

朝鮮古活字本　大雅→太雅。

朝鮮古寫本　却好看→故可讀。以下附論解經→缺。

〔注〕

「作文」は、經の本文から離れ、私意にもとづいて勝手に注解の文章を作ることで、朱子はこれを強く戒めている。朱子にとっては「道」と「文」は不可分のものでなければならない。

自晉以來、解經者却改變得不同、如王弼郭象輩是也。漢儒解經、依經演繹。晉人則不然、捨經而自作文。（「易三、綱領下」六七・1675）

道者、本之根本、文者、道之枝葉。惟其根本乎道、所以發之於文、皆道也。三代聖賢文章、皆從此心寫出、文便是道。今東坡之言曰、「吾所謂文、必與道俱。」則是文自文而道自道、待作文時、旋去討箇道來入放裏面、此是它大病處。只是它每常文字華妙、包籠將去、到此不覺漏逗。說出他本根病痛所以然處、緣他都是因作文、却漸漸說上道理來、不是先理會得道理了、方作文、所以大本都差。歐公之文則稍近於道、不爲空言。如唐禮樂志云、「三代而上、治出於一、三代而下、治出於二。」此等議論極好、蓋猶知得只是一本。如東坡之說、則是二本、非一本矣。（「論文上」一三九・3319）

また、「作文章」「作文字」「做文字」などの語によっても、同様の戒めが述べられる。「南軒語孟子、嘗說他文字不好看。蓋解經不必做文字、止合解釋得文字通、則理自明、意自足。今多去上做文字、少間說來說去、只說得他自一片道理、經意却蹉過了。」（「胡氏門人　張敬夫」一〇三・2607）など。

「好看」は、右に引いた「胡氏門人　張敬夫」（一〇三・2607）にも、「南軒語孟子、嘗說他這文字不好看」とある。

「分說」は、筋道立てて說明すること。「分疏」も同じ。『語類』では、「分疏」の用例が多い。例えば、「五峰疑孟之說、周遮全不分曉。若是恁地分疏孟子、剗地沈淪、不能得出」（「論語十一　公冶長下」二九・735、「程子門人　胡康侯」一〇一・2594にもほぼ同じ言が再錄される）など。

『程子易傳』については、「易三　綱領下」（六七・1649〜1654）に專論があり、本條と關連する批評に、次のようなものがある。

伊川易煞有重疊處。（六七・1652）

……若易傳、却可脱去本文。程子此書、平淡地慢慢委曲、說得更無餘蘊。不是那敲磕逼拶出底、義理平鋪地放在面前。只如此等行文、亦自難學。如其他峭拔雄健之文、却可做。若易傳樣淡底文字、如何可及。（同・1653）

また「訓門人五」（一一七・2814）にも、「若易傳、則卒乍裏面無提起處。蓋其間義理闊多、伊川所自發、與經文又似隔一重皮膜、所以看者無箇貫穿處。蓋自孔子所傳時、解『元亨利貞』已與文王之詞不同、伊川之說又與經文不相著。讀者須是文王自作文王意思看、孔子自作孔子意思看、伊川自作伊川意思看。」という評が見える。

【117】

解經謂之解者、只要解釋出來。將聖賢之語解開了、庶易讀。泳。

〔譯〕

經を解くのを「解」というのは、ひたすら解き釋《あ》かすからだ。聖賢の言葉を解きほぐせば、讀みやすくなる。湯泳。

〔注〕

「解釋」という語については、「……小年更讀左傳『形民之力、而無醉飽之心』、意欲解釋『形』字是割剝之意、醉飽是厭足之意、蓋以爲割剝民力而無厭足之心。」（「易六　師　比」七〇・1752）などの用例が見える。

【118】

聖經字若箇主人、解者猶若奴僕。今人不識主人、且因奴僕通名、方識得主人。畢竟不如經字也。泳。

〔譯〕

經書の文は主人のようなもので、解はいわば召使いだ。いまの人は主人と面識がなく、召し使いに取り次いでもらって、ようやく主人を知る。結局經の本文(に直接觸れる)にはおよばない。湯泳。

〔校勘〕

朝鮮古寫本　箇→个。泳(記録者名)→缺。

〔注〕

「通名」は、姓名を告げて、面識を求めること。

【119】

隨文解義。方子。

〔譯〕

經の本文に從って義を解釋すること。李方子。

〔注〕

同樣の主張は前出の第115條にも見られた。また、本條は、同じ李方子の記録になる前出112條と同一條であった可能性があるが、それについては112條の注を參照のこと。

【120】
解經當如破的。方子。

〔譯〕
經を解釋するには、的を射ぬくようにしろ。李方子。

〔注〕
「破的」は、矢を的に命中させることをいうが、本條のように、急所を突く發言をするたとえとしての用法は、『世說新語』品藻篇に「韶音令辭不如我、往輒破的勝我。」とあるなど、古くから見られる。

【121】
經書有不可解處、只得闕。若一向去解、便有不通而謬處。

〔譯〕
經書に解釋できないところが有れば、そのままにしておくよりほかはない。もしもあくまで解釋しようとすれば、つじつまが合わずに誤つところが出てくる。記錄者名を缺く。

〔校勘〕
朝鮮古寫本　缺

〔注〕

『朱子讀書法』巻二「虛心涵泳」に同じ言が見えるが、そこでは「經書有不可解處、只得闕、若一向去解、便有謬處」とする。

本文の主張に同調する言として、「知尚書收拾於殘闕之餘、却必要句句義理相通必至穿鑿。不若且看他分明處、其他難曉者姑闕之、可也。」（「尚書一　綱領」七八・1982）が擧げられる。

これらの、「只得闕」や「姑闕之」からは、『論語』爲政篇上の「多聞闕疑、愼言其餘、則寡尤。多聞闕殆、愼行其餘、則寡悔。」や、衞靈公篇の「吾猶及史之闕文也」が想起される。

【122】

今之談經者、往往有四者之病。本卑也、而抗之使高、本淺也、而鑿之使深、本近也、而推之使遠、本明也、而必使至於晦。此今日談經之大患也。蓋卿。

〔譯〕

いまの經書を論ずる者には、往々にして四つの悪弊がある。本來低いものを、もち上げて高くしようとし、淺いものを、鑿って深くしようとし、近いものを、遠くへ押しやろうとし、明らかなものを、決まって分かりにくくしてしまう。これが昨今の經書を論ずる者の大きな缺陷だ。襲蓋卿。

〔校勘〕

朝鮮古寫本　缺

〔注〕
經書の内容の捉えかたについて、高低や遠近を對比して述べる例は、上篇33條の「寧詳毋略、寧下毋高、寧拙毋巧、寧近毋遠」が擧げられる。『朱子讀書法』巻二「虛心涵泳」に本條と同じ言が記錄されるが、當該箇所の前には、「人之讀書、寧失之拙、不可失之巧、寧失之卑、不可失之高」という句も記錄されている。

【123】
後世之解經者有三。一、儒者之經。一、文人之經、東坡陳少南輩是也。一、禪者之經、張子韶輩是也。

〔譯〕
後世の經書の解釋には三種ある。一つは儒者の經。一つは文人の經で、蘇東坡・陳少南らがそれである。一つは禪家の經で、張子韶らがそれである。〔記錄者名を缺く。〕

〔校勘〕
朝鮮古寫本　缺

〔注〕
蘇軾の學問については、各所に言及が見える。「本朝四自熙寧至靖康用人。」（一三〇・3110〜）や、「易三　綱領下」の「東坡解易、大體最不好、然他却會作文、識句法、解文釋義、必有長處。」（六七・1663）、「東坡易說、六箇物事、若相咬然。此恐是老蘇意。其他若佛說者、恐是東坡。」（六七・1676）。また、「東坡書解卻好、他看得文勢好。」（「尙書一　綱領」七八・1986）など。

陳少南は、陳鵬飛の字。『宋元學案』巻四十四の「趙張諸儒學案」に、「員外陳少南先生鵬飛」として傳が立てられる。それによると、陳鵬飛は永嘉の人で、紹興十二年の進士。仕官せずに、經術文詞をもって學生數百に教えるも、秦檜に罪を得て、惠州に沒した。『詩傳』二十巻や『管見集』十巻などの著作がある。その詩説では、『語類』でも次のように言及するように、魯頌を廢すべしとしたことが有名である。

又曰、陳少南要廢魯頌、忒煞輕率。它作序、却引思無邪之説。若廢了魯頌、却沒這一句。（「論語五　爲政篇上　詩三百章」二三・542）

また、「本朝六　中興至今日人物下」（一三二・3173）に、その學問全體への朱子の評が見える。

張子韶は、張九成のこと、横浦居士と號した。『宋元學案』巻四十に、「横浦學案」が立てられる。錢塘の人で、太常博士、著作郎、宗正少卿を經て、禮部侍郎兼侍講經筵となる。崇國公に封ぜられ、文忠と謚される。佛に歸依したことは、そこにも記されるが、『語類』中では、「……如杲佛日之徒、自是氣魄大、所以能鼓動一世、如張子韶汪聖錫輩皆北面之。」（「釋氏」一二六・3029）や、「張子韶人物甚偉、高廟時除講筵。……張侍郎（張子韶）一生學佛、此是用老禪機鋒。」（「本朝一　高宗朝」一二七・3057~58）などの評が見える。

【124】

解書、須先還他成句、次還他文義。添無緊要字却不妨、添重字不得。今人所添者、恰是重字。端蒙。

〔譯〕

經書に注解をほどこすには、まずそれを元の句に返し、次に文義に返すこと。どうでもよい文字をつけ加えるのは構わないが、重い文字を加えてはいけない。いまの人がつけ加えているのは、まさに重い文字なのである。程端蒙。

〔校勘〕

朝鮮古活字本　他→它。

朝鮮古寫本　缺

〔注〕

「還他成句」の「還」は動詞、「返す、もどす」。

「無緊要字」に「虚字」が、「重字」に「實字」が對應する形で同趣旨の主張が述べられているものとして、次の例が擧げられる。

且如解易、只是添虚字去迎過意來、便得。今人解易、迺去添他實字、卻是借他做己意說了。（「易三　綱領下」六七・1661）

「重字」は、重大な意義を伴う字を言う。例えば、「『知皆擴而充之矣』、『知』字是重字、還是輕字。」（「孟子三　公孫丑上之下」五三・1291）など。

【125】

聖賢說出來底言語、自有語脈、安頓得各有所在、豈似後人胡亂說了也。須玩索其旨、所以學不可以不講。講學固要大綱正、然其間子細處、亦不可以不講。只緣當初講得不子細、既不得聖賢之意、後來胡亂執得一說、便以爲是、只胡亂解將去。㽦。必大錄此下云、古人似未嘗理會文義、今觀其說出底言語、不曾有一字用不當者。

〔譯〕

聖賢が語ったことばには、おのずから脉絡があり、それぞれところを得るように置かれていて、後の時代の人がでまかせに説くようなものではない。その内容は深く味わわねばならぬから、學問は講ずることが缺かせないのだ。講論では、大綱をきちんとしておかねばならないことは言うまでもないが、その間の細かなところもまた、講じないわけにはいかない。最初に細かく講じなかったために、聖賢の意を理解できない上に、後になって一つの説にむやみに固執して、それが正しいとし、でまかせに解釋していくよりほかなくなるのだ。黄螢。必大の記錄にはここは次のようにいう、「古人は文義にとりくんでいないように見えるが、語られたことばをいま見てみると、一字として的外れなものはない。」

〔校勘〕

朝鮮古寫本「必大錄此下云」以下↓缺。

〔注〕

「安頓」は、置く、落ちつかせること。「今公掀然有飛揚之心、以爲治國平天下如指諸掌。不知自家一箇身心都安頓未有下落、如何說功名事業、怎生治人。」（「訓門人四」一一六・2801）

「胡亂」は、でたらめにすること。上篇97條にも既出。

「玩索」は、上篇64條の注を參照。

「語脈」は、文脈のこと。上篇87條に既出。また、次のような用例が見える。

問、誠者、物之終始、不誠無物。是實有是理、而後有是物否。曰、且看他聖人說底正文語脈、隨「誠者物之終始」、却是事物之實理、始終無有間斷。（「中庸三　第二十五章」六四・1578）

「講學」は、學問を講論すること。「胡籍溪人物好、沈靜謹嚴、只是講學不透」（「程子門人　胡康侯」一〇一・2581）。また、「講論」という語も使われるが、それは下篇77條に既出。

『朱子讀書法』巻四「虚心涵泳」に、本條の冒頭から「不可以不講」までが見える。

【126】

解經、若於舊説一向人情他、改三字不若改兩字、改兩字不若且改一字、至於甚不得已乃始改、這意思終爲害。升卿。

〔譯〕

經書に注解をほどこす際に、舊説に對してむやみに義理立てしてしまうと、三字を改めるより二字の方がいい、二字より一字の方がいいとなって、どうしてもやむを得なければ改めることになるが、こんな考えは結局わざわいになるのだ。黄升卿。

〔校勘〕

朝鮮古活字本　他→它。

〔注〕

「人情」という語は、ここでは動詞として用いられているが、『語類』中には他に用例を見出しがたい。時代は下るが元の關漢卿『救風塵』に「妹子、你那裏人情去。我不人情去。我待嫁人哩」とあって、「人づきあいする」と動詞に解し得るのが本條と近い用例である。

【127】

凡學者解書、切不可與他看本。看本、則心死在本子上。只教他恁地說、則他心便活、亦且不解失忘了。壽昌。

〔譯〕
學生に經書を解釋させるに際しては、決して彼に本を見せてはいけない。本を見れば、心が本の上で固まってしまう。ともかくそのまま論じさせれば、心も動き出すし、忘れることも無くなるはずだ。吳壽昌。

〔校勘〕
朝鮮古活字本「他」をすべて「它」につくる。
朝鮮古寫本　缺

〔注〕
「不解」は、「不會」に同じ。
「失忘」は、「忘記」に同じ。
同趣旨の主張は、上篇21條および68～71條にかけて集中してみられる。

【128】
學者輕於著書、皆是氣識淺薄、使作得如此。所謂「聖雖學作兮、所貴者資。便儇皎厲兮、去道遠而」。蓋此理醲厚、非便儇皎厲不克負荷者所能當。子夏〔張〕謂「執德不弘」、人多以寛大訓「弘」字、大無意味。如何接連得「焉能爲有、焉能爲亡」。文義相貫。蓋「弘」字有深沈重厚之意。横渠謂、「義理深沈、方有造、非淺易輕浮所可得也。」此語最佳。問、集注解此、謂「守所得而心不廣、則德孤」、如何。曰、孤、只是孤單。所得只是這些道理、別無所有、故

謂之德孤。謨。論著書。

〔譯〕

「學ぶ者が輕々しく書物を著わすのは、すべて器量と見識の淺さがそうさせるのだ。いわゆる『聖は學んで作《な》ると雖も、貴ぶ所のものは資なり。便儇皎厲《べんけんこうれい》なれば、道を去ること遠し』ということだ。というのは、理というのは濃くて深いものだから、便儇皎厲（賢こそうに偉ぶること）で任にたえない者がそれに當たることはできない。子張の『德を執りて弘からず』ということばについて、『弘』を寛大という意味に訓ずる者が多いが、まったく意味をなさない。それではどうして『焉《いずく》んぞ能く有りと爲し、焉んぞ能く亡しと爲さんや』につながって、文義が通るだろうか。『弘』の字には深沈重厚の意がある。張横渠が、『義理は深沈にして方《はじ》めて造《いた》る有り。淺易輕浮の得べき所に非ざるなり。』といっているが、このことばは大變よい。」問うた。「集注でここを解釋して、『得る所を守りて心廣からざれば、則ち德は孤なり』といっておられるのは、どういうことでしょう。」答えておっしゃるには、「孤とは、つまり孤單ということだ。『得る所』がこの道理だけで、他には何もないので、『德は孤なり』といったのだ。」周謨。著書を論ずる。

〔校勘〕

朝鮮古活字本・明刊本　聖雖可學兮、所貴者資→聖雖可學、方所貴者資、子張→子夏。

朝鮮古寫本　子張→子夏。人多以寛大訓弘字→人多以寛說弘字。論著書→缺。

〔注〕

「所謂」で導かれる引用は、程頤の「聖雖可學兮、所貴者資、便儇皎厲兮、去道遠而、展矣仲通兮、賦材特奇、進復甚勇兮、其造可知。」（『河南程氏文集』巻四「李寺丞墓誌銘」）をいう。「便儇」は、小才をきかせて機轉の利く様を形容するのであろう。「便翾」の形であるが、蘇軾に「蜺形濁汙中、羽翼便翾好。」（「雍秀才畫草蟲八物・蟬」）という例があり、これは輕快に動く様を形容している。「皎厲」は、高く自らを持すること。「不修常人之節、不爲皎厲之事、毎欲容才長物、終不顯人之短。」（『晉書』魏舒傳）。「便儇皎厲」は、ここでは小賢しく自信たっぷりな様子をいうか。『晦庵文集』巻五十四「答陳正己」に、「但嘆美其純德、與世間一種便儇皎厲之人氣象懸隔、亦可尚耳。」と見える。

子張のことばとは、『論語』子張篇の「子張曰、執德不弘、信道不篤、焉能爲有、焉能爲亡。」を指す。諸本はすべて「子張」を「子夏」に作るが、底本はそれを「子張」に改めている。それへの『集注』の言に、「有所得而守之太狹、則德孤。有所聞而信之不篤、則道廢。焉能爲有無、猶言不足爲輕重。」とある。「德孤」は、『論語』里仁篇の「德不孤、必有鄰。」を踏まえる。また、子張篇のこの文については、本條と關連して、やはり次のような言が「論語三十一　子張篇」（四九・1198〜）に記録されている。

執德不弘、弘是深潛玩味之意、不弘是著不得。明道云、所貴者資、便儇皎厲兮、去道遠而。此說甚好。（1198）

「問、焉能爲有、焉能爲亡。」曰、「有此人亦不當得是有、無此人亦不當得是無、言皆不足爲輕重。」（1199）

張横渠の言とは、「義理之學亦須深沈、方有造。非淺易輕浮之可得也、蓋惟深、則能通天下之志。只欲說得、便似聖人、若此、則是釋氏之所謂祖師之類也。」（『張子全書』巻六　經學理窟三　義理）のこと。

「孤單」は、獨りぼっちであること。「傅敬子說、明明德。曰、大綱也是如此、只是說得恁地孤單、也不得。」（「大學一　經上」一四・266）とある。

【129】

編次文字、須作草簿、抄記項頭。如此、則免得用心去記他。兵法有云、「車載糗糧兵仗、以養力也。」編次文字、用簿抄記、此亦養心之法。廣。論編次文字。

〔譯〕

文章を編むには、帳面を作って、項目を書きとめておくこと。こうすれば、それを記憶しておく手間が省ける。兵法の書に次のようにいっている。「車に兵糧や武器を載せるのは、體力を蓄えるためである。」文章を編むのに、帳面に書きとめるのも、心力を蓄えておく方法なのである。輔廣。文章を編むことを論ずる。

〔校勘〕

朝鮮古活字本　他→它。

朝鮮古寫本　論編次文字→缺。

〔注〕

「編次」は、文章を配列編纂すること。

追迹三代之禮、序書傳、上紀唐虞之際、下至秦繆、編次其事。」(『史記』孔子世家)

「項頭」は、項目のこと。「頭」は、この場合接尾辭である。

「免得」は、「~しないですむ」という意の口語。

……所謂樂之深淺、乃在不改上面。所謂不改、便是方能免得改、未如聖人從來安然。(「論語十三　雍也篇二」三一・797)

「用心」は、心を働かせること。『論語』陽貨篇に、「子曰、飽食終日、無所用心、難矣哉。不有博奕者乎、爲之、猶賢乎已。」とある。

『語類』では、戦ごとを讀書に例える例はしばしば見られるが、「兵法」が具體的に何の書を指すかは不明。

「糗糧」は、兵糧のこと。『尙書』費誓に、「峙乃糗糧。」

「養心」は、『孟子』盡心篇下の「孟子曰、養心莫善於寡欲、其爲人也寡欲、雖有不存焉者寡矣、其爲人也多欲、雖存焉者寡矣。」を踏まえる。

【130】

今人讀書未多、義理未至融會處、若便去看史書、考古今治亂、理會制度典章、譬如作陂塘以漑田、須是陂塘中水已滿、然後決之、則可以流注滋殖田中禾稼、若是陂塘中水方有一勺之多、遽決之以漑田、則非徒無益於田、而一勺之水亦復無有矣。讀書既多、義理已融會、胸中尺度一一已分明、而不看史書、考治亂、理會制度典章、則是猶陂塘之水已滿、而不決以漑田。若是讀書未多、義理未有融會處、而汲汲焉以看史爲先務、是猶決陂塘一勺之水以漑田也、其涸也可立而待也。廣。以下讀史。

〔譯〕

近頃の人が、經書をあまり讀まず、義理もしっくり理解するに至らないうちに、はや史書を讀みにかかって、古今の治亂を考え、制度典章を扱おうとすると、それは譬えば、ため池を作って田畑に水をやるようなもので、ため池を滿水にしてから放水すれば、田畑の作物にたっぷり水を注いで育てることができるが、ため池の水がやっと少しばかりたまったところで、急いで放水してしまうと、田畑に何の益にもならないばかりか、その少しばかりの水も無くなってしまうようなものだ。經書を十分に讀んで、義理もしっくり理解し、胸中の尺度も一つ一つ皆はっきりしているのに、史書を讀んで治亂を考え、制度典章に取り組もうとしなければ、ため池に水は滿ちているのに、放水して田畑を潤そうとしないようなものだ。もし經書をあまり讀まず、義理をしっくり理解するに至らないうちに、汲々としてまず史書を讀もうとするなら、それは、ため池の少しばかりの水を灌漑に使うようなもので、水が涸れてしまうのはあっという間だ。輔廣。以下史を讀むことを論ず。

〔校勘〕

朝鮮古寫本　末尾の、「以漑田也、其涸」部分が脫落し、空白となる。以下讀史↓缺。

〔注〕

「陂塘」は、ため池のこと。「陂塘汙庳、以鍾其美。」（『國語』周語下、韋昭注「畜水曰陂、塘也」）。

「滋殖」は、ふやすこと、生長させること。「孝惠・高后之間、衣食滋殖。」（『漢書』食貨志上）。

「融會」は、すみずみまで行き渡ること。

看文字、不可恁地看過便道了。須是時復玩味、庶幾忽然感悟、到得義理與踐履處融會、方是自得。這箇意思與尋常思索而得、意思不同。（「論自注書　孟子要指」一〇五・2631）

「一勺之水」は、ほんの少量であることのたとえ。「然積一勺以成江河、累微塵以崇峻極」（『晉書』虞溥傳）

本條と同樣、學問を田畑に水をやることにたとえる例は、上篇50條にも見える。また、『朱子讀書法』巻一「循序漸進」に、冒頭から「而不決以漑田」までとほぼ同じ文が見える。

今人讀書未多、義理未至融會、便去看史、考古今治亂、理會制度典章。譬如作陂塘以漑田、須是陂塘中水已滿、然後決之、則可以流注滋殖田中禾稼。若是陂塘中水方有一勺之多、遽決之以漑田、則非徒無益於田、而一勺之水亦無矣。讀書既多、融會、胸中尺度已分明而不看史、考古今治亂、理會制度典章、則是陂塘之水已滿矣、而不決以漑田也。

「胸中尺度」は、後出132條に見える「胸中權衡」と同じ概念を指す。

【131】

先看語孟中庸、更看一經、却看史、方易看。先讀史記、史記與左傳相包。次看左傳、次看通鑑、有餘力則看全史。只是看史、不如今之看史有許多嶢崎。看治亂如此、成敗如此、「與治同道罔不興、與亂同事罔不亡」、知得次第。節。

〔譯〕

まず、『論語』『孟子』『中庸』を讀み、さらに一つ經書を讀んでから、史書を讀めば、讀みやすい。（史書では）まず『史記』を讀むこと。『史記』は『左傳』と重なり合う。それから『左傳』、それから『通鑑』、餘力が有れば、史書すべてを讀む。ただ史書を讀むなら、このように史書を讀むのにあれこれ項目を多く立てる方がましだ。治亂はこう、成敗はこうという具合に讀んでいくと、「治と道を同じくすれば興らざるはなく、亂と事を同じくすれば亡びざるはなし」というわけで、ことの次第がよく分かる。甘節。

〔注〕

「嶢崎」は、下篇33條および88條に既出。

本條は、『大學』を除く四書を、『論語』『孟子』『中庸』の順に讀むように教える。讀書の順序については、下篇91條の注を參照されたい。そこにも擧げた通り、「大學一　綱領」（一三・249〜250）に同じ問題が再三にわたって論じられる。本條以降は、史書を讀む順序について論じられる。

「與治同道罔不興、與亂同事罔不亡」は、『尙書』太甲下に見える語。『左傳』について、『語類』では次のように語られる。

春秋之書、且据左氏。當時天下大亂、聖人且據實而書之、其是非得失、附諸後世公論、蓋有言外之意。（「春秋綱領」八三・2149）

左氏之病、是以成敗論是非、而不本於義理之正。嘗謂左氏是箇猾頭熟事、趨炎附勢之人。（「春秋　綱領」八三・2149）

……呂伯恭愛教人看左傳、某謂不如教人看論孟。伯恭云、恐人去外面走。某謂、看論孟未走得三步、看左傳底已走十百步了。人若讀得左傳熟、直是會趨利避害。然世間利害、如何被人趨避了。（「春秋　綱領」八三・2150）

『朱子讀書法』巻三「順序漸進」には、經書や史書を讀む順序を論ずることばが多く記録されるが、本條の冒頭から「有餘力則看全史」までと、「先讀史記」を「先看史記」をする以外、同じ言が見える。さらに「讀書須是先以經爲本、而後讀史」、「答潘叔昌書曰、看史但欲通知古今之變、又以觀其所處理義之得失耳」と、本條に通ずる語もみえるが、前者は、「呂伯恭」（一二二・2950）にほぼ同じ言が記録される。

【132】

今人只爲不曾讀書、祇是讀得麄書。凡讀書、先讀語孟、然後觀史、則如明鑑在此、而姸醜不可逃。若未讀徹語孟中庸大學、便去看史、胸中無一箇權衡、多爲所惑。又有一般人都不曾讀書、便言我已悟得道理、如此便是惻隱之心、如此便是羞惡之心、如此便是是非之心、渾是一箇私意、如近時祧廟可見。杞。

〔譯〕

近頃の人は書物をちゃんと讀まなくて、もっぱら粗雜なものばかり讀んでいる。およそ書物を讀むには、まず『論語』『孟子』を讀んでから、史書を見れば、明鏡が手元にあるようなもので、美醜は殘らず映し出される。もし『論語』『孟子』『中庸』『大學』も讀みこまぬうちに、史書を讀めば、胸中に何も判斷の基準が無いので、惑わされることが多い。また、ろくに經書も讀まずに、「わたしは道理を悟った、こういうのが惻隱の心、こういうのが差悪の心、こういうのが是非の心」などという輩がいるが、みな一人よがりな考えで、近頃の始祖の祭の問題はそのいい例だ。

李杞。

〔校勘〕

朝鮮古寫本　本條を缺く

〔注〕

「渾是」は、すべて。「以此見孔子渾是天理。」（「論語二十六　憲問篇」四四・1138）

「私意」は、下篇63條・73・89條などに既出。

「祧廟」は、遠祖を祭ること。『禮記』祭法「天下有王、分地建國、置都立邑、設廟祧壇墠而祭之。乃爲親疏多少之數、是故王立七廟、……遠廟爲祧、有二祧、享嘗乃止。」、『漢書』王莽傳「建郊宮、定祧廟、立社稷」。なお、祧廟に關する議論が北宋以來繰り返し行われていたことが「禮七　祭」（九〇・2305〜2306）に詳しく見える。特に、南宋の寧宗期に祧廟の議が白熱したことは、「内任　寧宗期」に集中して議論が記録されることからもわかる（一〇七・2660〜2664）。

〔記錄者〕

李杞　字は良仲、號は木川。平江府の人。「師事年攷」255。

【133】

問讀史之法。曰、先讀史記及左氏、却看西漢東漢及三國志、次看通鑑。溫公初作編年、起於威烈王、後又添至共和後。又作稽古錄、始自上古、然共和以上之年、已不能推矣。獨邵康節却推至堯元年、皇極經世書中可見。編年難得好者。前日周德華所寄來者亦不好。溫公於本朝又作大事記。若欲看本朝事、當看長編。若精力不及、其次則當看國紀。國紀只有長編十分之二耳。時擧。

〔譯〕

史書を讀む方法を問うと、いわれた。「まず『史記』と『左傳』を讀み、それから『漢書』『後漢書』と『三國志』を讀み、次に『通鑑』を讀む。司馬溫公が編年史を作った最初は、周の威烈王から書き起こし、あとで共和の後まで書き加えたのだ。さらに『稽古錄』を作るに際しては、上古から書き始めているが、共和以前の年代は、すでに推し測れなかった。ただ邵雍だけが堯の元年までさかのぼっていて、これは『皇極經世書』に見られる。編年史は良いものが得難い。このあいだ、周德華がよこしたものもやっぱり良くない。司馬溫公は本朝についてまた『大事記』を作っているが、本朝のことを知りたければ、『通鑑長編』を讀むべきだ。そこまで力が及ばないのなら、次善の策として『國紀』を讀めばよい。『國紀』は『長編』の十分の二の量に過ぎない。潘時擧。

〔校勘〕

朝鮮古寫本　問讀史之法、曰↓問讀史之法、先生曰。西漢東漢↓東漢西漢。始自上古↓如自上古。共和以上之年↓共和已上之年。十分之二耳↓十分之一耳。

〔注〕

「共和」とは、周の厲王から宣王に至るまでの十四年間をいう。共和元年は紀元前八四一年になるが、『史記』「十二諸候年表」により中國における正確な紀年の始まった年とされる。『通鑑』そのものには周知の通り共和以前の記事は無い。ここで「後又添至共和後」と言っているのは、恐らくは『資治通鑑外紀』をいうのであろう。『郡齋讀書志』巻五に、「劉恕撰十巻」と著録し、「起三皇五帝、止周共和、載其世次而已。起共和庚申、至威烈王二十二年丁丑、四百三十八年爲一編、號曰外紀、猶國語稱春秋外傳也。」と記するのがそれ。また、趙彥衞『雲麓漫鈔』巻四にもその書を取り上げ、司馬光自身、三皇五帝から書き起こしたいと思ってはいたが、事が春秋に及び、經書を損益し、さらに「獲麟」を繼ぐことによって「續經」の譏りを受けることを嫌ったことを述べた上で、「劉恕道原在局中、探公意、自三皇五帝接於通鑑爲前紀。…劉續改前紀爲外紀。」と成書の事情を傳える。

『稽古錄』は、司馬光撰、二十巻。「起自三皇、止本朝英宗治平末。至周共和庚申、始爲編年。」（『郡齋讀書志』巻五）

「邵康節」は、邵雍のこと。『宋史』巻四百二十七「道學傳」に傳が見える。『皇極經世書』十二巻はその著書。『直齋書錄解題』巻九子部儒家類に、「自帝堯至於五代、天下離合、治亂興廢、得失邪正之迹、以天時而驗人事、以陰陽剛柔窮聲音律呂、以窮萬物之數。」とある。

「周德華」は、未詳。

『大事記』は、元來は『稽古錄』の末尾に附されたもののこと。呂祖謙撰の同名の著作ではない。

溫公亦有本朝大事記、附稽古錄後。（「訓門人五」一一七・2813）

『長編』は、『續資治通鑑長編』のこと、李燾撰。『直齋書錄解題』巻四には百六十八巻と記し、「其卷數雖如此、而册數至餘三百」という。「三百」という數によるなら、『國紀』五十八巻は、確かにそのほぼ十分の二の量となる。

『郡齋讀書附志』には九百四十六巻。

『國紀』は、徐度撰、五十八巻。『直齋書錄解題』巻四に、「其書詳略頗得中、而不大行於世。」とある。

【134】

史亦不可不看。看通鑑固好、然須看正史一部、却看通鑑。一代帝紀、更逐件大事立箇綱目、其間節目疏之於下、恐可記得。人傑。

〔譯〕

史書もまた讀まねばならない。『通鑑』を讀むのはもちろんよいが、正史を一つ讀んでから、『通鑑』を讀むべきだ。一代の帝紀では、大事ごとに大項目を立て、その間の小項目は下に分かち書きしていけば、憶えられるだろう。萬人傑。

〔校勘〕

朝鮮古寫本　更逐件大事立箇綱目→更逐件事立个綱目。

〔注〕

「綱目」と、その下位分類としての「節目」という概念、及び大分類から小分類に進む學問の流れについては、下篇第43條の注を參照されたい。また、この條も、史書を讀む順序を論ずるのだが、「訓門人五」（一一七・2813）にも、次のようにある。

若只看通鑑、通鑑都是連長記去、一事只一處說、別無互見。又散在編年、雖是大事、其初却小、後來漸漸做得大。故人初看時不曾著精神、只管看向後去、却記不得、不若先草草看正史一過。正史各有傳、可見始末、又有他傳可互攷、所以易記。每看一代正史訖、却去看通鑑。亦須作綱目、隨其大事劄記某年有某事之類、準春秋經文書之。

溫公亦有本朝大事記、附稽古錄後。（「訓門人五」一一七・2813）

【135】

饒宰問看通鑑、曰、通鑑難看、不如看史記漢書。史記漢書多貫穿、紀裏也有、傳裏也有、表裏也有、志裏也有。通鑑是逐年事、逐年過了、更無討頭處。道夫錄云、更無蹤跡。饒廷老曰、通鑑歷代具備、看得大概、且未免求速耳。曰、求速、却依舊不曾看得。須用大段有記性者、方可。且如東晉以後、有許多小國夷狄姓名、頭項最多。若是看正史後、却看通鑑、見他姓名、却便知得他是某國人。某舊讀通鑑、亦是如此。且草草看正史一上、然後却來看他。芝。

〔譯〕

饒知事が『通鑑』を讀むことについて訊ねると、いわれた。「『通鑑』は讀みにくくて、『史記』『漢書』を讀むようなわけにはいかない。『史記』『漢書』では書かれたことがらが全體に連關していて、「本紀」にもあれば、「列傳」にもあり、「表」にもあれば、「志」にもある。『通鑑』は、年ごとにことがらが記されており、その年が過ぎてしまえば、まったく手がかりがなくなる。」楊道夫の記錄には、「まったくたどる道筋が見えない」という。饒廷老が、「『通鑑』は、歷代のことがらが全て備わっていて、あらましを知ることはできますが、どうしても速成を求めるようになります」というと（先生は）いわれた、速さを求めていては、やはり分からないままだ。非常に記憶力のよい人なら別だが。たとえば、東晉以後、おびただしい小國や夷狄の姓名が現れ、事項がたいそう多くなる。正史を讀んでから『通鑑』を讀めば、その姓名を見ても、すぐにそれがどこの國の人かわかる。私が昔『通鑑』を讀んだときも、このようにしたものだ。ともかく正史をざっと一通り讀み、それから『通鑑』を讀むのだ。」陳芝。

〔校勘〕

朝鮮古活字本・朝鮮刊本・明刊本　他→它。

朝鮮古寫本　本條を缺く

〔注〕

饒宰（宰は知事のこと）、饒廷老、ともに饒幹のこと。田中謙二氏は、本條の記述から、當時既に彼が知事の職に在った、と考證される（「師事年攷」260）。『宋元學案』巻六十九「知軍饒先生幹」に、「饒幹、字廷老、邵武人。淳煕進士。調知長沙縣、適朱文公爲守、先生夙興治事、暇卽聽講。」とある。

「貫穿」は、一貫していること。讀書法上篇第96條に既出。

「討頭處」は、とっかかり、手がかりの意味。

……聖人說中人以下、不可將那高遠底說與他、怕他時下無討頭處。（「論語十四　雍也篇三」三二・815）

「頭項」は、項目のこと。讀書法下篇第129條に「項頭」とあるのに同じ。例を擧げる。

……蓋爲學之事雖多有頭項、而爲學之道、則只在求放心而已。（「論語二　學而篇上」二〇・446~447）

……曰、而今若教公讀易、只看古注、幷近世數家注、又非某之本心。若必欲教公依某之易看、某底又只說得三分、自有六七分曉不得、亦非所以爲教。看來易是箇難理會底物事、卒急看未得、不若且未要理會。聖人云、詩、書、執禮、皆雅言也。看來聖人教人、不過此數者。公既理會詩了、只得且理會書。理會書了、便當理會禮。禮之爲書、浩瀚難理會、卒急如何看得許多。且如箇儀禮、也是幾多頭項。某因爲思得一策。不若且買一本溫公書儀、歸去子細看。看得這箇、不惟人家冠、昏、喪、祭之禮、便得他用。兼以之看其他禮書、如禮記、儀禮、周禮之屬、少間自然易、不過只是許多路徑節目。溫公書儀固有是有非、然他那箇大概是。」（「訓門人八」一二〇・2902）

「一上」は、一度、ひととおりの意。「一過」に同じ。「一過」は、前條の注に引いた「訓門人五」（一一七・2813）

の記錄に例が見える。そこでは、「若只看通鑑、通鑑都是連長記去、一事只一處說、別無互見。又散在編年、雖是大事、其初却小、後來漸漸做得大。故人初看時不曾著精神、只管看向後去、却記不得、不若先草草看正史一過。」と、本條と同じく「まずは正史をざっととひととおり讀むのがよい」と述べる箇所に、「一上」ではなく「一過」を用いている。

『朱子讀書法』巻三「循序漸進」に、「通鑑難看。不如看史記漢書。史記漢書事多貫穿。通鑑是逐年事、逐年過了、更無蹤跡。某舊讀通鑑、且草看正史一上、却來看他。」とある。

【136】

問、讀通鑑與正史如何。曰、好且看正史、蓋正史每一事關涉處多。只如高祖鴻門一事、本紀與張良灌嬰諸傳互載、又却意思詳盡、讀之使人心地灌洽、便記得起。通鑑則一處說便休、直是如法、有記性人方看得。又問、致堂管見、初得之甚喜。後見南軒集中云、「病敗不可言。」又以爲專爲檜設。豈有言天下之理而專爲一人者。曰、儘有好處、但好惡不相掩爾。曰、只如頭一章論三晉事、人多不以爲然。自今觀之、只是怕溫公爾。曰、誠是怕。但如周王不分封、也無箇出場。道夫。

〔譯〕

「『通鑑』と正史はどのように讀めばよいでしょうか」と問うと、いわれるには、「まずよく正史を讀むことだ。正史は、事項ごとに關連するところがたくさんある。漢の高祖の鴻門の會ひとつをとっても、本紀と張良・灌嬰などの傳にこもごも記載されていて、內容が詳細に盡くされているので、それを讀めば、すんなり得心できて、よく憶えられる。『通鑑』はというと、一箇所で說けばそれでおしまいで、まったく型どおりだから、記憶力のある人でないと讀めない。」また、問うた。「胡寅の『讀史管見』は、手に入れたばかりの時は、とてもおもしろかったのですが、後に『南軒集』を見ると、『缺點だらけでお話にならない』といい、さらに、それが『專ら秦檜批判のために書かれたもので、天下の道理を論ずるのに、專ら一人の人物のことばかり扱うなどということがあろうか』と述べています。」おっしゃるには、「良い箇所があっても、好惡は隱しようもない、ということさ。」また、「ただ、最初の一章で三晉のことを論じているのは、あまり贊同する人はいません。いま考えると、司馬溫公に遠慮していたのですね」というと、いわれた、「確かに遠慮している。周王が封土を分割しなかった點については、收拾がつかなかったようだね。」楊道夫。

〔校勘〕

朝鮮古活字本　讀之使人心地灌洽→讀之便人心地灌洽。

朝鮮古寫本　問讀通鑑與正史如何→道大問讀通鑑與正史如何。曰儘有好處→道夫心疑之、先生曰儘有好處。曰只如頭一章→道夫曰只如頭一章。曰誠是怕→先生曰誠是怕。也無箇出場→也則無个出場。

朝鮮刊本　又以爲專爲檜設→又以爲專爲檜說。

底本は「灌洽」を「懽洽」に作るが、諸本に從い本文を改めた。

〔注〕

「灌洽」は、「懽洽」に同じ、すみずみまでのびやかに滲み通ることを言う。

「直是如法」は、中華書局本では「直是無法」に作るが、他のテキストはすべて「直是如法」としているため、他本によって訂正した。同樣に、「自今觀之、只是怕溫公爾」及び「誠是怕」の「怕」を、中華書局本は「祖」に作るが、やはりそのようなテキストは見當たらず、他の諸本によって改めた。

「致堂」は、胡寅の號。『宋元學案』卷四十一「衡麓學案　武夷家學」に傳が見える。胡寅、字は明仲、崇安の人。胡安國の弟の子。「管見」は、胡寅の著書『讀史管見』三十卷のこと。司馬光『資治通鑑』に依據しつつ、『春秋』の經旨を用いて史を詳述したもので、朱熹の『資治通鑑綱目』はこの書から取るところも多い（『郡齋讀書附志』）。本條でいう「三晉」についての『資治通鑑』と『讀史管見』の見解は、晉の大夫であった韓・趙・魏を周の王室が諸侯として認めたところに禮の大義が失われ、それによって周室が衰えたと強く批判するのが司馬光、それに同意しつつも、すでに周室は東遷以降、徐々に衰退への道を進んでいたのだから、三晉が諸侯として周王室から命ぜられたのも已むを得ない趨勢と見るのが胡寅である。『語類』が「怕溫公」（溫公に遠慮した）と評するのは、その兩者の違いに對する世人の批評をいうものであろう。

　胡致堂議論英發、人物偉然。向嘗侍之坐、見其數盃後、歌孔明出師表、誦張才叔自靖人自獻於先王義、陳了翁奏狀等、可謂豪傑之士也。讀史管見乃嶺表所作、當時並無一冊文字隨行、只是記憶、所以其間有牴牾處。……
（「程子門人　胡康侯」一〇一・2581）
胡氏管見有可刪者。（同上）

『南軒集』に見える『讀史管見』への批判とは、恐らく次の言を指すのであろう。

　讀史管見當並往、近看此書、病敗不可言。其中間有好處、亦無完篇耳。看元來意思、多是爲檜設、言天下之理而往往特爲譏刺一夫、不亦溢目陋乎。（張栻『南軒文集』卷二十一「答朱元晦祕書」）

「三晉」は、春秋時代の韓・魏・趙を指す。『資治通鑑』卷一周紀の冒頭に司馬光の論がある。そこでは、「先王の禮」が盡きたのは三晉が强盛であったためやむを得なかったとする「ある人の說」に反發して、「故三晉之列於諸侯、非三晉之壞禮、乃天子自壞之也。」と主張している。

「出場」は、おさめること、收拾をつけること。『春渚紀聞』卷六「營妓比海棠絕句」に東坡の逸話として、七絕の前二句を書いたところで宴席の客と歓談し始めた東坡に、客が「語似凡易、又不終篇、何也。」と續きを促したのに答えて、「坡大笑曰、幾忘出場。繼書云……。」といったとするのもこれと同意。

【137】

讀史當觀大倫理・大機會・大治亂得失。節。

〔譯〕

史書を讀むには、大きな倫理《すじみち》・大きな機會《きっかけ》・大きな治亂得失を見なければならない。甘節。

〔校勘〕

朝鮮古寫本　冒頭に「楊至之云」の四字有り。大機會→大摠會。

〔注〕

「大機會」は、この場合、歴史の節目となる重要な時機を指す。蘇軾の「范景仁墓志銘」に、「速息濟、緩則不及、此聖賢所以貴機會也。」とあるのは、本條と同じ用法である。

【138】

凡觀書史、只有箇是與不是。觀其是、求其不是、觀其不是、求其是。然後便見得義理。壽昌。

〔譯〕

經書と史書を讀むには、是と非しかない。是を見たら、その非を求め、非を見たら、その是を求めるのだ。そうすれば、義理がわかる。吳壽昌。

〔校勘〕

朝鮮古寫本　本條を缺く

〔注〕

學ぶ者の取り組み方で、「學問只理會箇是與不是。」（「性理二　性情心意等名義」五・93）や「只是理會箇是與不是、便了。」（「力行」一三・228）などと、本條と相通ずる教えは隨處に見られる。

【139】

史且如此看讀去、待知首尾稍熟後、却下手理會。讀書皆然。

〔譯〕

史書はともかくこんなふうに讀み進めていって、全體の首尾がだんだん分かってきたと感じたら、きちんと取り組むようにする。讀書とはみなそういうものだ。［記錄者名を缺く］

〔校勘〕

朝鮮古寫本　本條を缺く

〔注〕

「待～、却～」は、現代語の「等～、才～」に同じ。

「下手」は、着手すること。下篇47條の注を參照のこと。

【140】

讀史有不可曉處、劄出待去問人、便且讀過。有時讀別處、撞着有文義與此相關、便自曉得。義剛。

〔譯〕

史書を讀んでいてわからないところがあれば、書き出して後で人に尋ねるようにしておき、ともかく讀み進めなさい。そのうちに別の所を讀んでいて、そこと意味が關わる箇所に出くわせば、自然と分かってくる。黃義剛。

〔校勘〕

朝鮮古寫本　義剛→淳、義剛同。

〔注〕

「劄出」は、メモに書き出すこと。下篇96條に、經書と史書を比較し、經書を學ぶときには、史書のようにメモを取って濟ませることはできない、という議論がみえる。

「撞着」はぶつかる、出くわす。

且如讀書、讀第一章、便與他理會第一章、讀第二章、便與他理會第二章。今日撞著這事、便與他理會這事、明日撞著那事、便理會那事。萬事只是一理、不成只揀大底要底理會、其他都不管。（「訓門人五」一一七・2822）

また、『朱子讀書法』卷二「虛心涵泳」に、「讀史有不曉處、劄出便且讀過去、有時讀別底、撞著文義與此相關、便自曉得。」とある。

【141】

問觀史、曰、只是以自家義理斷之。大概自漢以來、只是私意、其間有偶合處爾。只如此看他、已得大概。范唐鑑亦是此法、然稍疏。更看得密如他、尤好。然得似他、亦得了。端蒙。

〔譯〕

史書の讀み方を尋ねると、いわれた。「自分の義理で判斷するしかない。およそ漢から後（の史書）は、もっぱら私意ばかりで、なかにたまたま理にかなったところがあるにすぎない。このように讀めば、もうあらましは分かる。范祖禹の『唐鑑』もこのやり方だが、やや雜だ。彼よりも緻密に讀めば、りっぱなものだ。しかし彼ぐらいにやれれば、まずまずだ。」程端蒙。

〔校勘〕

朝鮮古寫本　本條を缺く

朝鮮古活字本　他→它。

底本は「問觀史」を「問讀史」に作るが、諸本に從い、本文を改めた。

〔注〕

「范唐鑑」は、范祖禹の撰にかかる『唐鑑』のこと。この書は、司馬光が『通鑑』を修し、范祖禹も編修官として唐史を擔當した際に得た資料をもとにして成ったという。次に書目からその解題の部分を摘錄する。

唐鑑十二卷　翰林學士成都范祖禹淳父撰。祖禹與修通鑑、分主唐史。元祐初上此書、攷其治亂興廢之由、爲三百六篇。（『直齋書錄解題』巻四「編年類」）

唐鑑二十卷　右皇朝范祖禹醇夫撰。醇夫爲溫公通鑑局編修官十五年、分掌唐史、以其所自得、著成此書。取武后臨朝二十一年繫之中宗、其言曰、此春秋公在乾侯之義也、雖得罪於君子、亦所不辭。觀此、則知醇夫之從公、決非苟同者。凡三百六篇。（『郡齋讀書志』巻七「史評類」）

また『語類』では、學問のあり方を論ずる際にしばしば『唐鑑』が引き合いに出される。幾つか例を擧げてみよう。

……范氏議論多如此、說得這一邊、便忘却那一邊。唐鑑如此處甚多。以此見得世間非特十分好人難得、只好書亦自難得。（「論語十三　雍也篇二」三一・793）

……大抵范氏說多如此、其人最好編類文字、觀書多匆遽、不仔細。好學而首章、說得亂董董地、覺得他理會這物事不下。大抵范氏爲人宏博純粹、却不會研窮透徹。如唐鑑、只是大體好、不甚精密、議論之間、多有說那人不盡。如孫之翰唐論雖淺、到理會一事、直窮到底、教他更無轉側處。（「論語二十六　憲問篇」四四・1132）

范淳夫純粹、精神短。雖知尊敬程子、而於講學處欠缺。如唐鑑極好、讀之亦不無憾。

范淳夫說論語較粗、要知却有分明好處。如唐鑑文章、議論最好。不知當時也是此道將明、如何便教諸公都恁地白直。某嘗看文字、見說得好處、便尋他來歷、便是出於好人之門。（以上二條「本朝四　自熙寧至靖康用人」一三〇・3105）

致堂管見方是議論、唐鑑議論弱、又有不相應處。前面說一項事、末又說別處去。

唐鑑欠處多、看底辨得出時好。

范唐鑑第一段論守臣節處不圓。要做一書補之、不曾做得。范此文章草之甚。其人資質渾厚、說得都如此平正。只是疏、多不入理。終守臣節處、於此亦須有些處置、豈可便如此休了。如此議論、豈不爲英雄所笑。（以上三條「歷代一」一三四・3207～3308）

「更看得密如他」の「如」は、「于」に同じ。「～よりも」の意。

「得了」は、「まずまずよい」という意味。『祖堂集』巻十八に、「又問、某甲聞與不聞、作什摩。若問某甲聞與不聞、問取樹子聞與不聞、始得了也。」とある。

【142】

讀史、亦易見作史者意思。後面成敗處、他都說得意思在前面了。如陳蕃殺宦者、但讀前面、許多疏脫都可見了。甘露事亦然。賀孫。

〔譯〕

史書を讀めば、史書を著わした人の考えがよく分かる。のちの成敗のなりゆきについて、著者はその考えを前の方ですっかり語っている。陳蕃が宦官を殺そうとした事件も、前の方を讀んだだけで、多くのへまが丸見えだ。「甘露」事件もそうだ。葉賀孫。

〔校勘〕

朝鮮古寫本　殺宦者→殺官者。

朝鮮古活字本　他→它。

〔注〕

「疏脫」は、てぬかりのあること。

儒用錄云、……但張公才短、處事有疏略處。他前後許多事、皆是竭其心力而爲之。少有照管不到處、使有疏脫出

來。」（「本朝五　中興至今日人物上」一三一・3149）

「陳蕃殺宦」とは、いわゆる「黨錮之禍」にまつわる事件で、『後漢書』陳蕃列傳や竇武列傳に記事が見える。……中常侍曹節・王甫等與共交搆、諂事太后。太后信之、數出詔命、有所封拜、及其支類、多行貪虐。蕃常疾之、志誅中官、會竇武亦有謀。……及事泄、曹節等矯詔誅武等。蕃時年七十餘、聞難作、將官屬諸生八十餘人、並拔刃突入承明門。（陳蕃列傳）

武既輔朝政、常有誅翦宦官之意、太傅陳蕃亦素有謀。時共會朝堂、蕃私謂武曰、云云（竇武列傳）

「甘露事」とは、唐の文宗の時、李訓・鄭注らが、石榴の木に甘露が下りたと僞って宦官を殺そうとした事件を指す。『舊唐書』文宗紀下に「（太和）九年……十一月……時李訓・鄭注謀誅內官、詐言金吾仗舍石榴樹有甘露、請上觀之。內官先至金吾仗、見幕下伏甲、遽扶帝輦入內、故訓等敗、流血塗地。京師大駭、旬日稍安。」『新唐書』李訓傳には、「十一月壬戌、帝御紫宸殿、約奏甘露降金吾左仗樹、群臣賀。訓・元輿奏言、甘露近在禁中、陛下宜親往以承天祉。許之。即輦如含元殿、詔宰相群臣往視、還、訓奏言、非甘露。帝曰、豈約妄邪。……」と記事がみえる。また、これら後漢・唐代の宦官にまつわる大事件を比較する言説としては、「歷代二」（一三五・3232）の「唐宦官與東漢末如何。曰、某嘗說、唐時天下尚可爲。唐時猶有餘策、東漢末直是無著手處、且是無主了。如唐昭宗文宗、直要除許多宦官。那時若有人、似尚可爲。那時只宣宗便度得事勢不能諫、便一向不問他、也是老練了如此。……」が擧げられる。

【143】

問芝、史書記得熟否。蘇丞相頌看史、都在手上輪得。他那資性直是會記。芝曰、亦緣多忘。曰、正緣如此、也須大約記得某年有甚麼事、某年有甚麼事。纔記不起、無緣會得浹洽。芝云、正緣是不浹洽。曰、合看兩件、且看一件、若兩件是四百字、且二百字、有何不可。芝。

〔譯〕

わたくし（陳芝）に尋ねられた、「史書はしっかり憶えたかね。蘇頌丞相は史書を讀むのに、いつも書物を手にしておられた。彼は天性まったく記憶力のよい人だったがね。」わたくしはいった。「やはり忘れやすいからですね。」いわれるに、「そうであればこそ、やはり大體どの年に何が有り、どの年に何が有ったかを憶えておかねばならない。憶えられなければ、しっくり理解のしようがない。」わたくしはいった。「まさにそのせいでしっくり理解できないいんです。」いわれた。「ふたつ讀むべきなら、まずは一つを讀む。二つで四百字のところを、まずは二百字、それならできないことはなかろう。」陳芝。

〔校勘〕

朝鮮古寫本　本條を缺く

朝鮮古活字本　他→它。

〔注〕

「蘇丞相頌」は、蘇頌のこと。字は子容、泉州南安人。

本條と同趣旨で、讀む分量の半分ずつ片附けていくことを勸める條として、上篇39・40條が擧げられる。

「輪得」は、手中に弄ぶこと。

【144】

人讀史書、節目處須要背得、始得。如讀漢書、高祖辭沛公處、義帝遣沛公入關處、韓信初說漢王處、與史贊過秦論之類、皆用背得、方是。若只是略綽看過、心下似有似無、濟得甚事。讀一件書、須心心念念只在這書上、令徹頭徹尾、讀教精熟、這說是如何、那說是如何、這說同處是如何、不同處是如何、安有不長進。而今人只辦得十日讀書、下着頭不與閑事、管取便別。莫說十日、只讀得一日、便有功驗。人若辦得十來年讀書、世間甚書讀不了。今公們自正月至臘月三十日、管取無一日專心致志在書上。又云、人做事、須是專一。且如張旭學草書、見公孫大娘舞劍器而悟。若不是他專心致志、如何會悟。

〔譯〕

史書を讀むときは、重要な節目の箇所は暗記しなくてはならない。例えば、『漢書』を讀むには、高祖が沛公就任を辭退するくだり、義帝が沛公を關中に遣わすくだり、韓信が初めて漢王に說くくだりは、史贊の過秦論の類と共に、みな暗記してこそよい。もしいい加減に讀み過ごして、記憶にあるのやらないのやら分からぬようでは、何の役にたとうか。ひとつの書物を讀むには、心をこめてひたすらその書物に集中し、最初から最後まで、徹底的に理解が熟すまで讀み、この說はどうか、あの說はどうか、この說と同じ所はどうか、違う所はどうかと考えていけば、進歩しないはずがない。いま、たった十日ほどの讀書でも、わき目もふらずにやったなら、きっと見違えるようになる。十日といわず、一日讀むだけでも、効果はあるだろう。（こんな風に）十年あまり讀書したなら、世の中に讀みこなせない本などなくなるはずだ。いまあなた方は、正月から大晦日まで、集中して思いをこらして讀むことなど一日だってないに違いない。」またいわれた、「人が何かをなすには、專一を旨とせねばならない。例えば、張旭が草書を學ぶのに、公孫大娘の劍《つるぎ》の舞を見て悟ったようなもので、もし彼が集中して思いを凝らさなかったら、どうして悟れただろうか。」［記錄者を缺く］

〔校勘〕

朝鮮古寫本　本條を缺く

朝鮮古活字本　略綽→略踔。公們→公門。他→它。

〔注〕

「高祖辭沛公處」は、秦二世元年九月、沛の父老に沛公となるよう求められ、幾度も辭する場面をいう。續く「義帝遣沛公入關處」、「韓信初說漢王處」とともに、記事は、『漢書』高帝紀上に見える。

諸父老皆曰、平生所聞劉季奇怪、當貴、且卜筮之、莫如劉季最吉。高祖數讓。衆莫肯爲、高祖乃立爲沛公。祠黃帝、祭蚩尤於沛廷、而釁鼓旗、幟皆赤、由所殺蛇白帝子、殺者赤帝子故也。於是少年豪吏如蕭・曹・樊噲等皆爲收沛子弟、得三千人。（「高祖辭沛公處」）

初、懷王與諸將約、先入定關中者王之。當是時、秦兵彊、常乘勝逐北、諸將莫利先入關。獨羽怨秦破項梁、奮勢、願與沛公西入關。懷王諸老將皆曰、項羽爲人慓悍禍賊、嘗攻襄城、襄城無噍類、所過無不殘滅、且楚數進取、前陳王・項梁皆敗、不如更遣長者扶義而西、告諭秦父兄。秦父兄苦其主久矣、今誠得長者往、毋侵暴、宜可下。項羽不可遣、獨沛公素寬大長者。卒不許羽、而遣沛公西收陳王・項梁散卒。乃道碭至城陽與杠里、攻秦軍壁、破其二軍。……（秦二世四年）八月、沛公攻武關、入秦。秦相趙高恐、乃殺二世、使人來、欲約分王關中、沛公不許。九月、趙高立二世兄子子嬰爲秦王。子嬰誅滅趙高、遣將將兵距嶢關。沛公欲擊之、張良曰、秦兵尚彊、未可輕。願先遣人益張旗幟於山上爲疑兵、使酈食其・陸賈往說秦將、啗以利。秦將果欲連和、沛公欲許之。……沛公引兵繞嶢關、踰蕢山、擊秦軍、大破之藍田南。遂至藍田、又戰其北、秦兵大敗。（「義帝遣沛公入關處」）

韓信爲治粟都尉、亦亡去、蕭何追還之、因薦於漢王、曰、必欲爭天下、非信無可與計事者。於是漢王齊戒設壇場、拜信爲大將軍、問以計策。信對曰、云云（「韓信初說漢王處」）

「史贊」は、「高帝紀」末尾に附される散文の贊と、敍傳に見える韻文の贊（『文選』にいう史述贊）の雙方を指すのであろう。「過秦論」は、『漢書』「陳勝項籍傳」の贊にみえる。なお、班固の「述高帝紀第一」は『文選』巻五十に、賈誼の「過秦論」は『文選』巻五十一に収められる。

「略綽」は、おざなりなこと。上篇49條の注を參照のこと。

「心心念念」は、一心不亂に常に考えること。

……若說在內、譬如自家自在自屋裏作主、心心念念只在這裏、行也在這裏、坐也在這裏、睡臥也在這裏。（「論語十三　雍也篇二」三一・790）

「辨得」は、「しきる、やりきる」。「動詞＋得」で、その動作を行うだけの能力を有することをいう。例えば、「背得」「讀得」など。

只是他那工夫大段難做、除非百事棄下、辨得那般工夫、方做得。（「性理一　人物之性氣質之性」四・80）

「下着頭」は、上篇31條の注を參照のこと。

「管取」は、保證すること。轉じて、きっと、必ず。『古今小說』巻三十九に、「今指引到一箇去處、管取情投意合、有箇小小富貴。」

「管取便別」の「別」は、衆と異なって優れていること。

「專心致志」は、『孟子』告子篇上の「今夫奕之爲數、小數也、不專心致志、則不得也。」を踏まえる。

「張旭學草書」は、『新唐書』巻二〇二「文藝傳中　李白傳」に附される次の逸話をいう。「文宗時、詔以白歌詩、裴旻劍舞、張旭草書爲三絶。旭、蘇州吳人、嗜酒、每大醉、呼叫狂走、乃下筆、或以頭濡墨而書、既醒自視、以爲神、不可復得也、世呼張顚。初、仕爲常孰尉、有老人陳牒求判、宿昔又來、旭怒其煩、責之。老人曰、觀公筆奇妙、欲以藏家爾。旭因問所藏、盡出其父書、旭視之、天下奇筆也、自是盡其法。旭自言、始見公主檐夫爭道、又聞鼓吹、而得筆法意、觀倡公孫舞劍器、得其神。後人論書、歐・虞・褚・陸皆有異論、至旭、無非短者。傳其法、惟崔邈・顏眞卿云。」

その原據と思しい杜甫「觀公孫大娘弟子舞劍器行序」には、「昔者吳人張旭、善草書書帖、數嘗於鄴縣見公孫大娘舞西河劍器、自此草書長進、豪蕩感激。卽公孫可知矣。」とある。また、李肇『唐國史補』卷上にはこの故事が見える。

なお、本條の「讀一件書」から「便有功驗」までが、『朱子讀書法』卷三「熟讀精思」に見え、「人若辨得十來年讀書、世間甚書讀不了」は「讀書」二文字を缺き、卷四「著緊用力」に見える。

【145】

楊至之患讀史無記性、須三五遍方記得、而後又忘了。曰、只是一遍讀時、須用功、作相別計、止此更不再讀、便記得。有一士人、讀周禮疏、讀第一板訖則焚了、讀第二板則又焚了、便作焚舟計。若初且草讀一遍、準擬三四遍讀、便記不牢。又曰、讀書須是有精力。至之曰、亦須是聰明。曰、雖是聰明、亦須是靜、方運得精神。昔見延平說、羅先生解春秋也淺、不似胡文定。後來隨人入廣、在羅浮山住三兩年、去那裏心靜、須看得較透。淳錄云、那裏靜、必做得工夫有長進處。只是歸來道死、不及叩之。某初疑解春秋、干心靜甚事、後來方曉。蓋靜則心虛、道理方看得出。義剛曰、前輩也多是在背後處做幾年、方成。曰、也有不恁地底。如明道自二十歲及第、一向出來做官、自恁地便好了。義剛。

〔譯〕

楊至之は、史書を讀むのに記憶力がなく、三回も五回も讀んでやっと憶えても、後でまた忘れてしまうのに惱んでいた。そこで言われるには、「最初讀むときに、一生懸命やって、けりをつける作戰を立て、これきりもう讀まないことにすれば、憶えられるさ。ある士人は、『周禮』の疏を讀むのに、一葉目を讀み終えたらそれを燃やし、二葉目を讀み終えたら、またそれを燃やしという具合に、船を燃やして退路を絶つ戰法を取っていた。もしも最初にざっと讀んで、あと三、四回讀む了見なら、しっかりとは憶えられない。」またおっしゃった。「讀書するには精神力がなければならない。」至之がいった。「聰明さも必要でしょう。」いわれた。「聰明であっても、心が靜まっていてこそ精神を働かせることができるのだ。以前李延平先生がいわれることに、『羅仲素先生が春秋を解釋されても底が淺く、胡文定のようなわけにはいかなかった。のちに人について廣東に入り、羅浮山に二、三年滯在されたのだが、そこに行ってからは心が靜まり、理解がかなり透徹するようになったはずだ。』陳淳の記録にはいう。「あそこで心を靜めて、きっと努力して進歩されたのだろう。ただ歸る途中で亡くなられたので、それを確かめることはできなかったが。」私は當初、『春秋』を理解するのに、心を靜めるのとどう關係するのか、と思っていたが、あとでやっと分かった。靜まれば心は虛になり、始めて道理が見えてくるのだ。」わたくし（黃義剛）がいった、「先人も、多くは世間から離れて何年も努力して、學問が成ったのですね。」いわれた。「そうでない人もあるさ。例えば、程明道などは、二十歳で科學に及第してから、ずっと官途に就いていたが、おのずとああやってうまくできた。」黃義剛。

〔校勘〕

朝鮮古寫本　三四遍↓三五遍。曰↓先生曰。便記不牢↓便記不牢陳淳錄同。昔見延平說羅先生解春秋也淺↓昔見延平解春秋也淺。不似↓不相似。後來↓後因。羅浮山↓羅密。淳錄云〜叩之↓缺。某初疑解春秋↓某初疑道春秋。自二十歲↓自是二十歲。自恁地↓也定自恁地。

〔注〕

底本は「楊至之」を「楊志之」に作るが、中ほどに「至之」とあるように、「楊至之」が正しい。弟子楊至の字。

他の諸本が「楊至之」と作るのに從い改めた。「師事年攷」150。

「作焚舟計」は、その前の「作相別計」と同じく退路を絶つことで、「秦伯伐晉、濟河焚舟。杜預注、示必死也」（『左傳』文公三年）の故事を踏まえる。「作～計」で、「～の手法・戰略を取る」という意。また、「總論爲學之方」（八・137）に、「且如項羽救趙、既渡、沈船破釜、持三日糧、示士必死、無還心、故能破秦」とあるのも、同じ訓えを弟子に述べた例である。

「準擬」は、現代語の「打算」に同じ。上篇97條に既出。

「延平」は、朱子の師の李侗のこと。下篇106條の注、また、「羅氏門人　李愿中」（一〇三・2600～）を參照のこと。

「羅先生」は、羅從彥、字仲素（1072～1135）のこと。李侗の師として知られる。南劍の人。『宋元學案』卷三十九「豫章學案」に、「官滿、入羅浮山靜坐。紹興五年卒、年六十四。學者稱豫章先生。又有春秋毛詩語孟解、中庸說、議論要語、台衡錄、春秋指歸。」と見える。『語類』には、卷一〇二に「楊氏門人羅仲素」が立てられ、羅の『春秋』への理解を李延平が評した、「李先生言、羅仲素春秋說、不及文定。蓋文定才大、設張羅落者大。」（「楊氏門人　羅仲素」一〇二・2596）の如き言が見え、やはり「（胡）文定に及ばず」と語られる。

一方、羅從彥が羅浮山にこもった逸話と彼の春秋說とは、關連づけて論じられることが多いようである。本條とほとんど同じ内容で記錄者の異なる說としては、次のようなものが擧げられる。「嘗見李先生說、舊見羅先生說春秋、頗覺不甚好。不知到羅浮靜極後、又理會得如何。某心常疑之。以今觀之、是如此。蓋心下熱鬧、如何看得道理出。須是靜、方看得出。」「舊見李先生云、初問羅先生學春秋、覺說得自好。後看胡文定春秋、方知其說有未安處。又云、不知後來到羅浮山中靜極後、見得又如何。某頗疑此說、以爲春秋與靜字不相干、何故須是靜處方得工夫長進。後來方覺得這話好。」（ともに「羅氏門人　李愿中」一〇三・2602）

「胡文定」は、胡安國のこと。前出136條に見える胡寅はその甥で後に養子となる。五峰先生胡宏は次子。

「干～甚事」は、何になる、何の關係もない、等の意の口語。右に引いた「羅氏門人　李愿中」の記錄では、當該の「干心靜甚事」が「與心靜不相干」と記されるのを參照のこと。

「背後處」は、世間から離れたところ。

程明道については、本條と同じ黃義剛の記錄に、「明道十四五便學聖人。二十及第、出去做官、一向長進。」（「孔孟周程張子」九三・2359）と見える。

『朱子讀書法』巻二「居敬持志」に、本條の冒頭から「道理方看得出」までと同じ記錄が見える。

『朱子語類』訳注　第一期　全七冊　内容目次

監修　『朱子語類』訳注刊行会

第一回配本　巻一～三 理気・鬼神	溝口雄三・小島　毅　監修 垣内景子・恩田裕正　編	平成19年7月刊　定価５２５０円
第二回配本　巻十～十一 読書法	興膳　宏・木津祐子・齋藤希史　訳注	平成21年6月刊　定価５２５０円
第三回配本　巻七・十二・十三 小学・持守・力行	垣内景子　訳注	
第四回配本　巻八・百四 総論為学之法・自論為学工夫	恩田裕正　訳注	
第五回配本　巻百三十九～百四十 論文	興膳　宏・木津祐子・齋藤希史　訳注	
第六回配本　巻四～六 性理	恩田裕正・伊東貴之・林　文孝　訳注	
第七回配本　巻百十三～百二十 訓門人	垣内景子　監修 訓門人研究会　編	

▼予価　各５２５０円／年2～3冊刊行／第三回配本は平成21年秋予定

訳注者紹介

興膳　宏（こうぜん　ひろし）
1936年生まれ。
京都大学名誉教授、中国文学専攻。

木津　祐子（きづ　ゆうこ）
1961年生まれ。
京都大学大学院文学研究科准教授、中国語学史専攻。

齋藤　希史（さいとう　まれし）
1963年生まれ。
東京大学大学院総合文化研究科准教授、中国文学専攻。

『朱子語類』訳注　巻十～十一

平成二十一年六月二十三日　発行

訳注者　興膳　宏
　　　　木津　祐子
　　　　齋藤　希史
発行者　石坂　叡志
整版印刷　富士リプロ㈱

発行所　汲古書院
〒102-0072 東京都千代田区飯田橋二-五-四
電話 〇三（三二六五）九七六四
FAX 〇三（三二二二）一八四五

（第二回配本）

ISBN978-4-7629-1301-3　C3398

索　　引

固有名詞

★數字は本文のページ數を示す。注の解說もしくは
引用文に見られる場合は、ページ數に*を付した。
また、記錄者名はゴチックでしめした。

タ行

ナ行

ハ行

マ行

語　彙

★注に解説した語彙をピンイン順に配列した。
★ゴチックは主たる解説頁を示す。

A

挨（逐旋挨、挨將去）āi 55,243
安頓āndùn 272
安排ānpái 55,185
鏖戰áozhàn 32

B

把斷bǎduàn 23
把捉bǎzhuō 245
把做bǎzuò 158
百氏bǎishì 214
般涉bānshè 205
板bǎn 26,44,48,303
辦得bàndé 300
傍出多事bàngchū～ 235
爆開bàokāi 212
陂塘bēitáng 279
背後處bèihòuchù 303
本領běnlǐng 139
本心běnxīn 136
本原běnyuán 148
本自běnzì 143
迸bèng 109
比竝bǐbìng 243
編次biāncì 277
便儇biānxuān 275
別bié 70,92,300
別白biébái 104
別自biézì 177
駁雜bózá 228
不曾bùcéng 6,38,45,51,59,95,99,100,141,148,164,177,197,272,282,287
不成～bùchéng 7,175,243
不濟事bújìshì 24,82,120,177,248,251
不消bùxiāo 177
不住地búzhùdì 99

C

纔（才）～便cái～bian 35,36,54,106,113,124,135,198,248
草率cǎoshuài 221
差chā 217,242
差互chāhù 254
差錯chācuò 15
攙chān 205
徜徉chángyáng 29
勦斷chāoduàn 248
鈔chāo 49
抄說chǎoshuō 248
沈潛chénqián 79,170
沈潛玩繹chénqián～ 204
撐腸拄肚chēngcháng～ 239
稱量輕重chēngliàng～ 186
撐（撐）拄chēngzhǔ 160
程限chéngxiàn 116
重chóng 102,189
重溫chóngwēn 96
紬繹chōuyì 59,233
出場chūchǎng 289
出入chūrù 217
初～卽chū～jí 104
除非～方～chúfēi～ 88
觸類chǔlèi 240
窗櫺chuānglíng 106
匆匆cōngcōng 106
從容cōngróng 29,79
粗厲cūlì 201
麄鹵cūlǔ 79
麄心大氣cūxīn～ 102
卒急cùjí 101
存心cúnxīn 133,137

D

打併dǎbìng 120
打疊dǎdié 146

大本大原dàběn～　180
大段dàduàn　26,40,88,241,287
大綱大目dàgāng～　180
大機會dàjīhuì　292
大節目（節目）dàjiémù　18,92,190,228,286,300
待～却～dài～què～　146,293
擔閣dāngé　38
道問學dàowènxué　9
道學dàoxué　175
得了déliǎo　295
～得去～déqù　170,175
的當dìdāng　233
第二義→第一義
第一dìyī　36,248
第一義（第二義）dìyīyì　4,6
顚顚倒倒diāndiān～　239
點檢diǎnjiǎn　120,167
都＋否定詞dōu～　23,33,59,82,93,115,139,150,167,257,282
抖擻dǒusǒu　51
讀dú　82
杜撰dùzhuàn　138
端的duāndì　97

E

䑔é　35

F

發明fāmíng　7,198,251
發越fāyuè　82
法度fǎdù　125
反覆fǎnfù　42,43,59,106,150,170,233,251
反求諸身fǎnqiú～　173
反求fǎnqiú　189
汎濫fànlàn　77,182,232
泛泛fànfàn　47
方始fāngshǐ　22,23,26,53,62,139,150,251
放過fàngguò　254
放寬心fàngkuānxīn　37,171
放下fàngxià　28,29,93,133,145,146,208
放心fàngxīn　141,195
費力fèilì　189
分說fēnshuō　264
紛擾fēnrǎo　148
縫罅féngxià　17,65,196
赴銓fùquán　125

G

該博gāibó　175
趕趁gǎnchèn　132
干～甚事gàn～　303
綱目gāngmù　286
格物géwù　55
隔年génián　217
功課gōngkè　232
苟簡gǒujiǎn　88
孤單gūdān　275
關捩子guānlièzi　38
觀屋guānwū　106
管取guǎnqǔ　300
管攝guǎnshè　133
貫穿guànchuān　120,287
貫通guàntōng　38,74,153,189
灌洽guànqià　289
歸着guīzhuó　182
袞（滾）gǔn　28,29,52,135
袞袞gǔngǔn　45
袞作一片gǔnzuò～　91

H

涵養hányǎng　128,148,161
汗漫hànmàn　104
好看hǎokàn　74,264
合辨處hébiànchù　243
合下héxià　4,211
合子hézǐ　196
黑淬淬hēicuìcuì　64
胡亂húluàn　124,272
鶻突hútū　64
還huán　271
緩急之間huǎnjí～　183,259
緩視微吟huǎnshì～　155
喚做huànzuò　175
渾淪húnlún　19,196
渾是húnshì　282
活huó　150,275
或進或退、若存若亡huòjìn～　24

J
急迫jípò　29,207
計會jìhuì　120
計獲jìhuò　42
濟得甚事jìdé～　94,175,300
浹洽jiāqià　9,79,148,240,298
假饒jiǎráo　45
間架jiānjià　106
間斷jiànduàn　135,136
見解jiànjiě　248
講貫jiǎngguàn　132
講解jiǎngjiě　233
講究jiǎngjiū　82,186
講論jiǎnglùn　91,212
講誦jiǎngsòng　88
講學jiǎngxué　215,272
晈厲jiǎolì　275
脚踏jiǎotā　55
較量jiàoliàng　211
捷徑jiéjìng　102
截jié　239
解jiě　112,145,275
解釋jiěshì　180,266
節目→大節目
儘多jǐnduō　40
盡率jǐnshuài　164
緊要jǐnyào　12,191,236,239,259
緊要處jǐnyàochù　187,195
浸灌jìnguàn　136
經歷jīnglì　4,6
精彩jīngcǎi　26
精神jīngshén　26,66,128,152,303
精義jīngyì　243
敬jìng　66,135
靜坐jìngzuò　141,153
舊時jiùshí　65,232
舅氏jiùshì　120
究索jiūsuǒ　161
舊習jiùxí　167
咀嚼jǔjué　79,248
舉似jǔsì　251
舉業jǔyè　251
句心jùxīn　258,259

K
看得生kàndéshēng　101
看過kànguò　28,33,40,95,96,106,120,248,300
看理kànlǐ　214
可謂盡矣kěwèi～　222
可疑處kěyíchū　79
空閑kōngxián　152
恐成kǒngchéng　152
快活kuàihuó　59,254
寬閑kuānxián　148

L
藞苴lājū　218
理會lǐhuì　3,6,7,9,18,43,45,47,55,66,78,79,91,95,102,106,115,120,124,129,174,175,177,180,183,187,190,207,210,221,232,233,239,243,245,248,251,272,279,293
裏許lǐxǔ　102
立言lìyán　242
歷歷落落lìlì～　92
斂身正坐liǎnshēn～　155
料度liàodù　203
躐等lièděng　221
領略lǐnglüè　248
路脈lùmài　129
略綽lüèchāo　59,300
略略lüèlüè　143
輪得lúndé　298

M
汩沒mìmò　135
免得miǎndé　277
描摸miáomó　34
明鏡míngjìng　144
瞑然míngrán　71
莫要mòyào　38,248
某人mǒurén　228
某書mǒushū　55

N
耐煩nàifán　102,248
恁地nèndì　33,36,40,92,98,112,167,177,227,233,275,303
能得néngdé　28,108,157
泥nì　241
泥着nìzhuó　261
捻合niǎnhé　124
弄得nòngdé　124

P
旁通pángtōng　240
庖丁解牛páodīng～　19
皮外物事píwài～　236
偏僻piānpì　194
偏曲piānqū　225
平讀píngdú　220
平心píngxīn　169
平心定氣píngxīn～　66
迫pò　206
破的pòdì　268
迫切pòqiè　37,200
剖析pōuxī　225

Q
七通八達qītōng～　198
欺得～過qīdé～guò　50
齊整qízhěng　98,148
氣質qìzhì　71
牽窒qiānzhì　193
僉子qiānzǐ　217
遷就qiānjiù　203,204
且恁地qiěnèndì　118,211
且如qiěrú　7,112,153,165,185,197,233,245,287,300
切＋否定詞qiè～　102,275
切己省察（切己體察）qièjǐ～　155
切要qièyào　6,251
切至qièzhì　212
親切qīnqiè　192,257
寢食俱廢qǐnshí～　24
糗糧qiǔliáng　277
軀殼qūqiào　138
去着qùzhuó　79

R
人情rénqíng　274
認得rèndé　54,177,251
仍且réngiě　210
日用動靜rìyòng～　139
融會rónghuì　279
柔善róushàn　201
如rú　295
乳入rǔrù　72
入規矩rùguījǔ　150
若～那裏得來ruò～　82

S
三晉sānjìn　289
三藐三菩提sānmiǎo～　218
三碗飯sānwǎnfàn　52
散緩sànhuǎn　259
散漫sànmàn　232
掃滌sǎodì　226
殺shā　24
殺青shāqīng　88
殺向shāxiàng　164
商量shāngliàng　139
少得shǎodé　40
少刻shǎokè　157,239
深沈shēnchén　15
生shēng　101
生枝節shēngzhījié　59
聖人千言萬語shèngrén～　222,226
失忘shīwàng　275
師友shīyǒu　7
史書shǐshū　120,236,237,279,298,300
史贊shǐzàn　300
收拾shōushí　139,140
守此拙法shǒucǐ～　232
守屋shǒuwū　82
受用shòuyòng　59,150
疏脱shūtuō　297
熟讀精思shúdú～　69
數shǔ　217
刷刮shuāguā　145
說得響shuōdéxiǎng　72
私意sīyì　167,201,208,226,282,295
斯須sīxū　236
死工夫sǐgōngfū　33
四邊sìbiān　23
四畔sìpàn　129
四～八～（四停八當、四通八達）sì～bā～　182,194
四弦sìxián　183
悚然sǒngrán　251
誦數（數）sòngshǔ　74,75,217
俗學súxué　175
隨聲suíshēng　204

T
他人說話tārén～　202
他心通tāxīntōng　164

坦易明白tǎnyì～　158
討得→討
討頭處tǎotóuchù　287
討（討得）tǎodé　16,124,224
提醒tíxǐng　153
體察tǐchá　155,173,175,233
體認tǐrèn　106,135,157,177,227
體驗tǐyǎn　42,43,172
田地tiándì　183,198
祧廟tiāomiào　282
停當tíngdāng　182
通貫tōngguàn　110
通名tōngmíng　267
通透tōngtòu　9,233
統要tǒngyào　182
痛快tòngkuài　18
頭頭tóutóu　55
頭項tóuxiàng　287
徒費心力túfèi～　221
推究tuījiù　174
頹然tuírán　104
脫然tuōrán　257

W

喎斜wāishè　160
外面wàimiàn　158,179
玩索wánsuǒ　79,129,181,272
玩心wánxīn　165
枉wǎng　191
枉費wǎngfèi　146,161
爲人wéirén　71
溫尋wēnxún　205
文勢語脈wénshì～　110
無緊要字wújǐnyào～　271
無精神wújīngshén　104
無去處wúqùchù　22
五運六氣wǔyùn～　120
兀臲wùniè　82

X

細密xìmì　183
下落xiàluò　160,251
下梢xiàshāo　124
下手xiàshǒu　185,293
下頭xiàtóu　38,300
閑慢處xiánmànchù　195
撏扯xiánchě　256
陷溺xiànnì　136
向前xiàngqián　7,59,208
向上xiàngshàng　251
向時xiàngshí　211,239,245
項頭xiàngtóu　277
消xiāo　251
小可xiǎokě　24
心不在xīnbúzài　94,138,143,245
心目xīnmù　132
心下xīnxià　202,300
心心念念xīnxīn～　300
心印xīnyìn　118
新奇xīnqí　124,248
行思坐想xíngsī～　55
行住坐臥xíngzhù～　82
胸中尺度xiōngzhōng～　279
須是～方始～xūshì～　61,139,150,251
虛心xūxīn　140,145,157,158,160,161,163,164,167,168,211,220,248
虛心涵泳xūxīn～　155
懸空xuánkōng　65,227
旋xuàn　4
循環看xúnhuánkàn　49
尋索xúnsuǒ　263

Y

嶢崎yáoqí　169,225,281
也yě　211
一般yìbān　26,40,61,70,118,158,175,203,248,251,262
一邊～yìbiān～　146
一重事yìchóngshì　189
一等yìděng　101,177
一上yíshàng　287
一勺之水yìsháo～　279
一向yíxiàng　167,174,177,182,207,239,268,274,303
一言半句yìyán～　182
一意yíyì　117,248
一章三句yìzhāng～　233
依希（依稀）yīxī　59
疑着yízhuó　211
易得yìdé　101,135
意味yìwèi　59,82,245,248,275

印板yìnbǎn　150
迎刃而解yíngrèn～　18
影象yǐngxiàng　129
用心yòngxīn　66,277
有補yǒubǔ　21,77
有幾箇字在yǒujǐgè～　257
有主yǒuzhǔ　237
與yǔ　114
語脈yǔmài　111,272
遇事接物yùshì～　104
悦處yuèchù　132

Z

雜亂záluàn　148,168
雜論zálùn　241
雜學záxué　237
在zài　40
贓罪zāngzuì　34
糟粕zāopò　183
鑿空záokòng　138,243
怎生zěnshēng　98
渣滓zhāzǐ　251
箚出zháchū　294
箚記zhájì　236
摘撮zhāishè　55
湛然zhànrán　148
長進zhǎngjìn　19,114,153,165,214,233,300,303
照管zhàoguǎn　50
遮蔽zhēbì　198,207
正意zhèngyì　163
知味zhīwèi　62,79
枝蔓zhīmàn　192
直要～方住zhíyào～　33,230
執着zhízhuó　198,208
止水zhǐshuǐ　144
只怕zhǐpà　121,237
只認zhǐrèn　38,230
只是zhǐshì　4,7,40,44,47,54,55,65,66,70,82,86,94,98,100,106,116,124,135,138,145,146,148,150,153,165,174,183,190,201,211,220,222,230,232,237,243,251,275,281,289,295,300,303
窒礙zhìaì　194,211
終不成zhōngbùchéng　175
重字zhòngzì　271
周遍zhōubiān　194
周匝zhōuzā　195
逐些zhúxiē　45
助長zhùzhǎng　172
逐旋捱→捱
專靜zhuānjìng　139,215
專一zhuānyī　66,68,100,217,232,300
撞着zhuàngzhuó　294
準擬zhǔnnǐ　124,303
捉摸zhuōmō　158
着（著／助詞）zhuó　17,170
着（能願動詞）zhuó　82
着（動詞）zhuó　215
着力zhuólì　7,97
着落zhuóluò　79,98,139
着意zhuóyì　109,248
著地頭zhuódìtóu　193
滋殖zīzhí　279
總會處zǒnghuìchù　153
走作zǒuzuò　135,146,148,150,245
鑽研zuānyán　43
作焚舟計zuòfénzhōujì　303
作文zuòwén　264
作用zuòyòng　117
做工夫zuògōngfū　12,29,79,164
做好zuòhǎo　13
做外面看zuòwàimiànkàn　179
做賊zuòzéi　34